U0216184

吉林人民出版社

简体字本二十六史

清史稿

卷一七三——卷一八四

（七）

[民国] 赵尔巽等 撰
许凯等 标点

清史稿卷一七三

表第一三

诸臣封爵世表五下

	初封	一次袭	二次袭	三次袭	四次袭	五次袭	六次袭	七次袭	八次袭	九次袭	十次袭	十一次袭	十二次袭	十三次袭	十四次袭	十五次袭	十六次袭	十七次袭	十八次袭
三等男	布尔杭	格巴库	朱孔额	殷图朱孔															

俄正红旗满洲。原系叶赫西城贝勒。天命年间，授为三等

布尔杭俄子。初袭父职。顺治年，恩诏加至一等阿思哈尼哈

布尔杭俄子。分袭父三等阿思哈尼哈番。今汉文改为三

额子。袭父职。康熙二十八年五月，缘事革。停袭。

等男。

番又一拖沙喇哈番。寻将父职分与弟朱孔额袭，止留本身所

副将。今汉文改为三等男。

得拜他喇布勒哈番又一拖沙喇哈番。今汉文改为骑都尉

		又一云骑尉。																	
三等男	达诸护 正蓝旗满洲。国初以军功授三等副将。今汉文改为三	翁阿代 达诸护子。天聪八年五月，袭。崇德六年阵亡，加赠一等	锦布 翁阿代弟之子。崇德六年七月袭。顺治九年三月恩诏加至	苏尔泰 锦布子。康熙二十一年七月，袭三等子。	额尔赫德 苏尔泰子。康熙二十六年八月，袭。以庸劣革。	苏班泰 额尔赫德叔父之子。康熙五十二年四月，仍袭一等阿思	满丕 苏班泰兄。雍正三年六月，袭。	富僧额 满丕堂侄。乾隆三年十二月，袭。	永顺 富僧额堂弟。乾隆四年十二月，袭。	托克托逊 永顺子。乾隆四十一年十二月，袭。	瑞春 托克托逊子。乾隆五十五年，袭。	庆春 瑞春伯高祖吉。穆布之四世孙。	官明 庆春子。	松秀 官明子。同治四年，袭。	斌桂 松秀子。光绪二十九年，袭。				

	等男。卒。谥襄敏。	梅勒章京。今汉文改为一等男。	二等精奇尼哈番。今汉文改为二等子。			哈尼哈番。今汉文改为一等男。以罪革。													
三等男	把尔巴图里尔 镶黄旗满洲。	诺孟达赖 把尔巴图里尔子。天聪	阿图海 诺孟达赖孙。康熙八年七月，	孙保住 阿图海子。康熙三十年十二月，	报国 孙保住子。乾隆二十六年十二月，袭。	德宁 报国子。乾隆四十六年十二月，袭。	庆明 德宁子。嘉庆五年，袭。	伊克唐阿 庆明子。嘉庆二十五年，	舒祥 伊克唐阿子。道光七年，袭。	乐兆 舒祥子。同治七年，袭。									

三	俄	褚	俄	图	毕	沙	特	龚	鄂	松	苏	四	永	祥	国	全			
	原系蒙古察哈尔贝勒。以来归授三等副将。今汉文改为三等男。	八年五月，袭。顺治九年正月，恩诏加至一等阿思哈尼哈番。今汉文改为一等男。	袭。以庸劣革。	袭。				袭。											

等男	奇尔桑	禄	绰尔	护禄克	力克图	金达赖	古思	山	恒	禄	尔泰	格	清	安	庆	胜				
	镶黄旗满洲。原系蒙古扎鲁特贝子。以来归授备御。天聪八年，积军	俄奇尔桑子。顺治五年四月，袭。七年三月，恩诏加为二等阿思哈尼哈番。今汉	褚禄弟。顺治七年三月，袭。	俄绰尔兄。顺治十六年二月，袭。以罪革。	图护禄克子。顺治十六年五月，袭。	毕力克图弟。康熙二十五年十二月袭。以罪革。	沙金达赖弟。康熙五十年正月，袭。	特古思子。乾隆九年四月，降袭三等男。	龚山子。乾隆二十二年十二月，袭。	鄂恒子。乾隆二十七年十二月，袭。	松禄族兄。乾隆二十八年十二月袭。	苏尔泰之伯祖。乾隆三十六年十二月袭。	四格子。乾隆四十六年十二月，袭。	永清孙。道光八年袭。	祥安子。同治元年袭。	光绪十年，袭。				

文改为二等男。

功加至三等甲喇章京。定鼎燕京，以系太宗旧臣，加至三等梅勒章京。今汉文改为三等男。

雅尔纳

三等男

镶白旗满洲。国初以来归授备御。天聪八年，以军功加至二等甲

胡纳金

雅尔纳子。顺治十三年五月袭。

佛伦

胡纳金弟。康熙二十四年三月，袭。子降袭。

马思芳	马光先	三等男
	喇章京。顺治年,以恩诏加至三等阿思哈尼哈番。今汉文改为三等男。	

马光先子。顺治十二年六月,袭。子降袭。

镶黄旗汉军。天聪四年,以投诚授二等参将。顺治年,恩诏加至三等阿思哈尼哈番。

孙得功 正白旗汉军。国初以投诚授游击。天聪八年五月，

今汉文改为三等男。

三等男

三等男	
王元忠	镶白旗汉军。国初以投诚授军功加至三等副将。今汉文改为三等男。
王希贵	王元忠子。顺治九年四月，袭。
王承祖	王希贵弟之子。康熙元年，袭子

备御，军功加至二等甲喇章京。顺治年，恩诏加至三等阿思哈尼哈番。今汉文改为三

降袭。

三等男	觉罗拜三	镶黄旗满洲。初以军功授游击。天聪元年五月，阵亡。八年	等男。

三等男	
觉罗顾纳代三等男觉罗拜	五月，加赠三等梅勒章京。今汉文改为三等男。
觉罗莫洛宏觉罗顾纳代子。	
觉罗席图库觉罗莫洛宏叔	
觉罗舒鲁觉罗席图库子。康熙	
觉罗伊灵阿觉罗舒鲁子。	

三子。天聪八年五月，袭。顺治三年，军功加至三等昂邦章京。七月，恩诏加为二等。阵亡。

顺治七年五月，袭一等精奇尼哈番。十七年，阵亡。赠三等伯。谥刚勇，又赠拜他喇布勒

父之子。以本身之拜他喇布勒哈番分袭三等精奇尼哈番，并为一等精奇尼哈番。

三十七年十一月，袭。雍正三年五月，卒。

雍正四年二月，降袭二等精奇尼哈番。今汉文改为二等子。十三年，坐事革。

	三等男
赠一等。今汉文改为一等子。	德尔格勒 正黄旗满
哈番。以嗣子觉罗诺尔逊、叔之子觉罗席图库二人分袭。	南楮 德尔格勒子。天聪
今汉文改为一等子。康熙二十七年七月，袭。	衮尔和 南楮弟。崇德
	敖色 衮尔和弟。顺治十二
	噶那海 敖色弟之子。
	巴锡 噶那海伯父之孙。
	穆尔泰 巴锡从侄。雍正
	长庚 后更名那延保。穆尔
	富顺 那延保子。嘉庆十五
	巴彦泰 富顺继子。道光
	庆瑞 巴彦泰子。同治十年
	锟钰 庆瑞子。光绪三十

洲。国初以自叶赫来归，授三等梅勒章京。今汉文改为三等男。	八年，袭。以罪革。	二年六月，袭。顺治九年正月，恩诏加至一等阿思哈尼哈番，又一拖沙喇哈番。缘事	年四月，袭。	康熙二十三年八月，袭。	康熙三十一年三月，以本身之拖沙喇哈番并袭为一等阿思哈尼哈番。今汉文改为一	八年六月袭。	尔泰子。乾隆四十四年十二月，将巴锡之拖沙喇哈番销去，袭三等男。	年袭。	光八年袭。	袭。	一年，袭。							

			降二等阿思哈尼哈番。今汉文改为二等男。			等男。													
三等男	昂洪达尔汉和硕奇	俄奇尔 昂洪达尔汉和硕奇子。	丹岑 俄奇尔子。顺治十四年十月,袭。	阿禹锡 丹岑弟。顺治十七年七	通宝 昂洪达尔汉和硕奇弟之子。	图喇 通宝子。康熙二十七年十一	明中 图喇伯父之子。雍正十二年十	永常 明中子。乾隆八年十二月,袭。	永德 明中堂弟。乾隆四十三年十二	乐善 永德子。	锡光 乐善孙。	启泰 锡光子。光绪元年,袭。							

月，袭。

坐事革。

一月，袭。

月，袭。坐事革。

顺治十八年十一月，袭。

月，袭。

正黄旗满洲。国初以来归授三等甲喇章京。军功加至三等梅勒章京。今汉文改为三

天聪八年五月，袭。顺治二年二月，特恩加为二等梅勒章京。七年三月，恩诏晋一等。

三	额赖阿兴
	等男。缘事降为三等。九年正月，又遇恩诏加至一等。缘事降为二等。今汉文改为二等男。

等男	尔格图	杜尔	哈道	麟
	镶黄旗满洲。天聪八年，课绩授牛录章京，加三等甲喇章京。顺治年，恩	额尔格图子。顺治十七年十月，袭。	赖杜弟。康熙元年，袭。	阿哈道孙。康熙三十五年四月，袭。后降袭。

诏加至三等阿思哈尼哈番。今汉文改为三等男。	安达礼 正黄旗满洲。天聪 三等男

八年，以军功授三等甲喇章京。缘事降为牛录章京。崇德八年九月，以太宗文皇帝升遐

	从死，优赠三等阿思哈尼哈番。今汉文改为三等男。
三等男	昂昆杜棱 正黄旗满洲。
	绰尔吉 昂昆杜棱子。崇德
	噶尔玛 绰尔吉弟。顺治九年，
	沙殷查浑 噶尔玛兄之子。
	德尔格勒 沙殷查浑伯父
	关保 德尔格勒子。康熙十四
	巴喀那 关保子。康熙四十
	吉龄 巴喀那子。乾隆八年，袭。
	博德 吉龄子。乾隆二十三年，
	季禄 博德叔。乾隆二十四年，
	成德 季禄堂侄孙。乾隆二十
	额尔景额 成德子。乾隆
	全山 额尔景额子。嘉庆六年，
	尹铿额 全山孙。道光二十
	荣贵 伊铿额子。光绪三年，袭。

天聪八年五月，以自蒙古来归，授三等梅勒章京。今汉文改为三等男。

八年十二月，袭。顺治七年，恩诏加为二等阿思哈尼哈番。缘事降一等阿达哈哈番。又一

袭。

康熙八年，袭。

之孙。康熙十年五月，袭。

年十二月，袭。

八年，销去恩诏所得，袭一等阿达哈哈番又一拖沙喇哈番。今汉文改为一等轻车都

袭。

袭。

五年十二月，将原袭之骑都尉并为三等男。

四十四年十二月，袭。

袭。

二年，袭。

尉又一云骑尉。

拖沙喇哈番。九年，又遇恩诏加为三等阿思哈尼哈番。今汉文改为三等男。坐事革。

三等男	
布颜塔布囊	正黄旗满洲。天聪八年，以来归授牛录章京。军功加至二等
莽色	布颜塔布囊子。顺治八年二月，袭。恩诏准世袭罔替。
阿勒格泰	莽色伯父。顺治九年正月，袭。
毛奇塔	阿勒格泰弟之子。顺治十五年三月，袭。康熙三十六年，以军功加为二
长保	毛奇塔子。康熙五十三年十月，袭。
松凌	长保子。雍正十一年八月，袭。
永太	松凌子。乾隆二十八年十二月，袭。
春年	永太子。嘉庆四年，袭。
存贵	春年孙。道光十九年，袭。
德敏	存贵堂叔。咸丰七年，袭。
常喜	德敏子。同治十年，袭。
达隆阿	常喜子。光绪十九年，袭。

等阿思哈尼哈番。今汉文改为二等男。

甲喇章京，特恩加为一等。顺治五年，袭兄之子吴纳海阵亡所得之拜他喇布勒哈番，并

	三等男
为三等阿思哈尼哈番。今汉文改为三等男。	那木泰 正黄旗满洲。天聪八年，
	阿哈连 那木泰子。天聪十年四月，
	阿拉密 阿哈连兄。顺治二年三月，
	齐蓝布 阿拉密子。顺治十二年七
	积寿 齐蓝布孙。康熙三十八年闰七

月，袭。子降袭。

月，袭。

袭。七年三月，恩诏加为二等阿思哈尼哈番。缘事降一等阿达哈哈番。九年正月，又遇

袭。

课绩授三等甲喇章京。十年四月，以军功加至三等梅勒章京。今汉文改为三等男。

恩诏加至三等阿思哈尼哈番。缘事复降一等阿达哈哈番。阵亡。仍加赠三等阿思哈

三等男	
真柱恳 正白旗满洲。天聪八年，以率户口来归，	
瓦尔达 真柱恳孙。康熙四年，五月，袭。子降袭。	尼哈番。今汉文改为三等男。

授牛录章京。军功加至二等甲喇章京。顺治年，恩诏加至三等阿思哈尼哈番。今汉文

	三等男
改为三等男。	图尔奇业尔登 镶白旗满洲。天聪八年，以自蒙古率众
	顾鲁 图尔奇业尔登子。天聪八年五月，以随父来归，授牛录章京。
	克什图 顾鲁子。顺治十八年十一月，袭。
	查弥严 克什图子。康熙二十四年八月，袭。
	富升 查弥严子。康熙四十六年八月，仍袭二等阿思哈尼哈番。今汉
	富僧额 富升子。乾隆十六年十二月，袭。
	福伸 富僧额子。乾隆二十一年十二月，袭。五十年，并一骑都尉，世袭。
	德昌 福伸侄。乾隆五十一年十二月，袭。
	倭清额 德昌子。嘉庆十二年袭。
	景兴 倭清额子。嘉庆二十五年，袭。
	嵩玉 景兴叔侄。道光三年，袭。
	恩逵 嵩玉子。
	瑞全 恩逵叔祖孙。光绪十年，袭。
	恩通
	文启 光绪三十年袭。

改为一等男。

文改为二等男。

后袭父职。以本身职袭予弟绰尔图袭。顺治二年三月，以军功加为二等梅勒章京。

来归，授三等梅勒章京。今汉文改为三等男。

三等男

齐尔格申　镶黄旗满

石清　齐尔格申孙。康熙

蒙安塔　石清弟。康熙

九年，恩诏加至三等精奇尼哈番。今汉文改为三等子。

洲。天聪八年，以办事有能，授牛录章京。恩诏加一拖沙喇哈番。后袭伯父之子多尼喀	十二年八月，袭。	二十年，袭。

巴图鲁之拜他喇布勒哈番，兼一拖沙喇哈番，并为一等阿达哈哈番。顺治年，恩诏加

	至三等阿思哈尼哈番。今汉文改为三等男。																		
三等男	布当 正蓝旗满洲。天聪八年，以自	衮奇 布当子。崇德四年，七月，袭。	和尔浑 衮奇弟。崇德八年，七月，	木合林 和尔浑兄之子。康熙七年	塔布岱 木合林子。熙康十八年七	阿玉玺 塔布岱子。康熙三十五年	秀林 阿玉玺子。乾隆七年三月，降袭	玉林 秀林弟。乾隆十年十二月，袭。	永奇 玉林子。乾隆二十年十一月，袭。	恒通 永奇子。乾隆五十五年，袭。	文奎 恒通子。	敬荫 文奎子。	敬谦 敬荫弟。	绶忠 敬谦子。光绪十六年，袭。					

蒙古率户口来归,授二等甲喇章京。旋以军功加至三等梅勒章京。今汉文改为三等男。

袭。顺治九年正月,恩诏加至一等阿思哈尼哈番。今汉文改为一等男。

十二月,袭。

月,袭。

四月,袭。

三等男。坐事革。

袭。

三等男	宜拜正蓝旗满洲。天聪八年，以办事有能，授半个前程。军功加至三等甲喇章京。	偏俄宜拜子。顺治十五年十月，袭。	巴尔户达偏俄子。康熙四年正月，袭。	绥哈达巴尔户达伯父之子。康熙四年八月，袭。子降袭。

	哈
	玛
	玛
	西
	舒
	舒
	玛
	桑
	常
顺治九年正月，恩诏加至三等阿思哈尼哈番。今汉文改为三等男。卒。谥勤直。	席 舒 三

等男	
赛镶蓝	旗满洲。原系牛录分中备御。天聪八年五月，积军功加至三等梅勒章京。
特库	舒赛孙。崇德六年十月，袭。顺治三年四月，以军功加至二等梅勒章京。
舒席特	库子。顺治五年六月，袭。
格常舒	弟。顺治五年十二月，袭。七年正月，袭。恩诏加为一等阿思哈尼哈番。今汉文改
哈理	桑格子。康熙二十年十二月，袭。
保玛哈	理子。康熙四十七年正月，降袭二等阿思哈尼哈番。今汉文改为二等男。
德舒保	弟。乾隆二年十二月，袭。坐事革。
蒙额	舒德侄。乾隆二十四年十二月，袭。
兴阿	西蒙额子。乾隆三十七年十二月，袭。
升阿	玛兴阿族弟。道光八年，袭。
普齐贤	

三等男			
	俄本岱	正黄旗蒙古。天聪八年五月，以率众来	今改为三等男。卒。谥壮敏。
	瓦色	俄本岱兄。天聪九年正月，袭。	今汉文改为二等男。
	俄尔介图	瓦色孙。崇德五年二月，袭。	
	古禄固	俄尔介图子。顺治七年三月，袭。顺治	为一等男。
	土梅	古禄固叔祖。顺治七年八月，袭。九年正月，	
	拖克塔哈尔	土梅子。康熙二十年二月，袭。	
	集柱	拖克塔哈尔子。康熙五十二年十二月，降袭二	
	萨炳阿	集柱子。乾隆三十四年十二月，袭三等男。	
	富庆	萨炳阿弟。乾隆四十七年十二月，袭。	
	恒龄	嘉庆十一年，袭。	
	恒福	恒龄兄。道光二年，袭。	
	全兴	道光十六年，袭。	
	文贵	道光十九年，袭。	
	松秀	光绪十四年，袭。	

等阿思哈尼哈番。今汉文改为二等男。	
三十六年七月,以军功加为三等精奇尼哈番。今汉文改为三等子。	
恩诏加至一等阿思哈尼哈番。今汉文改为一等男。	
七年三月,恩诏加为二等阿思哈尼哈番。今汉文改为二等男。	马世伟 马思
	马思云 马尔
	马尔泰 马光
归,授三等甲喇章京。军功加至三等梅勒章京。今汉文改为三等男。	马光辉 镶黄
	三等男

旗汉军。天聪八年，以投诚授三等甲喇章京。缘事降为牛录章京。军功加至一等甲喇

辉子。顺治十二年，十一月，月，袭。

泰弟。康熙元年，袭。

云子。康熙二十二年十一月，袭。子降袭。

章京，课绩加半个前程。缘事复降拜他喇布勒哈番。恩诏加一拖沙喇哈番。事白，升为一等阿达哈哈番又一拖沙喇哈番。顺治九年正月，恩诏加为三等阿思哈尼哈番。

	今汉文改为三等男。卒。谥忠靖。																		
三等男	佟镇国 镶红旗汉军。国初以投诚授三等	佟一鹏 佟镇国子。天聪八年五月，袭。恩诏加	佟光先 佟一鹏子。顺治十四年九月，袭。	佟洛询 佟光先子。康熙七年六月，袭。	佟维藩 佟洛询子。康熙三十一年五月袭。	佟桂 佟维藩子。康熙五十七年七月，降袭三等	佟兆勋 佟桂子。雍正十二年十二月，袭。	佟璜 佟兆勋子。乾隆二十五年十二月，袭。更名	达隆阿 佟春子。乾隆四十九年十二月，袭。	恒庆 达隆阿子。嘉庆十二年，袭。	达兴阿 恒庆胞叔。嘉庆二十年，袭。	长寿 达兴阿子。道光十二年，袭。	德龄 长寿子。咸丰四年，袭。	崇麟 德龄子。光绪十七年，袭。	永山 崇麟子。宣统元年，袭。				

三等

孟乔

孟能

孟绎

孟维

甲喇章京。又以出首私书,加至三等梅勒章京。今汉文改为三等男。

一等阿思哈尼哈番,又一拖沙喇哈番。今汉文改为一等男,又一云骑尉。

阿思哈尼哈番。今汉文改为三等男。

佟春。以病罢爵。

男	
芳	镶红旗汉军。天聪八年，以军功授二等甲喇章京。缘事降为牛录章京。军功加至
弼	孟乔芳子。顺治十一年七月，袭。
祖	孟能弼子。康熙二十一年七月，袭。
祖	孟绎祖弟。康熙二十八年十月，袭。子降袭。

一等阿达哈哈番。顺治九年正月,恩诏加至一等阿思哈尼哈番。今汉文改为三等男。

	卒。谥忠毅。																		
三等男	阿兰柱 镶红旗满洲。随父阿格伯燕率所部来归，屡立军功。阵亡。	布兰硃 阿兰柱弟。袭职。天聪八年，其弟布尔堪因兄罪降袭。																	

三等男	
陈邦选 镶蓝旗汉军。崇德	赠三等梅勒章京。今汉文改为三等男。谥顺毅。
陈维德 陈邦选子。顺治元年	
陈其谟 陈维德兄之子。顺治	
陈镇 陈其谟子。康熙十八年十	
陈俊 陈镇弟。康熙二十八年七	
陈国仪 陈俊子。雍正五年四	
陈朝环 陈国仪从侄。乾隆	
陈梁柱 陈朝环子。乾隆四十	
景宽	
柱龄 景宽子。光绪十三年,袭。	

七年十二月，袭。

三十六年，袭。

月，降袭三等阿思哈尼哈番。今汉文改为三等男。乾隆三十六年，以陈邦选次子陈维

月，袭。

二月，袭。

二年十二月，袭。七年三月，恩诏加为二等阿思哈尼哈番。今汉文改为二等男。

三月，袭。

元年六月，以同祖大寿投诚，授三等梅勒章京。今汉文改为三等男。

							道所得之世袭骑都尉并为一等男。													
三等男	姜民望 正红旗汉军。崇德元年，以投诚授	姜永基 姜民望子。顺治十四年三月，袭。	姜云庆 姜永基子。康熙三年三月，袭。六十																	

一年故。特旨停袭。	佛保住　多尔济子。康熙二十五年四月，袭。雍
	多尔济　鄂布格德墨勒根保子。康熙六年十
	鄂布格德墨勒根保　正黄旗蒙
三等梅勒章京。今汉文改为三等男。	三等男

古。崇德元年，以率户口来归，授一等甲喇章京。顺治九年正月，恩诏加至三等阿思	二月，袭。	正十一年，子马思图降袭。																

	三等男
哈尼哈番。今汉文改为三等男。	充固正白旗蒙古。崇德元年,以军功授半个前程。
	色特尔充固子。顺治十二年七月,袭。
	鄂山色特尔兄之子。康熙六年九月,袭。四十五年,子

辉色降袭。

寻加为牛录章京。顺治五年，课绩加至三等阿达哈哈番，恩诏加至一等阿达哈哈番又

三

额多胡纳阿札普

普

一拖沙喇哈番。降亡。顺治十七年七月，赠三等阿思哈尼哈番。今汉文改为三等男。

等男	森侯痕	尔济	图克	穆僧	玉锡	什	明
	镶白旗蒙古。崇德元年，以率众来归，授三等甲喇章京。顺治元年，军功加	额森侯痕子。顺治十七年十月，袭。	多尔济子。康熙十八年十二月，袭。	胡图克叔父之子。康熙二十三年三月，袭。	纳穆僧兄之子。康熙三十二年九月，袭。	阿玉锡弟。康熙三十五年八月，以本身之拜他喇布勒哈番袭克职，并为一等阿思	札什子。康熙三十六年七月，袭。雍正十一年，其族叔子兆保降袭。

哈尼哈番。今汉文改为一等男。

为二等。顺治九年正月，恩诏加至三等阿思哈尼哈番。今汉文改为三等男。

朱珥

苏朗

三等

男

正黄旗蒙古。崇德二年，以率户口来归，授牛录章京。军功加至二等甲喇章京。顺治九年

苏朗孙。康熙二十三年九月，袭。四十一年，其弟云敦降袭。

三等男	阿什正白旗满洲。崇德	正月，恩诏加至三等阿思哈尼哈番。今汉文改为三等男。

二年，积军功授三等梅勒章京。今汉文改为三等男。

三等男

罗理 正黄旗蒙古。崇德三年，以

沙济 罗理兄。崇德七年八月，袭。

率户口来归,授一等甲喇章京。阵亡。七年八月,赠三等梅勒章京。今汉文改为三等男。

三等男	达尔汉和硕奇镶蓝旗满洲。崇德三年八月，以自蒙古率众来归，授三	安丹达尔汉和硕奇子。崇德七年七月，袭。	博思希安丹弟。崇德八年八月，袭。顺治四年三月，以军功加为二等梅勒章京。七	鄂齐尔博思希子。顺治十一年六月，袭。	奇塔奈鄂齐尔伯父。顺治十八年正月，袭。	阿喇纳奇塔奈子。康熙十一年三月，袭。	舒淑达尔汉和硕奇弟之孙。康熙十五年八月，袭。	巴图舒淑父。康熙十六年六月，袭。	班达尔沙巴图叔父之孙。康熙十八年三月，并本身之一等阿达哈哈番，袭为	蒙克班达尔沙子。康熙三十三年三月，袭。一等子。	恩忒亨蒙克子。乾隆八年六月，袭。	鄂永武恩忒亨子。乾隆十三年四月，袭。								

	等梅勒章京。今汉文改为三等男。		年三月，恩诏加为一等阿思哈尼哈番。今汉文改为一等男。						一等精奇尼哈番。今汉文改为一等子。										
三等男	奇塔特魏征	虎尼齐 奇塔特魏	诺木奇 虎尼齐子。	哈木尚 诺木奇子。															

	正黄旗满洲。崇德三年，阵亡。赠三等梅勒章京。今汉文改为三等男。	征子。崇德三年八月，袭。	崇德八年八月，袭。顺治年，恩诏加至一等阿思哈尼哈番。今汉文改为一等男。	顺治十二年八月，袭。十三年，因获罪停袭。															
三等	许天	许廷																	

臣	许天宠子。康熙十七年六月，袭。二十四年，以罪革，停袭。
宪	镶黄旗汉军。崇德三年，以同沈志祥投诚，授三等梅勒章京。今汉文改为三等男。
男	

三等男	达礼善 正黄旗满洲。崇德四年，以军功授三等甲喇章京。顺治年，恩诏加至三等	六占达礼 善孙。康熙二十五年，袭。后追叙伊祖达礼善军功，加为二等阿思哈尼哈	代奇立 达礼善孙。康熙四十四年十二月，以伊祖达礼善军功，及三次恩诏所得	达桑阿 代奇立嗣子。雍正十年闰五月，袭。乾隆二年，子苏隆阿降袭。															

爵	人名	注
三等男		
	阿什代巴图	阿思哈尼哈番。今汉文改为三等男。
	顾穆 阿什代巴图鲁	番。今汉文改为二等男。以庸劣革。
	马尼代 顾穆叔父	之职，不可销去，仍袭二等阿思哈尼哈番。今汉文改为二等男。

鲁

镶黄旗蒙古。崇德四年,以军功授牛录章京。寻加半个前程。恩诏加至一等阿达

子。康熙六年四月,袭。

之孙。康熙三十八年七月,袭。雍正四年,子吴尔图那苏图降袭。

金振	
金玉	
金声	哈哈番。顺治十七年二月，军功加至三等阿思哈尼哈番。今汉文改为三等男。
三等	

男

遥 正白旗汉军。崇德四年,以投诚授一等甲喇章京。顺治九年正月,恩诏加至三等阿

成 金声遥子。顺治十六年九月,袭。

金玉成子。康熙十二年六月,袭。四十五年,子金启瑞降袭。

	思哈尼哈番。今汉文改为三等男。																		
三等男	苏班岱镶黄旗蒙古。崇德五年，以率户口来	白冲苏班岱子。顺治十一年十月，袭。	色冷嘉锡白冲子。康熙七年四月，袭。寻卒。	色尔古冷色冷嘉锡弟。康熙七年十二月，															

袭。四十九年，子速兴降袭。

归，授三等甲喇章京。军功加为二等。顺治九年正月，恩诏加至三等阿思哈尼哈番。今汉

	三等男
文改为三等男。	谭布　正黄旗满洲。崇德五年，以军功授牛录章京。寻加至一等阿达
	喀代　谭布子。康熙四年五月，袭。
	乌法　喀代子。康熙三十一年八月，袭。
	五雅禄　乌法子。康熙五十二年十一月，袭。坐事革。
	兴安泰　五雅禄兄之孙。乾隆十七年五月，袭。
	音登额　兴安泰子。乾隆三十九年十二月，袭。
	六十三　音登额叔。乾隆四十五年十二月，袭。
	恭安　初名宁安。六十三继子。嘉庆元年，袭。
	松寿　恭安子。
	济焜　松寿继子。
	札焜珠　济焜继子。光绪三十年，袭。

哈哈番，又一拖沙喇哈番。缘事革去拖沙喇哈番。恩诏加一拖沙喇哈番。顺治八年二月，

军功加为三等阿思哈尼哈番。九年正月，恩诏加为二等。缘事降一等阿达哈哈番，又一

三等男	代都 正黄	花色 代都	李钥 花色
	拖沙喇哈番。又遇恩诏加为三等阿思哈尼哈番。今汉文改为三等男。		

	旗汉军。本姓李。崇德七年，以军功授半个前程。寻加至三等甲喇章京，课绩加为二等。顺	子。顺治十七年七月，袭。	弟。康熙十七年，袭。雍正七年，子李裕德降袭。																

	阿桑诺木奇子。
治九年正月，恩诏加至三等阿思哈尼哈番。今汉文改为三等男。	诺木奇正黄
	三等男

旗蒙古。崇德七年九月，以率户口来归，授三等梅勒章京。今汉文改为三等男。
顺治二年四月，袭。缘事降为一等阿达哈哈番。恩诏加一拖沙喇哈番。今汉文改为一等

三等男	
满韬镶白旗蒙古。崇德七年，以父绰格图率众来归，授三	
那木僧格第满韬子。康熙十六年八月，袭。四十年，	轻车都尉又一云骑尉。

子官保降袭。

等甲喇章京。恩诏加至一等，又一拖沙喇哈番。顺治十三年五月，以军功加为三等阿思

哈尼哈番。今汉文改为三等男。	三等男
	额对镶黄旗蒙古。崇德八年,积军功授三等甲喇章
	朱马喇额对子。康熙十年五月,袭。五十三年,子费

京。顺治二年，军功加为二等。九年正月，恩诏加至三等阿思哈尼哈番。今汉文改为三等	扬古降袭。	

三等男	赖达哈
	镶白旗满洲。崇德八年，以登城功，授二等甲喇章京。顺治年，恩诏加
男。	
	苏麻喇
	赖达哈子。康熙十八年，袭。四十年，子马德降袭。

	萨尔禅 穆礼宏子。康熙二十七年
	穆礼宏 舒理浑子。顺治十八年闰
至三等阿思哈尼哈番。今汉文改为三等男。	舒理浑 正黄旗满洲。崇德八年,袭。
	三等男

父扎福尼之牛录章京。恩诏加至一等阿达哈哈番。顺治年,军功加至三等阿思哈尼哈

七月,袭。

六月,袭。乾隆五年,子舒尔金降袭。

番。今汉文改为三等男。

三等男	线应琦	线应藻	线桂
	正白旗汉军。顺治元年,以投诚授三等甲喇章	线应琦叔父之子。顺治十年五月,袭。	线应藻孙。康熙二十三年六月,袭。六十年,子线承烈

降袭。

京。军功加为二等。顺治九年正月，恩诏加至三等阿思哈尼哈番。今汉文改为三等男。

三等男	夏景梅正白旗汉军。顺治元年，以投诚授三等甲喇章京。恩诏加至一等阿达哈	夏增夏景梅弟之子。康熙十六年五月，袭。四十六年，子夏长瀛降袭。

哈番又一拖沙喇哈番。顺治十七年十月，以军功加为三等阿思哈尼哈番。今汉文改为

	殷达理宜尔格德子。顺治十二年七月，袭。
三等男。	宜尔格德正黄旗满洲。顺治二年，以军功授牛录章京。课绩加半个
	三等男

前程。恩诏加为三等阿达哈哈番。又以军功加为二等。恩诏加至一等又一拖沙喇哈番。

三等男

鲍敬山西应州

鲍铎敬孙。康熙

阵亡。顺治十二年六月，赠三等阿思哈尼哈番。今汉文改为三等男。

	三等男	
人。顺治九年，以父承先功，封三等男。	李朝云	镶白旗汉军。顺治五年八月，以投诚
三十六年，袭。	李人龙	李朝云子。康熙二年十月，袭。
	李桂兰	李人龙子。康熙三十年十二月，袭。四

三等男	路有良镶蓝旗汉军。顺治三年，积军功	授三等梅勒章京。今汉文改为三等男。
		十五年，病殁。停袭。

授三等甲喇章京。恩诏加至一等又一拖沙喇哈番。军功加为三等阿思哈尼哈番。今汉

三等男	
韩文　镶蓝旗汉军。顺治五年八月,以投诚授三	文改为三等男。十五年,缘事革。无袭。
韩佐周　韩文子。康熙十二年十二月,袭。三十	

三等男	
许得功 镶蓝旗汉军。顺治五年八月，以	等阿思哈尼哈番。今汉文改为三等男。
许国相 许得功孙。康熙十六年十二月，	五年，坐事革。停袭。

三等男	
胡申布鲁 正蓝旗满	率众投诚，授三等阿思哈尼哈番。今汉文改为三等男。
爱音查 胡申布鲁子。顺	袭。五十四年，特旨停袭。
雅岱 爱音查子。康熙十九	
僧保 雅岱子。康熙二十七	

洲。顺治三年，积军功授牛录章京。恩诏加至二等阿达哈哈番，又以军功加至一等。又一

治十八年正月，袭。有军功。伤发，卒。晋赠二等阿思哈尼哈番，即二等男。

年八月，袭。二十五年，因追叙伊父军功，加为二等阿思哈尼哈番。今汉文改为二等男。

年七月，袭。坐事革。后降袭。

三

喀赫格

拖沙喇哈番。阵亡。顺治十八年正月，加赠三等阿思尼哈番。今汉文改为三等男。

尔德赫特赫弟。康熙二年正月，袭。五十一年，子格尔图降袭。
特赫喀尔塔喇子。顺治十二年七月，袭。阵亡。
尔塔喇镶白旗满洲。顺治三年，以军功授半个前程。恩诏加为拜他喇布勒哈番。
等男

又以军功加一拖沙喇哈番，恩诏加至一等阿达哈哈番。阵亡。顺治十二年六月，加赠三

	等阿思哈尼哈番。今汉文改为三等男。		
三等男	雅喇 正白旗满洲。顺治三年,积军功授牛	阳寿 雅喇弟之子。康熙十一年闰七月,袭。	夸喀 阳寿子。康熙三十一年六月,袭。四十

六年，子桓岱降袭。

录章京；兼半个前程。恩诏加至一等阿达哈哈番。顺治十三年闰五月，以军功加至三等

	觉罗额讷布 觉罗布古子。康熙二十五
阿思哈尼哈番。今汉文改为三等男。	觉罗布古 镶红旗满洲。顺治四年，特恩授
	三等男

年四月，袭。雍正十三年四月，卒。无袭。

半个前程。恩诏加至三等阿达哈哈番。十八年，袭父觉罗布三之三等阿达哈哈番，并为

三等男 苏鲁迈正蓝 孙塔哈苏鲁	三等阿思哈尼哈番。今汉文改为三等男。康熙二十五年二月，卒。

迈子。康熙元年十二月，袭。四十六年，子索柱降袭。

旗满洲。积军功授二等甲喇章京。顺治九年正月，恩诏加至三等阿思哈尼哈番。今汉文

三等男		
赵之龙	镶黄旗汉军。顺治五年八月，以投诚授三等阿	改为三等男。卒谥勤勇。
赵清傅	赵之龙孙。顺治十一年正月，袭。	
赵钟岱	赵清傅叔。顺治十四年九月，袭。	
赵清俪	赵钟岱弟之子。康熙八年十二月，袭。	
赵仁	赵清俪子。康熙四十二年二月，袭。	
赵连璧	赵仁子。乾隆十二年十二月，袭。坐事革。	
赵连炎	赵连璧从弟。乾隆十八年十二月，袭。以病罢爵。	
赵永兴	赵连炎子。乾隆三十一年十二月，袭。缘事革。	
赵坦	赵永兴从兄。乾隆四十一年十二月，袭。	

	三等男	
思哈尼哈番。今汉文改为三等男。	费雅思哈	正黄旗满洲。顺治五年,积军
	苏旦	费雅思哈子。康熙十一年十月袭。
	苏湖济	苏旦子。雍正十年,因苏旦降亡所得

骑都尉兼一云骑尉，并为三等男。

功授拜他喇布勒哈番又一拖沙喇哈番。恩诏加至一等阿达哈哈番。军功加至三等

	郑佩兰 郑仁瑞子。康熙二十
	郑仁瑞 郑嘉栋子。顺治十六
阿思哈尼哈番。今汉文改为三等男。卒。谥僖恪。	郑嘉栋 镶白旗汉军。顺治五
	三等男

三等男	
吴学礼 镶红旗汉	年八月，以投诚授三等阿思哈尼哈番。今汉文改为三等男。
吴尔鼎 吴学礼子。	年三月，袭。
吴子祥 吴尔鼎子。	一年十一月，袭。四十四年，故停袭。
吴昌祖 吴子祥子。	
吴文煌 吴昌祖弟。	
吴文焕 吴文煌从	
吴文灿 吴文焕弟。	
庆通 吴文灿子。嘉庆	
吴庆泰	
瑞麟 吴庆泰子。道光	

军。顺治五年，以同左梦庚投诚，授二等阿达哈哈番。十七年七月，以军功加至三等阿思

康熙二年十一月，袭。以罪革。

康熙二十三年六月，袭。

康熙四十四年六月，袭。坐事革。

之子。雍正七年三月，袭。

兄。乾隆十一年隆十十二月，袭。

乾隆三十九年十二月，袭。

二年，袭。

十一年，袭。

	钧塞 唯图弟。康熙二十二年十二月，袭。四十年，子金
	唯图 刘麟图子。顺治十六年十月，袭。
哈尼哈番。今汉文改为三等男。	刘麟图 镶白旗蒙古。原系山海关副将。顺治五年
	三等男

三等男	
介桑札尔固齐	八月，以来归授三等阿思哈尼哈番。今汉文改为三等男。
贾柱 介桑札尔固齐子。顺	梁降袭。
陶番齐 贾柱子。康熙十	
马尼 陶番齐兄之子。康熙	
宗柱克 马尼子。乾隆四	
舒敏 宗柱克子。乾隆五十	
图善 舒敏弟。	
富昌 图善子。	
普林 富昌子。	
玉坤 普林子。光绪六年，袭。	
奎光 玉坤子。光绪二十四	

三

阿乌

正蓝旗满洲。以自蒙古率户口来归,授三等阿思哈尼哈番。今汉文改为三等男。

治六年二月,袭。九年正月,恩诏,加至一等阿思哈尼哈番。今汉文改为一等男。

八年二月,袭。

五十七年十二月,降袭三等阿思哈尼哈番。今汉文改为三等男。

年十二月,袭。

二年,袭。

年,袭。

等男	哈旦	格阿哈
	正黄旗满洲。顺治八年，袭。元费扬古之二等阿达哈哈番。恩诏加至一等阿达	旦子。康熙二年，袭。乾隆二年，子兴常降袭。

哈哈番。又一拖沙喇哈番。阵亡。康熙二年,加赠三等阿思哈尼哈番。今汉文改为三等

	男。																		
三等男	蔡禄顺治十八年封。康熙十三年，叛，诛。																		
三等男	梁化凤陕西延安人。官苏松	梁鼎化凤子。康熙十二年，袭。晋	梁祚昌鼎子。康熙二十三年，	梁宏勋祚昌子。康熙五十五	梁秉旸宏勋子。乾隆二十四	梁秉育宏勋弟子。乾隆四十				梁翼之咸丰六年，由三等男									

总兵。顺治十六年,以保守江宁败郑成功,予轻车都尉。十八年,晋三等男。康熙十年十一

二等。坐事削爵。

仍袭三等男。

年,袭。

年,袭。

三年,袭。

发云南,以参将用。

	明福 杜克子。雍正元年六月，袭。乾隆十八年，子
月，卒于江南提督。赠少保，谥敏壮。	杜克 正白旗蒙古。康熙八年，袭。父明阿达理之
	三等男

永安降袭。

一等阿达哈哈番又一拖沙喇哈番。三十六年七月，军功加为三等阿思哈尼哈番。今汉文改为三等男。

三等男

巴雅尔 镶红旗蒙古。康熙十二年,袭父桑图之一等阿达哈哈番

戴通 巴雅尔子。康熙三十年九月,袭。

那亲 戴通侄。乾隆六年,袭。

	高
	高
	高
	高
	高
	高
	高
又一拖沙喇哈番。阵亡。三十年九月，赠为三等阿思哈尼哈番。今汉文改为三等男。	高
	三

等男		
其倬	镶黄旗汉军。雍正二年，以尽心力事，授拜他喇布勒哈番。八年九月，以相万年	
咯	高其倬子。乾隆四年十二月，袭。	
烺	高咯子。乾隆十五年十二月，袭。	
坦	高烺子。乾隆十七年十二月，袭。	
焜	高坦之叔。乾隆十八年十二月，袭。	
垣	高焜子。乾隆四十二年十二月，袭。	
维钟	高垣子。嘉庆五年，袭。	
士俊	高维钟子。道光十三年，袭。	

	吉地，封三等阿思哈尼哈番。今汉文改为三等男。乾隆三十年十月，卒。谥文良。																		
三等	舒明	雅满	台兴	常庆	连瑛	勋光													

男	正黄旗蒙古。乾隆二十一年三月，以军功加封三等男。	泰舒明子。乾隆二十七年十二月，袭。五十七年十二月，革。	阿雅满泰侄。乾隆五十七年，袭。	道光十三年，袭。	常庆子。光绪七年，袭。	光绪三十一年，袭。
三等男	札克塔尔四川	常安札克塔尔子。嘉				

庆十七年，袭。

番目。内务府正黄旗满洲。官护军统领。嘉庆八年闰二月，以捕获逆犯陈德，封三等男。十

七年，四月，卒。	三等男
	鄂辉　正白旗满洲。嘉庆元年十二月，以剿教匪功，封三等男。三年六
	鄂弥善　鄂辉子。嘉庆三年，袭。
	庆宽　鄂弥善子。
	赛崇阿　庆宽子。
	穆都哩　赛崇阿子。
	宜格　穆都哩继子。光绪三十年，袭。

	月,卒。谥恪靖。			
三等男	百龄 汉军。嘉庆二十年,官两江总督。以捕获逆犯六荣升功,封三等	札拉芬 百龄子。	玉年	文涛 玉年子。同治五年,袭。

男。二十一年，卒。	
三等男	西凌阿 正白旗满洲。官察哈尔都统。咸丰六年，以北路肃清功封。 托克通阿 西凌阿子。 德兰泰 托克通阿子。光绪十二年，袭。

三等男	德成三等子明宝承继子。乾隆十八年四月，降袭三等男。																		
三等男	黄翼升湖南长沙	黄宗炎翼升子。光	黄恒																

绪年，袭。

人。同治二年，由淮扬镇总兵论克复苏州功，予云骑尉。三年，论克金陵功，予一等轻车都尉尉。七年，张总愚平，再加一云骑尉，并为三等男爵。光绪十年，卒于长江水师提督。谥武靖。

三等男	宋庆山东蓬莱人。同治七年，由湖南提督论平张总愚功，予一等轻车都尉。二十八	宋天杰庆子。光绪三十年，袭。

	年，卒。封三等男爵。																		
三等男	彭毓橘 湖南湖乡人。记名布政使。同治三年，论克金陵功，予	彭秀挺 毓橘子。同治年，袭。																	

一等轻车都尉。寻补福建汀漳龙道。同治六年二月，以剿东捻，阵亡湖北蕲水。赠内阁学士，谥忠壮，子骑都尉。寻并为三等男。

三等男

胡子勋 湖南益阳人。原任湖北巡抚胡林翼

胡祖荫 子勋子。光绪二十三年，袭。

嗣子。以应袭一等轻车都尉及骑都尉，并为三等男。同治八年，袭。

清史稿卷一七四
表第一四

大学士年表序

清大学士，沿明旧名，例称政府，实则国初有议政处以掣其柄，雍正以后，承旨寄信有军机处，内阁宰辅，名存而已。《新唐》、《元史》表宰相者，备列三公。清大学士满、汉两途，勋高位极，乃以相授。内阁实权，远不逮明。然其品列，皆首文班。任军机者，自亲王外，其领袖者必大学士，唐、元三公尚不及也。

大学士年表一

年分	大学士	协办
崇德元年	刚林五月，授内国史院大学士。	

丙子	范文程五月，授内秘书院大学士。 希福五月，授内弘文院大学士。 鲍承先五月，授内秘书院大学士。	
崇德二年 丁丑	刚林 范文程 希福 鲍承先	
崇德三年 戊寅	刚林 范文程 希福 鲍承先七月，改吏部右参政。	
崇德四年 己卯	刚林 范文程 希福	
崇德五年 庚辰	刚林 范文程 希福	

崇德六年 辛巳	刚林 范文程 希福	
崇德七年 壬午	刚林 范文程 希福	
崇德八年 癸未	刚林 范文程 希福	
顺治元年 甲申	范文程元年八月辛酉,革。 希福 刚林 宁完我 冯铨五月,辛丑,以书征。 洪承畴六月丁巳,仍以太子太保兼副都御史,同内院官佐理机务,为内秘书院大学士。	

	谢升八月壬午，召入内院。	
顺治二年 乙酉	范文程 刚林 宁完我 冯铨 洪承畴闰六月，招抚南方，总督军务。 谢升正月癸卯，卒。 祁世格二月己巳，为内弘文院大学士。 李建泰故明文渊阁大学士。三月庚子，陛见，慰谕。之十二月丙午，革。	
顺治三年 丙戌	范文程 刚林 宁完我 冯铨 洪承畴 祁世格 宋权正月戊辰，为内翰林国史院大学士。	

顺治四年 丁亥	范文程 刚林 宁完我 冯铨 洪承畴十月，命回内院。 祁世格	
顺治五年 戊子	范文程 刚林 宁完我 冯铨 洪承畴 祁世格 宋权	
顺治六年 己丑	范文程 刚林 宁完我 冯铨	

	洪承畴加少傅兼太子太傅。 祁世格 宋权	
顺治七年 庚寅	范文程 刚林 宁完我 冯铨 洪承畴 祁世格 宋权	
顺治八年	范文程闰二月乙亥，革留。 刚林闰二月乙亥，坐与睿王谋逆，弃市。 宁完我三月己丑，转内国史院大学士。 冯铨闰二月乙丑，致仕。 洪承畴闰二月戊辰，管左都御史事。 祁世格闰二月乙亥，坐与睿王谋逆，弃市。	

	宋权 希福三月己丑，为内弘文院大学士。 陈泰三月己丑，为内国史院大学士。七月戊子，革。 雅泰七月戊子，为内国史院大学士。十月，卒。 陈名夏七月己亥，为内翰林弘文院大学士。 额色黑十月丁巳，为内翰林国史院大学士。	
顺治九年 壬辰	范文程 宁完我 洪承畴五月母忧，仍入直。 宋权致仕。六月壬子，卒。 希福十一月，卒。 陈名夏 额色黑	

年份	大学士	
	陈之遴二月辛酉，为内翰林弘文院大学士。	
顺治十年癸巳	范文程 宁完我 洪承畴正月丁丑，调内翰林弘文院大学士。五月乙酉，升太保兼太子太师、内国史院、经略湖广、广东、广西、云南、贵州。 陈名夏正月丁丑，调内翰林秘书院大学士。二月丁未，署吏部尚书。 额色黑 陈之遴二月丁未，仍以太子太保调户部尚书。 高尔俨仍以太子太保为内翰林弘文院大学士。三月戊子，疾假。六月丁酉，病休。 冯铨三月癸巳，仍以弘文院大学士原	

	官。 图海四月丁未，为内翰林弘文院大学士。 成克巩闰六月丙寅，为内翰林秘书院大学士。 张端闰六月丙寅，为内翰林国史院大学士。 刘正宗闰六月丙寅，为内翰林弘文院大学士。十一月丙辰，加太子太保管吏部尚书。 吕官十二月，为内翰林弘文院大学士。	
顺治十一年 甲午	范文程八月壬午，加少保兼太子太保。九月己丑，太傅兼太子太师。病解。 宁完我八月壬午，加太子太保。 洪承畴 陈名夏三月辛丑，弃市。	

额色黑八月壬午，加太子太保。

冯铨五月乙巳，降三级。

图海

成克巩五月乙巳，降二级。

张端予告。六月，卒。

刘正宗

吕宫五月乙巳，降二级。

金之俊二月丙寅，为内翰林国史院大学士。

蒋赫德三月庚寅，为内翰林国史院大学士。

王永吉四月丁亥，为内翰林秘书院大学士。八月甲戌，革调。

党崇雅五月丙午，为内翰林国史院大学士。

傅以渐八月庚辰，为内翰林秘书院大学士。

顺治十二年 乙未	宁完我二月辛酉，加少保兼太子太保。 洪承畴 额色黑 冯铨四月乙卯，加少师兼太子太师。 图海二月辛酉，加太子太保。 成克巩二月辛酉，加太子太保。 刘正宗四月乙卯，加少保兼太子太保。 金之俊四月乙卯，加少傅兼太子太傅。 蒋赫德二月辛酉，加太子太保。 党崇雅二月丁巳，加太保兼太子太傅。病免。 傅以渐二月辛酉，加太子太保。 吕宫二月辛酉，加太子太保。二月壬戌，以太子太保病解。 巴哈纳二月辛酉，加太保兼太子太保。五月庚子，为内翰林弘文院大学士。	

	车克二月辛酉，加少保兼太子太保。 陈之遴二月庚辰，为内翰林弘文院大学士。四月乙卯，加少保兼太子太保。 王永吉二月庚辰，为内翰林国史院大学士。	
顺治十三年 丙申	宁完我 洪承畴 额色黑 冯铨二月己卯，加太保兼太子太师致仕。 图海 成克巩 刘正宗 金之俊 蒋赫德 傅以渐	

	车克六月辛巳，兼管户部尚书事。 陈之遴三月乙未革，以原官发往盛京。 十月癸卯，著回京入旗。 王永吉 巴哈纳	
顺治十四年 丁酉	宁完我 洪承畴 额色黑 图海 成克巩 刘正宗 金之俊 蒋赫德 傅以渐 车克 王永吉 巴哈纳	

顺治十五年 戊戌九月辛丑，内三院改中和、保和、文华、武英、东阁、文渊大学士。	宁完我九月己未，以原衔少傅兼太子太傅、大学士致仕。 洪承畴九月甲寅，改为武英殿大学士，兼管兵部尚书。 额色黑九月甲寅，改为保和殿大学士，兼管户部尚书。 图海 成克巩九月甲寅，改为保和殿大学士，兼管户部尚书。 刘正宗九月甲寅，改为文华殿大学士，兼管礼部尚书。 金之俊九月甲寅，改为中和殿大学士，兼管吏部尚书。 蒋赫德九月甲寅，改为文华殿大学士，兼管礼部尚书。 傅以渐九月甲寅，改为武英殿大学士，兼管兵部。	

	车克 王永吉四月辛卯，降五级调用。 巴哈纳九月甲寅，改为中和殿大学士，兼管吏部尚书。 胡世安五月癸亥，为内院大学士。九月甲寅，改为武英殿大学士，兼管兵部尚书。 卫周祚五月癸亥，为内院大学士。九月甲寅，改为文渊阁大学士，兼管刑部尚书。 李霨五月癸亥，为内院大学士。九月甲寅，改为东阁大学士，兼管工部尚书。	
顺治十六年 己亥	洪承畴 雅泰 额色黑 图海	

	成克巩 刘正宗 金之俊 蒋赫德 傅以渐 车克 巴哈纳 胡世安闰三月壬戌，病假。 卫周祚 李霨五月癸酉，降四级调用。九月壬申，宽免，照旧办事。 冯铨二月丙戌，乃以原衔改兼中和殿大学士。	
顺治十七年 庚子	洪承畴 雅泰 额色黑 图海	

	成克巩六月己亥，革。十一月辛酉，仍留原任。 刘正宗六月己亥，革吏部。十一月辛酉，革。 金之俊 蒋赫德二月病解，病痊起用。 傅以渐 车克 巴哈纳 胡世安 卫周祚 李霨 冯铨	
顺治十八年 辛丑六月丁酉，仍复旧制，设内秘书院、国史院、弘文院。	洪承畴四月丙午，致仕。 雅泰 额色黑七月己酉，为内国史院大学士。九月，卒。	

	图海 成克巩七月己酉，为内国史院大学士。 金之俊七月己酉，为内秘书院大学士。 蒋赫德七月己酉，为内弘文院大学士。 傅以渐六月癸巳，病休。 车克闰七月庚辰，调吏部尚书。 巴哈纳七月己酉，为内秘书院大学士。 胡世安七月己酉，为内秘书院大学士。十一月壬午，以原官加少师兼太子太师病休。 卫周祚七月己酉，为内国史院大学士。 李霨七月己酉，为内弘文院大学士。 冯铨 觉罗伊图七月辛酉，为内弘文院大学士。 苏纳海九月癸未，为内国史院大学士。	
康熙元年	成克巩十月壬寅，迁内秘书院大学士。	

壬寅	金之俊八月辛丑，以原官休。 蒋赫德 巴哈纳 卫周祚 李霨 觉罗伊图 苏纳海 车克七月壬寅，为内秘书院大学士。	
康熙二年 癸卯	成克巩四月甲寅，病免。 蒋赫德三月癸未，迁内国史院大学士。 巴哈纳 卫周祚七月丁亥，予假。 李霨 觉罗伊图 苏纳海 车克 孙廷铨五月丙子，为内秘书院大学士。	

<table>
<tr><td>康熙三年
甲辰</td><td>蒋赫德
巴哈纳
卫周祚
李霨
觉罗伊图
苏纳海
车克
孙廷铨十一月甲午，病免。
巴泰六月甲午，为内国史院大学士。
魏裔介十一月丁未，为内秘书院大学士。</td><td></td></tr>
<tr><td>康熙四年
乙巳</td><td>蒋赫德
巴哈纳
卫周祚六月戊戌，假满，召。
李霨
觉罗伊图
苏纳海</td><td></td></tr>
</table>

	车克 孙廷铨 巴泰 魏裔介	
康熙五年 丙午	蒋赫德 巴哈纳 卫周祚 李霨 觉罗伊图 苏纳海十二月甲申，革。丙寅，处绞。 车克 孙廷铨 巴泰 魏裔介	
康熙六年 丁未	蒋赫德 巴哈纳 卫周祚	

	李霨 觉罗伊图 车克致仕。 孙廷铨 巴泰 魏裔介 班布尔善正月丁卯，为内秘书院大学士。 图海正月丁卯，为内弘文院大学士。	
康熙七年 戊申	蒋赫德 巴哈纳 卫周祚 李霨 觉罗伊图 孙廷铨 巴泰二月己卯，疾解，以原官休致。 魏裔介	

	班布尔善 图海 对喀纳九月癸卯，为内国史院大学士。	
康熙八年 己酉	蒋赫德 巴哈纳 卫周祚四月丙寅，病免。 李霨 觉罗伊图 孙廷铨 魏裔介 班布尔善 图海 巴泰五月乙未，为内秘书院大学士。 对喀纳七月乙未，加太子太保管刑部尚书事。 杜立德四月癸酉，为内国史院大学士。 索额图八月甲申，为内国史院大学士。	

康熙九年 庚戌八月乙未，内三院改为内阁。	蒋赫德九月，卒。 巴哈纳 李霨十月甲午，为保和殿大学士。兼户部尚书事。 觉罗伊图 孙廷铨 图海十月甲午，为中和殿大学士，兼礼部尚书事。 巴泰十月甲午，为中和殿大学士，兼礼部尚书事。 对喀纳十月甲午，为文华殿大学士，管刑部尚书事。 杜立德十月甲午，为保和殿大学士，兼礼部尚书事。 索额图十月甲午，为保和殿大学士，兼户部尚书事。 魏裔介十一月壬午，为保和殿大学士。	

康熙十年 辛亥	李霨 图海 巴泰 对喀纳 杜立德 索额图 魏裔介正月戊寅，病免。 冯溥二月丁酉，为文华殿大学士。	
康熙十一年 壬子	李霨 图海 巴泰 对喀纳 杜立德 索额图 冯溥 卫周祚四月壬寅，召入阁。六月壬寅，为保和殿大学士。十二月丁卯，	

	以原官致仕。	
康熙十二年 癸丑	李霨 图海 巴泰 对喀纳 杜立德 索额图 冯溥	
康熙十三年 甲寅	李霨 图海 巴泰 对喀纳 杜立德 索额图 冯溥 莫洛二月辛酉，为武英殿大学士，仍以刑部尚书管兵部事，经略陕西。	

	十二月癸巳,兵变,死之。	
康熙十四年 乙卯	李霨 图海三月丁亥,为副将军,征察哈尔。 闰五月癸卯,凯旋。 巴泰三月戊子,仍以原衔入阁办事。 对喀纳九月乙巳,祭葬。 杜立德 索额图 冯溥 熊赐履三月戊子,为武英殿大学士。	
康熙十五年 丙辰	李霨 图海八月乙亥,封三等公。 巴泰 杜立德 索额图 冯溥 熊赐履七月甲午,革。	

康熙十六年 丁巳	李霨 图海 巴泰七月甲辰，致仕。 杜立德 索额图 冯溥 明珠七月甲辰，为武英殿大学士。 勒德洪七月甲辰，为武英殿大学士。	
康熙十七年 戊午	李霨 图海 杜立德 索额图 冯溥 明珠 勒德洪	
康熙十八年 己未	李霨 图海	

	杜立德 索额图 冯溥 明珠 勒德洪	
康熙十九年 庚申	李蔚 图海 杜立德 索额图八月戊寅，病免。 冯溥 明珠 勒德洪	
康熙二十年 辛酉	李蔚 图海十二月戊戌，卒。 杜立德 冯溥 明珠	

年份	大学士	
	勒德洪	
康熙二十一年 壬戌	李霨 杜立德五月己未，病解。 冯溥六月甲辰，从原官致仕。 明珠 勒德洪 王熙五月戊辰，为保和殿大学士。 黄机十月己丑，为文华殿大学士。 吴正治十月己丑，为武英殿大学士。	
康熙二十二年 癸亥	李霨 明珠 勒德洪 王熙 黄机 吴正治	
康熙二十三年 甲子	李霨八月甲寅，卒。 明珠	

	勒德洪 王熙 黄机二月己未，病休。 吴正治 宋德宜七月乙亥，为文华殿大学士。	
康熙二十四年 乙丑	明珠 勒德洪十月丙申，削去太子太傅，降一级留任。 王熙 吴正治 宋德宜	
康熙二十五年 丙寅	明珠四月壬寅，加太子太师。 勒德洪四月壬寅，加太子太傅。 王熙四月壬寅，加太子太傅。 吴正治四月壬寅，加太子太傅。 宋德宜四月壬寅，加太子太傅。	
康熙二十六年	明珠	

丁卯	勒德洪 王熙 吴正治正月乙巳，休。 宋德宜七月，卒。 余国柱二月甲寅，为武英殿大学士。 李之芳八月壬午，为文华殿大学士。	
康熙二十七年 戊辰	明珠正月己酉，革。 勒德洪正月己酉，革。 王熙 余国柱正月己酉，革。 李之芳正月己酉，休致。 梁清标正月甲寅，为保和殿大学士。 伊桑阿正月甲寅，为文华殿大学士。	
康熙二十八年 己巳	王熙 梁清标 伊桑阿 阿兰泰五月乙巳，为武英殿大学士。	

	徐元文五月乙巳，为文华殿大学士。戊申，兼管翰林院掌院学士事。	
康熙二十九年 庚午	王熙 梁清标 伊桑阿 阿兰泰 徐元文六月癸酉，休致。 张玉书六月己酉，为文华殿大学士，兼户部尚书。	
康熙三十年 辛未	王熙 梁清标九月，卒。 伊桑阿 阿兰泰 张玉书	
康熙三十一年 壬申	王熙 伊桑阿 阿兰泰	

	张玉书 李天馥十月己卯，为武英殿大学士。	
康熙三十二年 癸酉	王熙 伊桑阿 阿兰泰 张玉书 李天馥六月己丑，忧。	
康熙三十三年 甲戌	王熙 伊桑阿 阿兰泰 张玉书 李天馥	
康熙三十四年 乙亥	王熙 伊桑阿 阿兰泰 张玉书 李天馥十一月庚午，命入阁办事。	

康熙三十五年 丙子	王熙 伊桑阿 阿兰泰 张玉书 李天馥	
康熙三十六年 丁丑	王熙 伊桑阿 阿兰泰 张玉书 李天馥	
康熙三十七年 戊寅	王熙 伊桑阿 阿兰泰 张玉书六月戊辰，丁忧回籍。 李天馥 吴琠七月癸酉，为保和殿大学士。	
康熙三十八年	王熙	

己卯	伊桑阿 阿兰泰九月戊午，卒。 李天馥十月己卯，卒。 吴琠 马齐十一月己亥，为武英殿大学士。 佛伦十一月乙亥，为文渊阁大学士。 熊赐履十一月己亥，为东阁大学士。 张英十一月己亥，为文华殿大学士。	
康熙三十九年 庚辰	王熙 伊桑阿 吴琠 马齐 佛伦三月丙申，致仕。 熊赐履 张英	
康熙四十年 辛巳	王熙九月庚戌，致仕。癸丑，加少傅。 伊桑阿	

	吴琠 马齐 熊赐履 张英十月癸酉，以原官致仕。 张玉书十月己未，召。	
康熙四十一年 壬午	伊桑阿十一月丙寅，致仕。 吴琠 马齐 席哈纳九月己巳，自礼部尚书为文渊阁大学士。 熊赐履 张玉书	
康熙四十二年 癸未	吴琠 马齐 席哈纳 熊赐履四月丁亥，病免。 张玉书	

	陈廷敬四月丙申，为文渊阁大学士，兼吏部尚书。	
康熙四十三年甲申	吴琠 马齐 席哈纳 张玉书 陈廷敬	
康熙四十四年乙酉	吴琠五月己卯，祭葬。 马齐 席哈纳 张玉书 陈廷敬 李光地十一月己巳，自吏部尚书兼管直隶巡抚，为文渊阁大学士。	
康熙四十五年丙戌	马齐 席哈纳 张玉书	

	陈廷敬 李光地	
康熙四十六年 丁亥	马齐 席哈纳 张玉书 陈廷敬 李光地 温达十二月丙戌，为文华殿大学士，兼吏部尚书。	
康熙四十七年 戊子	马齐 席哈纳正月癸酉，致仕。 张玉书 陈廷敬 李光地 温达	
康熙四十八年 己丑	马齐正月甲午，革。 张玉书	

	陈廷敬 李光地 温达	
康熙四十九年 庚辰	张玉书 陈廷敬十一月庚子，致仕。 李光地 温达 萧永藻十一月乙巳，为文华殿大学士。	
康熙五十年 辛卯	张玉书五月丙午，卒。 李光地五月，患病，陈廷敬暂衙门办事。 温达 萧永藻 陈廷敬五月丙辰，起。	
康熙五十一年 壬辰	温达 陈廷敬四月，卒。 李光地 萧永藻	

	嵩祝四月乙亥，为文华殿大学士，兼礼部尚书。 王掞四月乙亥，为文渊阁大学士，兼礼部尚书。	
康熙五十二年 癸巳	温达 李光地 萧永藻 嵩祝 王掞	
康熙五十三年 甲午	温达正月甲子，以原官致仕。十二月己巳，著仍在大学士任办事。 李光地 萧永藻 嵩祝 王掞	
康熙五十四年 乙未	李光地七月甲午，给假二年，仍来京办事。	

	温达 萧永藻 嵩祝 王掞	
康熙五十五年 丙申	李光地假。 温达五月,卒。 萧永藻六月己丑,革留。 嵩祝 王掞 马齐五月辛酉,为武英殿大学士。	
康熙五十六年 丁酉	马齐 李光地假。 萧永藻 嵩祝 王掞	
康熙五十七年 戊戌	马齐 李光地六月己丑,卒。	

	萧永藻 嵩祝 王掞 王顼龄九月丙戌，为武英殿大学士，兼工部尚书。	
康熙五十八年 己亥	马齐 萧永藻 嵩祝 王掞 王顼龄	
康熙五十九年 庚子	马齐 萧永藻 嵩祝 王掞 王顼龄	
康熙六十年 辛丑	马齐 萧永藻	

	嵩祝 王掞 王顼龄	
康熙六十一年 壬寅	马齐十二月乙亥，加太子太傅。 萧永藻十二月癸亥，加太子太傅衔。 嵩祝十二月乙亥，加太子太傅。 王掞 王顼龄 白潢十二月己巳，为文华殿大学士，兼兵部尚书。 富宁安十二月甲子，为武英殿大学士，兼吏部尚书。	
雍正元年 癸卯	马齐 萧永藻 嵩祝 王掞正月乙巳，病免。 王顼龄五月壬午，加太子太傅。	徐元梦五月丁酉，署大学士。

年份	大学士	协办大学士
	白潢 富宁安 张鹏翮二月壬子，为文华殿大学士，兼吏部尚书。	
雍正二年 甲辰	马齐 王顼龄 白潢 富宁安 张鹏翮	徐元梦 田从典六月癸未，协理大学士。
雍正三年 乙巳	马齐 王顼龄八月乙亥，卒。 白潢七月壬子，病免。 富宁安 张鹏翮二月辛卯，卒。 高其位七月壬子，为文渊阁大学士。 朱轼九月甲寅，为文华殿大学士，仍管吏部尚书事。	徐元梦 田从典四月辛卯，迁。 张廷玉四月，署大学士。

	田从典四月辛卯，为文华殿大学士。	
雍正四年 丙午	马齐 富宁安十一月壬子，封三等侯，世袭。 田从典 高其位十一月乙亥，以原官致仕。 朱轼九月癸丑，丁忧，著素服，仍在内阁办事。 张廷玉二月辛卯，为文渊阁大学士。	徐元梦八月，革。 张廷玉二月辛卯，迁。
雍正五年 丁未	马齐 富宁安四月丁亥，加太子太傅。 田从典 朱轼 张廷玉十月戊戌，为文华殿大学士，仍管户部尚书、翰林院学士事。 孙柱九月丙寅，为文渊阁大学士。	孙柱正月乙巳，署大学士。九月丙寅，迁。
雍正六年 戊申	马齐 富宁安五月丁卯，革去世职。七月壬	尹泰正月丁巳，为额外大学士。 陈元龙正月丁巳，为额外大学士。

	午，卒。 田从典三月丁巳，加太子太师，老休。 朱轼 张廷玉三月辛酉，为保和殿大学士。 孙柱 蒋廷锡三月戊午，为文渊阁大学士，兼户部尚书。 马尔赛八月乙酉，为武英殿大学士。	
雍正七年 己酉	马齐 朱轼 张廷玉十月戊辰，加少保。 孙柱 蒋廷锡十月戊辰，加太子太傅。 马尔赛 陈元龙正月癸酉，为文渊阁大学士，兼礼部尚书。 尹泰正月癸酉，为东阁大学士，兼兵	

	部尚书。	
雍正八年 庚戌	马齐十一月癸亥，兼管兵部尚书。 朱轼十一月癸亥，兼管兵部尚书。 张廷玉 孙柱 蒋廷锡 马尔赛 陈元龙 尹泰	
雍正九年 辛亥	马齐 朱轼 张廷玉正月己丑，赐扁额。 孙柱 蒋廷锡正月己丑，赐扁额。 马尔赛七月，授镇抚大将军。 陈元龙 尹泰	

雍正十年 壬子	马齐 朱轼 张廷玉 孙柱 蒋廷锡七月乙巳，卒。 马尔赛十二月丁卯，正法。 陈元龙 尹泰 鄂尔泰正月壬子，为保和殿大学士。七月乙酉，赐第。丁酉，命督巡陕、甘。十二月甲子，赐扁。	福敏七月己酉，协理大学士。
雍正十一年 癸丑	马齐 朱轼 张廷玉 孙柱七月乙未，致仕。八月乙卯，卒。 陈元龙七月乙酉，太子太傅致仕。 尹泰	福敏

	鄂尔泰 嵇曾筠四月乙卯，为文华殿大学士，兼管吏部尚书，仍管河道。	
雍正十二年 甲寅	马齐 朱轼 张廷玉 尹泰 鄂尔泰 嵇曾筠	福敏
雍正十三年 乙卯	马齐九月庚申，致仕。 朱轼 张廷玉十月丁卯，封三等子。 尹泰 鄂尔泰七月乙卯，解任，仍食俸。十月乙酉，封一等子，世袭罔替。 嵇曾筠 迈柱七月辛酉，为武英殿大学士，兼	福敏

	吏部尚书。 查郎阿七月辛酉，为文华殿大学士，兼兵部尚书。	
乾隆元年 丙辰	朱轼九月庚戌，卒。 张廷玉 尹泰 鄂尔泰 嵇曾筠十一月甲午，加太子太傅。 迈柱 查郎阿 徐本十一月壬午，为东阁大学士，兼礼部尚书，仍管部事。	
乾隆二年 丁巳	张廷玉十二月庚子，赏一骑都尉。癸卯，封三等伯。 尹泰 鄂尔泰十二月庚子，赏一骑都尉。癸卯，封三等伯。	

	嵇曾筠 迈柱十二月壬寅，病免。 查郎阿 徐本十二月庚子，赏一云骑尉。	
乾隆三年 戊午	张廷玉 尹泰 鄂尔泰 嵇曾筠 查郎阿 徐本 福敏正月乙卯，为武英殿大学士，兼工部尚书。	
乾隆四年 己未	张廷玉五月癸酉，加太保。 尹泰 鄂尔泰正月癸酉，加太保。 嵇曾筠正月癸酉，卒。 查郎阿正月癸酉，加太子太保。	讷亲三月甲子，协办大学士。

	徐本五月癸酉，加太子太保。 福敏五月癸酉，加太保。 赵国麟正月壬申，为大学士。二月，授文渊阁。	
乾隆五年 庚申	张廷玉 鄂尔泰 查郎阿 徐本 福敏 赵国麟	讷亲
乾隆六年 辛酉	张廷玉 鄂尔泰 查郎阿 徐本 福敏 赵国麟六月丙辰，降。 陈世倌七月丙子，为文渊阁大学士，兼	讷亲

	工部尚书。	
乾隆七年 壬戌	张廷玉 鄂尔泰 查郎阿 徐本 福敏 陈世倌	讷亲
乾隆八年 癸亥	张廷玉 鄂尔泰 查郎阿 徐本十二月辛未，卒。 福敏 陈世倌十一月己酉，假。	讷亲 史贻直十一月己酉，协办大学士。
乾隆九年 甲子	张廷玉 鄂尔泰 查郎阿 徐本六月己酉，以病休，加太子太傅。	讷亲 史贻直正月辛巳，迁。 刘于义正月辛巳，以吏部尚书协办大学士。

	福敏 陈世倌 史贻直正月辛巳，实授大学士。	
乾隆十年 乙丑	张廷玉 鄂尔泰三月辛巳，加太傅。四月乙卯，卒。 查郎阿 福敏十二月辛亥，致仕，加太傅。 陈世倌三月乙未，加太子太保。 史贻直三月乙未，加太子太保。 讷亲五月戊子，为保和殿大学士，兼吏部尚书。 庆福十二月辛亥，为文华殿大学士，仍留川陕督任。	讷亲五月戊子，迁。 刘于义 高斌十二月辛亥，协办大学士。
乾隆十一年 丙寅	讷亲 张廷玉 查郎阿	高斌 刘于义

	陈世倌 史贻直 庆福	
乾隆十二年 丁卯	讷亲 张廷玉 查郎阿三月壬寅，病休。 陈世倌 史贻直 庆福十二月己卯，革。 高斌三月丙午，为文渊阁大学士，兼吏部尚书。 来保十二月庚辰，为武英殿大学士。	高斌三月丙午，迁。 刘于义
乾隆十三年 戊辰十二月，裁中和殿名，增体仁阁，定内阁大学士满、汉各二人。	张廷玉十月辛丑，罚俸一年。十二月辛卯，免降。 陈世倌十二月辛卯，革。 史贻直正月，管兵部。十二月辛卯，革留。	阿克敦正月，协办大学士。四月甲子，免。十二月，复任。 傅恒四月甲子，协办大学士，兼管吏部。 刘于义二月乙未，卒。

	讷亲四月，经略四川军务。十月壬午，革。 高斌四月癸酉，革留。十二月丁酉，革大学士。 来保正月，管户部兼吏部。七月，免管吏部兼理兵部。九月，暂管吏部。十二月辛卯，降留。 傅恒九月，经略金川。十月丁亥，为保和殿大学士，兼管户部。十二月乙酉，加太子太保。	陈大受四月癸酉，以吏部尚书协办大学士。九月，暂管户部。 尹继善十月丙午，协办大学士。十一月，授陕西总督，解。
乾隆十四年己巳	傅恒正月丁卯，封忠勇公。三月，回京，仍兼管吏、户部。三月，兼管理藩院尚书。 张廷玉十一月戊辰，致仕。 史贻直五月，兼理工部。 来保正月丙辰，加太子太傅。三月，兼管兵部尚书。七月，暂管吏、	阿克敦二月，加太子少保。 陈大受二月，加太子少傅。七月，出署直隶总督。 汪由敦十一月壬戌，署协办大学士。十二月丙戌，革。 梁诗正十二月丙戌，以吏部尚书署协办大学士。

	户部。	
乾隆十五年 庚午	傅恒 史贻直 来保 张允随正月丁未，任大学士。乙巳，为东阁大学士，兼礼部尚书。三月丙午，加太子太保。	阿克敦 陈大受正月，授两广总督。 梁诗正
乾隆十六年 辛未	傅恒 史贻直 来保 张允随三月庚戌，卒。 陈世倌三月丁卯，仍入阁。四月癸巳，为文渊阁大学士，兼工部尚书。九月，管礼部。	阿克敦 梁诗正
乾隆十七年 壬申	傅恒 史贻直 来保	阿克敦 梁诗正九月庚辰，告养，免。 孙嘉淦九月庚辰，以吏部尚书协办大

	陈世倌	学士。
乾隆十八年 癸酉	傅恒 史贻直 来保 陈世倌	阿克敦 孙嘉淦十二月丁亥，卒。 蒋溥十二月，协办大学士。
乾隆十九年 甲戌	傅恒 史贻直 来保十二月辛亥，予告。 陈世倌	阿克敦 蒋溥
乾隆二十年 乙亥	傅恒五月壬辰，加封一等公。 史贻直五月，休致。 来保 陈世倌 黄廷桂五月辛卯，为大学士。壬子，授武英殿大学士，兼吏部尚书，仍留四川总督。	阿克敦五月癸巳，假。 蒋溥 达尔党阿五月癸巳，协办大学士。
乾隆二十一年	傅恒	阿克敦

丙子	来保 陈世倌 黄廷桂	达尔党阿五月，出为定边右副将军。十二月丙戌，免。 鄂弥达十二月丙戌，以刑部尚书协办大学士。 蒋溥
乾隆二十二年 丁丑	傅恒 史贻直三月甲寅，仍入阁。四月癸酉，为文渊阁大学士，兼吏部尚书。十二月甲申，加太子太傅。 来保 陈世倌十二月甲申，加太子太傅。 黄廷桂三月甲寅，以大学士管陕甘总督。	鄂弥达十二月，加太子太保。 蒋溥
乾隆二十三年 戊寅	傅恒 史贻直 来保 陈世倌四月庚午，卒。	鄂弥达 蒋溥

	黄廷桂七月丙午，加少保。十二月甲寅，封三等伯。	
乾隆二十四年 己卯	傅恒 史贻直 来保 黄廷桂正月己亥，卒。 蒋溥正月癸卯，为大学士，兼管户部尚书。庚戌，为东阁大学士。	鄂弥达 蒋溥正月癸卯，迁。 刘统勋正月癸卯，以吏部尚书协办大学士。
乾隆二十五年 庚辰	傅恒 史贻直 来保 蒋溥	鄂弥达
乾隆二十六年 辛巳	傅恒 史贻直 来保 蒋溥四月己卯，卒。 刘统勋五月癸巳，为大学士，管礼部。	鄂弥达七月辛丑，卒。 刘统勋五月癸巳，迁。 兆惠七月辛丑，协办大学士。 梁诗正五月，以吏部尚书协办大学士。

年份	大学士	协办大学士
	丁未，授东阁大学士，兼管礼部尚书。	
乾隆二十七年壬午	傅恒 史贻直 来保 刘统勋	兆惠 梁诗正
乾隆二十八年癸未	傅恒 史贻直五月庚午，卒。 来保 刘统勋 梁诗正六月壬寅，为东阁大学士，兼吏部尚书。十月甲申，加太子太傅。十一月丁卯，卒。 杨廷璋十一月己卯，为大学士。十二月，授体仁阁大学士。仍留闽浙总督任。	兆惠 梁诗正六月壬寅，迁。 刘纶六月，以户部尚书协办大学士。
乾隆二十九年	傅恒	兆惠十一月乙丑，卒。

甲申	来保二月，卒。 刘统勋 杨廷璋七月辛亥，改散秩大臣。 尹继善四月壬午，为大学士，任文华殿大学士，兼兵部尚书，仍留两江。 杨应琚七月辛亥，为东阁大学士，留陕甘总督。	阿里衮十一月乙丑，以户部尚书协办大学士。 刘纶 陈宏谋七月，为添设协办大学士。
乾隆三十年 乙酉	傅恒 刘统勋 尹继善 杨应琚	阿里衮 刘纶正月，忧免。 庄有恭正月，以刑部尚书协办大学士。 陈宏谋
乾隆三十一年 丙戌	傅恒 刘统勋 尹继善 杨应琚	阿里衮 庄有恭正月，革。 陈宏谋
乾隆三十二年	傅恒	阿里衮

丁亥	刘统勋 尹继善 杨应琚三月辛巳,革。 陈宏谋三月辛巳,为东阁大学士,兼理工部尚书。	陈宏谋三月,迁。 刘纶三月,以吏部尚书协办大学士。
乾隆三十三年 戊子	傅恒二月,经略缅甸军务。 刘统勋 尹继善 陈宏谋	阿里衮二月,授征缅甸副将军。 刘纶
乾隆三十四年 己丑	傅恒 刘统勋 尹继善 陈宏谋	阿里衮正月,协办征缅事宜。十一月,卒于军。 官保正月,协办大学士。 刘纶
乾隆三十五年 庚寅	傅恒七月丁巳,卒。 刘统勋 尹继善 陈宏谋	官保 刘纶

	阿尔泰九月丙午，为武英殿大学士，兼吏部尚书，仍留办四川总督事。	
乾隆三十六年 辛卯	刘统勋 尹继善四月壬辰，卒。 陈宏谋二月辛巳，致仕，加太子太傅。六月壬午，卒。 阿尔泰十一月丙辰，革。 刘纶二月辛卯，为文渊阁大学士，兼工部尚书。 高晋五月壬戌，为文华殿大学士，兼礼部尚书，仍留两江总督任。 温福十一月丙辰，授大学士。十二月戊辰，为武英殿大学士，兼兵部尚书。	官保 刘纶二月，迁。 于敏中二月辛卯，以户部尚书协办。
乾隆三十七年 壬辰	刘统勋 刘纶 高晋	官保 于敏中

	温福	
乾隆三十八年 癸巳	刘统勋十一月辛未，卒。 刘纶六月癸丑，卒。 高晋 温福四月，加太子太保。六月，阵亡。 舒赫德七月甲子，为武英殿大学士，兼刑部尚书。十一月，管吏部，仍兼刑部。 于敏中八月戊子，为文华殿大学士，兼户部尚书，仍管户部。 李侍尧十二月辛丑，为武英殿大学士，仍管两广总督事。	官保九月，吏部尚书。 于敏中八月戊子，迁。 程景伊
乾隆三十九年 甲午	高晋 舒赫德四月甲申，赏《古今图书集成》一部。 于敏中四月甲申，赏《古今图书集成》一部。	官保 程景伊

	李侍尧	
乾隆四十年 乙未	高晋 舒赫德 于敏中 李侍尧	官保 程景伊
乾隆四十一年 丙申	高晋 舒赫德 于敏中 李侍尧	官保正月丁巳，病免。 阿桂正月丁巳，以吏部尚书协办大学士。 英廉正月，署协办。 程景伊
乾隆四十二年 丁酉	高晋 舒赫德四月丁巳，卒。五月，永贵暂署大学士。 于敏中 李侍尧 阿桂五月丁亥，为武英殿大学士，兼礼部尚书。	阿桂正月，往云南。五月，迁。 英廉正月，署。五月，协办。 程景伊

乾隆四十三年 戊戌	高晋 于敏中 李侍尧 阿桂	英廉 程景伊
乾隆四十四年 己亥	高晋正月乙未,卒。 于敏中十二月戊午,卒。 李侍尧 阿桂 三宝正月乙未,补大学士。 程景伊十二月己巳,为文渊阁大学士,兼礼部尚书。	英廉 程景伊十二月,迁。 嵇璜十二月己巳,以吏部尚书协办大学士。
乾隆四十五年 庚子	李侍尧三月丁酉,革。 阿桂 三宝 程景伊八月乙卯,卒。 英廉三月辛丑,补大学士。四月甲子,为东阁大学士,兼户部尚书。	英廉三月,迁。 嵇璜九月戊寅,迁。 永贵三月,以尚书协办大学士。 蔡新九月,以吏部尚书协办大学士。

	嵇璜九月戊寅，为文渊阁大学士，兼兵部尚书。	
乾隆四十六年 辛丑	阿桂 三宝 英廉 嵇璜	永贵 蔡新
乾隆四十七年 壬寅	阿桂 三宝 英廉八月甲戌，加太子太保。 嵇璜八月甲戌，加太子太保。	永贵 蔡新
乾隆四十八年 癸卯	阿桂 三宝 英廉八月庚寅，卒。 嵇璜 蔡新七月乙卯，补大学士。八月己巳，为文华殿大学士，兼吏部尚书。	永贵五月丙午，卒。 蔡新七月乙卯，迁。 伍弥泰五月丁未，协办大学士。 梁国治七月乙卯，以尚书协办大学士。
乾四十九年	阿桂	伍弥泰七月癸酉，迁。

甲辰	三宝六月壬寅，卒。 嵇璜 蔡新 伍弥泰七月癸酉，为东阁大学士，兼吏部尚书。	和坤七月癸酉，以吏部尚书协办大学士。
乾隆五十年 乙巳	阿桂 嵇璜 蔡新四月戊戌，致仕，晋加太子太傅。 伍弥泰 梁国治五月丙子，为东阁大学士，兼户部尚书。	和坤 梁国治五月丙子，以尚书协办大学士。 刘墉五月丙子，以尚书协办大学士。
乾隆五十一年 丙午	阿桂 嵇璜 伍弥泰闰七月庚辰，卒。 梁国治十二月壬子，卒。 和坤闰七月庚寅，为文华殿大学士，兼吏部尚书，管户部兼吏部。	和坤闰七月，迁。 福康安七月，以吏部尚书协办大学士，仍留陕甘总督。九月，召。 刘墉

年	大学士	协办大学士
乾隆五十二年 丁未	阿桂 嵇璜 和坤 王杰正月丁亥，补大学士。癸巳，为东阁大学士，兼礼部尚书，管礼部。	福康安八月，授将军，剿台湾逆匪林爽文。
乾隆五十三年 戊申	阿桂 嵇璜 和坤 王杰	福康安十月，署闽浙总督。 刘墉
乾隆五十四年 己酉	阿桂 嵇璜 和坤 王杰	福康安正月，调两广总督。 刘墉三月乙丑，降。
乾隆五十五年 庚戌	阿桂 嵇璜 和坤	福康安十一月，授将军，征廓尔喀。 彭元瑞十二月戊辰，以尚书协办大学士。

	王杰十一月，加太子太保。	
乾隆五十六年 辛亥	阿桂 嵇璜 和坤 王杰	福康安 彭元瑞四月辛未，革。 孙士毅四月辛未，以吏部尚书协办大学士。
乾隆五十七年 壬子	阿桂 嵇璜 和坤 王杰 福康安八月癸酉，授大学士。戊子，为武英殿大学士，兼吏部尚书。三月，加大将军。 孙士毅八月癸酉，授大学士。戊子，为文渊阁大学士，兼礼部尚书。	福康安八月，迁。 孙士毅八月，迁。
乾隆五十八年 癸丑四月，除大学士兼尚书衔	阿桂 嵇璜 和坤	

	王杰 福康安七月，调云贵总督。 孙士毅	
乾隆五十九年 甲寅	阿桂 嵇璜七月丙午，卒。 和坤 王杰 福康安 孙士毅三月，署四川总督。	
乾隆六十年 乙卯	阿桂 和坤 王杰 福康安 孙士毅	

清史稿卷一七五
表第一五

大学士年表二

年分	大学士	协办
嘉庆元年 丙辰	阿桂九月壬戌，辞兼管兵部。 和坤 王杰十月己卯，辞兼礼部。 福康安五月壬申，卒。 孙士毅七月辛亥，卒。 董诰十月己卯，授大学士，兼管礼部事务。	

嘉庆二年 丁巳	阿桂八月己未，卒。 和坤 王杰 董诰三月壬戌，丁忧。 刘墉 苏凌阿九月甲申，任东阁大学士。	保宁十二月，协办大学士，仍留伊犁将军。
嘉庆三年 戊午	和坤八月戊戌，封公爵。 王杰 刘墉 苏凌阿	保宁
嘉庆四年 己未	和坤正月丁卯，科道列坤纠劾，下狱。 王杰 刘墉二月己亥，加太子少保。 苏凌阿正月乙亥，以原品致仕。 保宁正月戊辰，任武英殿大学士。二月，加太子太保。 庆桂三月己未，任文渊阁大学士，管	保宁正月，迁。 庆桂正月戊辰，以刑部尚书协办大学士。 书麟三月癸亥，协办大学士。

	刑部。九月庚申,加太子太傅。 董诰五月甲申,服阕,授文华殿大学士。二月己亥,加太子太保。九月庚午,加太子太傅。	
嘉庆五年 庚申	王杰 刘墉 保宁 庆桂 董诰六月丁卯,管刑部。	书麟
嘉庆六年 辛酉	王杰 刘墉 保宁 庆桂四月,管吏部。 董诰	书麟四月,卒。 吉庆四月,协办大学士,仍留两广总督。
嘉庆七年 壬戌	王杰七月甲申,致仕,加太子太傅,食俸十年。 刘墉	吉庆十月,降。 琳宁十一月,以吏部尚书协办大学

	保宁 庆桂十二月癸丑，赏给骑都尉世职。 董诰十二月癸丑，赏给骑都尉世职。	士，加太子少保。 朱珪八月，以户部尚书协办。
嘉庆八年 癸亥	刘墉 保宁 庆桂 董诰	琳宁 朱珪
嘉庆九年 甲子	刘墉十二月庚辰，卒。 保宁 庆桂 董诰	琳宁六月，免。 禄康六月，协办。 朱珪正月，迁。
嘉庆十年 乙丑	保宁 庆桂 董诰 朱珪正月辛亥，任体仁阁大学士，管工部事。	禄康 纪昀正月，授。二月，卒。 刘权之二月，授。六月，降。 费淳闰六月，授。
嘉庆十一年	保宁十月丁酉，疾免，令食公爵全俸。	禄康十一月，迁。

<table>
<tr><td>丙寅</td><td>庆桂
董诰
朱珪十二月戊寅，卒。
禄康十一月己未，任东阁大学士，管户部。</td><td>长麟十一月，授。
费淳</td></tr>
<tr><td>嘉庆十二年
丁卯</td><td>庆桂
董诰
禄康
费淳</td><td>长麟
费淳正月，迁。
戴衢亨正月，授。</td></tr>
<tr><td>嘉庆十三年
戊辰</td><td>庆桂
董诰
禄康
费淳</td><td>长麟
戴衢亨</td></tr>
<tr><td>嘉庆十四年
己巳</td><td>庆桂正月辛酉，加太子太师。
董诰正月辛酉，加太子太师。
禄康十二月辛丑，降。
费淳十二月庚戌，降。</td><td>长麟
禄康十二月，降授。
戴衢亨</td></tr>
</table>

嘉庆十五年 庚午	庆桂五月，管户部。 董诰 勒保正月庚辰，任武英殿大学士，五月癸亥，革降。 禄康五月癸亥，仍复东阁大学士，管吏部。 戴衢亨五月癸酉，任体仁阁大学士，管工部。	禄康 明亮五月，授。 戴衢亨 刘权之正月，复授。
嘉庆十六年 辛未	庆桂 董诰 刘权之五月辛巳，任体仁阁大学士，管工部。 勒保六月丁巳，任武英殿大学士，管吏部。	明亮六月，革。 松筠六月，授。 刘权之 邹炳泰五月，授。
嘉庆十七年 壬申	庆桂 董诰 刘权之	松筠 邹炳泰

	勒保	
嘉庆十八年 癸酉	庆桂九月癸未，休。 董诰 刘权之九月癸未，休。 勒保 松筠九月甲申，任东阁大学士，仍兼伊犁将军。 曹振镛九月甲申，任体仁阁大学士，管工部。	托津九月，授。 邹炳泰九月，降。 曹振镛九月，授。 百龄九月，授。
嘉庆十九年 甲戌	董诰 勒保八月辛未，病休。 松筠 曹振镛 托津八月辛未，任东阁大学士，管户部。九月癸巳，加太子太保。	托津 百龄十二月，革。 明亮八月，以兵部尚书协办。 章煦十二月，授。
嘉庆二十年 乙亥	董诰 松筠	明亮 章煦

	曹振镛 托津	
嘉庆二十一年 丙子	董诰 松筠九月乙未朔，复太子太保。 曹振镛 托津	明亮 章煦
嘉庆二十二年 丁丑	董诰六月，管刑部。 松筠六月甲戌，革。 曹振镛 托津六月，管理藩院。 明亮六月甲戌，任武英殿大学士，管兵部。辛巳，加太子太保。	明亮 伯麟六月甲戌，协办，仍留云贵总督。 章煦三月，病免。 戴均元三月，授。
嘉庆二十三年 戊寅	董诰二月乙亥，以疾致仕。 曹振镛 托津 明亮 章煦三月庚戌，任文渊阁大学士，管	伯麟 戴均元

	刑部。	
嘉庆二十四年 己卯	曹振镛 托津 明亮 章煦	伯麟 戴均元
嘉庆二十五年 庚辰	曹振镛 托津 明亮 章煦二月癸卯，以疾致仕。 戴均元二月癸卯，任文渊阁大学士，加太子太保，管理刑部。	伯麟 戴均元二月，迁。 吴璥二月，授。
道光元年 辛巳	曹振镛三月己巳，加太子太傅。 托津三月己巳，加太子太傅。 明亮四月癸巳，致仕。 戴均元 伯麟五月己未，任体仁阁大学士，兼管兵部	伯麟五月，迁。 长龄五月庚子，协办大学士，仍留陕甘总督任。 吴璥二月戊戌，予告。 孙玉庭二月庚子，协办大学士，仍留两江总督任。

道光二年 壬午	曹振镛 托津 戴均元 伯麟六月癸丑，休，仍充实录馆总裁。 长龄六月戊辰，任文华殿大学士，兼管理藩院事。	长龄六月，迁。 英和六月戊辰，以户部尚书协办大学士。 孙玉庭
道光三年 癸未	曹振镛 托津正月，革。 戴均元 长龄	英和 孙玉庭
道光四年 甲申	曹振镛 托津 戴均元三月戊辰，太子太保。七月辛巳，休。 长龄 孙玉庭闰七月丁未，任体仁阁大学士。	英和 孙玉庭闰七月，迁。 蒋攸铦闰七月丁未，协办大学士，仍留直隶总督任。
道光五年	曹振镛	英和

乙酉	托津 长龄 孙玉庭六月戊午，降。 蒋攸铦六月戊午，任体仁阁大学士，仍留直隶总督任。十一月，召入，管刑部。	蒋攸铦六月，迁。 汪廷珍六月戊午，以尚书协办。
道光六年 丙戌	曹振镛 托津 长龄 蒋攸铦	英和 汪廷珍
道光七年 丁亥	曹振镛七月壬申，晋太子太师。 托津五月，管刑部。 长龄五月，管户部。 蒋攸铦五月，授两江总督。七月壬申，加太子太保。	英和七月己未，免。 富俊七月己未，以理藩院尚书协办。 汪廷珍七月，卒。 卢荫溥七月丁巳，以吏部尚书协办。
道光八年 戊子	曹振镛正月乙丑，晋加太傅衔，赏用紫韁。	富俊 卢荫溥

	托津 长龄二月丁丑，封二等威勇公。五月庚戌，晋太保，赏三眼花翎。 蒋攸铦正月丙寅，晋太子太傅。	
道光九年 己丑	曹振镛十月，赏还双眼花翎。 托津 长龄 蒋攸铦	富俊 卢荫溥
道光十年 庚寅	曹振镛 托津十二月，解管刑部。 长龄 蒋攸铦九月丁丑，免。 卢荫溥九月戊寅，任体仁阁大学士。	富俊 卢荫溥九月，迁。 李鸿宾九月戊寅，协办，仍留两广总督。
道光十一年 辛卯	曹振镛 托津十一月丙辰，病免。 长龄十二月，管兵部。 卢荫溥	富俊十二月，迁。 文孚十二月乙酉，以尚书协办。 李鸿宾

	富俊十二月乙酉，任东阁大学士，管兵部。丁亥，改管理藩院。	
道光十二年 壬辰	曹振镛 长龄 卢荫溥 富俊	文孚 李鸿宾八月甲午，革。 阮元八月甲午，协办，仍留云贵总督。
道光十三年 癸巳	曹振镛 长龄 卢荫溥三月丙子，致仕，加太子太保，在籍食俸。 富俊 潘世恩四月己酉，任体仁阁大学士。	文孚 阮元
道十四年 甲午	曹振镛正月丁卯，加恩在紫禁城内乘车轿。 长龄正月丁卯，加恩在紫禁城内乘车轿。 富俊正月丁卯，加恩在紫禁城内乘	文孚十一月，迁。 穆彰阿十二月，授。 阮元

	车轿。二月乙丑，卒，赠太子太傅。 潘世恩 文孚十一月丙戌，任东阁大学士，管吏部事。	
道光十五年 乙未	曹振镛正月戊子，卒。 长龄正月，解管户部。 潘世恩七月，管户部。 文孚七月，管吏部。 阮元二月己亥，任体仁阁大学士，管兵部。	穆彰阿七月，管工部。 阮元 王鼎二月乙亥，以户部尚书协办，管刑部。
道光十六年 丙申	长龄 潘世恩 文孚七月丙申，致仕。 阮元 穆彰阿七月庚子，任武英殿大学士，管理工部。	穆彰阿七月，迁。 琦善七月庚子，协办，仍留直隶总督。 王鼎

道光十七年 丁酉	长龄正月己卯，赏四开襖袍。 潘世恩正月己卯，太子太保。 阮元 穆彰阿	琦善 王鼎
道光十八年 戊戌	长龄正月乙亥，卒。 潘世恩五月癸丑，改武英殿大学士。 阮元五月癸丑，致仕。 穆彰阿五月癸丑，改文华殿大学士。八月壬辰，丁母忧 琦善二月癸卯，任文渊阁大学士，仍留直隶总督。 王鼎五月癸丑，任东阁大学士，仍管刑部。	琦善 伊里布二月癸卯，协办，仍留云贵总督。 王鼎五月，迁。 汤金钊五月癸丑，以户部尚书协办。
道光十九年 己亥	潘世恩 穆彰阿 琦善 王鼎	伊里布 汤金钊

道光二十年 庚子	潘世恩 穆彰阿 琦善 王鼎正月壬辰，加太子太保。	伊里布 汤金钊
道光二十一年 辛丑	潘世恩 穆彰阿 琦善正月辛亥，革。 王鼎七月，赴河南筹办河工。 宝兴二月戊辰，任文渊阁大学士，仍留四川总督。	伊里布二月，革。 奕经二月，授。 汤金钊闰三月戊寅，降。 卓秉恬闰三月戊寅，以吏部尚书协办大学士。
道光二十二年 壬寅	潘世恩 穆彰阿 王鼎二月，加太子太师。四月，卒。 宝兴	奕经十月甲午，革。 敬征十月乙未，以户部尚书协办。 卓秉恬
道光二十三年 癸卯	潘世恩 穆彰阿 宝兴	敬征 卓秉恬

道光二十四年 甲辰	潘世恩 穆彰阿 宝兴 卓秉恬十二月戊申，任体仁阁大学士。	敬征 卓秉恬十二月，迁。 陈官俊十二月戊申，以吏部尚书协办。
道光二十五年 乙巳	潘世恩 穆彰阿 宝兴 卓秉恬七月辛未，管兵部事。	敬征二月，革。 耆英二月，授。 陈官俊
道光二十六年 丙午	潘世恩 穆彰阿 宝兴十二月，入觐，留管刑部。 卓秉恬	耆英 陈官俊
道二十七年 丁未	潘世恩 穆彰阿 宝兴 卓秉恬	耆英 陈官俊
道光二十八年	潘世恩正月丁丑，晋加太傅衔，赏用紫	耆英十一月，迁。

戊申	疆。 穆彰阿 宝兴正月丁丑，加太保衔。十月甲寅，卒。 卓秉恬 耆英十一月己卯，任文渊阁大学士，管兵部。	琦善十月，复任。 陈官俊
道光二十九年 己酉	潘世恩 穆彰阿 卓秉恬 耆英	琦善 陈官俊七月，卒。 祁寯藻七月，授。
道光三十年 庚戌	潘世恩六月癸丑，致仕。 穆彰阿十月乙酉，革。 卓秉恬六月庚午，改武英殿大学士。 耆英十月乙酉，降。 祁寯藻六月癸亥，任大学士。庚午，为体仁阁大学士。	琦善 赛尚阿十月，授。 祁寯藻六月，迁。 杜受田六月，授。

咸丰元年 辛亥	卓秉恬 祁寯藻正月戊子，管工部。 赛尚阿正月戊子，任大学士，管户部。戊申，为文华殿大学士。	琦善五月，革。 裕诚五月，以户部尚书协办。 杜受田五月，管户部。
咸丰二年 壬子	卓秉恬九月壬子，改管工部。 祁寯藻三月壬子，加太子太保。九月壬子，改管户部。 赛尚阿九月戊申，革。 裕诚正月辛酉，大学士，管兵部。辛未，为文渊阁大学士。三月壬子，加太子太保。 讷尔经额九月辛亥，大学士。壬戌，为文渊阁大学士，仍留直隶总督。	讷尔经额 禧恩九月，以尚书协办，管理藩院。 杜受田七月，卒。 贾桢九月，授。 文庆
咸丰三年 癸丑	卓秉恬 祁寯藻 裕诚	文庆 贾桢

	讷尔经额九月丙午,革,仍留直隶办理防剿事宜。	
咸丰四年 甲寅	卓秉恬 祁寯藻十一月庚寅,致仕。 裕诚 贾桢十一月庚寅,为大学士,管户部。十二月,为体仁阁大学士。	文庆 贾桢十一月,迁。
咸丰五年 乙卯	卓秉恬九月癸亥,卒。 裕诚 贾桢十二月戊申,改武英殿大学士。 文庆十二月乙巳,任大学士,管户部。戊申,为文渊阁大学士。 叶名琛十二月乙巳,任大学士。戊申,为体仁阁大学士,仍留两广总督。	文庆九月己巳,以户部尚书协办。十二月,迁。 桂良十二月乙巳,协办。 叶名琛九月己巳,以两广总督协办。十二月,迁。 彭蕴章十二月乙巳,协办。
咸丰六年	裕诚	桂良

丙辰	贾桢六月，忧免。 文庆十一月乙丑，为武英殿大学士。辛未，卒。 叶名琛 彭蕴章十一月乙卯，任大学士，管工部。乙丑，为文渊阁大学士。 桂良十二月己酉，任大学士，为东阁大学士。	柏葰十二月，以尚书协办大学士。 彭蕴章迁。 翁心存十一月乙卯，以尚书协办。
咸丰七年 丁巳	裕诚 叶名琛十二月庚戌，革。 彭蕴章 桂良	柏葰 翁心存
咸丰八年 戊午	裕诚五月戊子，革。 彭蕴章九月癸巳，改武英殿大学士。 桂良九月癸巳，改文华殿大学士。 柏葰九月壬午，任大学士，管兵部。癸巳，为文渊阁大学士。	柏葰九月，迁。 官文九月壬午，以湖广总督协办大学士。 翁心存九月，迁。 周祖培九月壬午，以吏部尚书协办大

	翁心存九月壬午,任大学士,管户部。癸巳,为体仁阁大学士。 瑞麟十二月庚午,任大学士,管礼部。	学士。
咸丰九年 己未	彭蕴章 桂良 柏葰二月甲寅,弃市。 翁心存五月辛卯,病免。 瑞麟正月,为文渊阁大学士。五月,管户部。 贾桢五月甲午,任大学士,管兵部。六月庚戌,体仁阁大学士。	官文 周祖培
咸丰十年 庚申	彭蕴章九月癸巳,病免。 桂良 瑞麟八月己丑,革。 贾桢 官文十二月丙戌,任大学士,仍留湖广总督。	官文 肃顺十二月丙戌,以户部尚书协办大学士。 周祖培十二月,迁。

	周祖培十二月丙戌，为大学士，管户部。	
咸丰十一年 辛酉	桂良 贾桢正月，为武英殿大学士。 官文正月，为文渊阁大学士。八月辛巳，加太子太保衔。 周祖培正月，为体仁阁大学士。	肃顺九月，革土。
同治元年 壬戌	桂良六月癸酉，卒。 贾桢 官文闰八月己酉，为文华殿大学士。 周祖培闰八月丙申，管刑部。 倭仁闰八月丙申，为大学士，管户部。己酉，为文渊阁大学士。	麟魁正月，授，卒。 倭仁七月，以工部尚书协办。 瑞常十月，以吏部尚书协办大学士。 曾国藩正月，以两江总督协办。
同治二年 癸亥	贾桢 官文 周祖培 倭仁	瑞常 曾国藩
同治三年	贾桢	瑞常

甲子	官文七月，封一等伯。 周祖培 倭仁	曾国藩六月，封一等侯。
同治四年 乙丑	贾桢 官文 周祖培 倭仁	瑞常 曾国藩
同治五年 丙寅	贾桢 官文 周祖培 倭仁	瑞常 曾国藩
同治六年 丁卯	贾桢 官文 周祖培四月乙丑，卒。 倭仁 曾国藩五月，任大学士。六月，为体仁阁大学士。	瑞常 曾国藩五月，迁。 骆秉章五月，以四川总督协办。十二月，卒。

同治七年 戊辰	贾桢五月癸酉，以太子太保致仕。 官文 倭仁 曾国藩四月壬寅，为武英殿大学士。 朱凤标三月乙亥，任大学士，管吏部。 四月壬寅，为体仁阁大学士。	瑞常 朱凤标正月，以尚书协办。三月，迁。 李鸿章七月，以湖广总督协办。
同治八年 己巳	官文 倭仁 曾国藩 朱凤标	瑞常 李鸿章
同治九年 庚午	官文 倭仁 曾国藩 朱凤标	瑞常 李鸿章
同治十年 辛未	官文正月壬寅，卒。 倭仁三月戊申，为文华殿大学士。 四月庚辰，卒。	瑞常二月，迁。 文祥二月，授。 李鸿章

	曾国藩 朱凤标 瑞常二月戊子,任大学士。三月癸巳,管刑部。戊申,为文渊阁大学士。七月壬辰,为文华殿大学士。 瑞麟六月丙子,任大学士,仍留两广总督。七月壬辰,为文渊阁大学士。	
同治十一年 壬申	曾国藩二月丙寅,卒。 朱凤标六月甲子,致仕。 瑞常三月辛丑,卒。 瑞麟六月甲子,为文华殿大学士。 李鸿章五月庚子,任大学士,仍留直隶总督。六月甲子,为武英殿大学士。 文祥六月甲子,任大学士,管工部。七月己酉,为体仁阁大学士。	文祥六月,迁。 全庆六月,授。 李鸿章五月,迁。 单懋谦六月,授。八月,迁。

	单懋谦八月庚申，任大学士，管兵部。九月辛巳，为文渊阁大学士。	
同治十二年癸丑	瑞麟 李鸿章 文祥 单懋谦	全庆十二月，降。 左宗棠十月，以陕甘总督协办大学士。
同治十三年甲戌	瑞麟九月丁未，卒。 李鸿章十二月己未，改文华殿大学士。 文祥十二月己未，改武英殿大学士。 单懋谦四月丙子，休。 左宗棠七月壬子，任大学士。八月己卯，为东阁大学士。 宝鋆十一月己酉，任大学士，管吏部。十二月己未，为体仁阁大学士。	宝鋆三月，授。 左宗棠七月，迁。
光绪元年乙亥	李鸿章 文祥 左宗棠	英桂正月辛丑，以吏部尚书协办大学士。 沈桂芬正月辛丑，以兵部尚书协办大

年份	大学士	协办大学士
	宝鋆	学士。
光绪二年 丙子	李鸿章 文祥五月，卒。 左宗棠 宝鋆	英桂 沈桂芬
光绪三年 丁丑	李鸿章 左宗棠 宝鋆二月乙巳，任武英殿大学士。 英桂二月乙巳，任体仁阁大学士。	英桂正月，迁。 载龄正月癸亥，以尚书协办大学士。 沈桂芬
光绪四年 戊寅	李鸿章 左宗棠 宝鋆 英桂三月，休。 载龄五月庚戌，任大学士，管工部。 六月甲申，任体仁阁大学士。	载龄 全庆五月丙戌，以刑部尚书协办。 沈桂芬
光绪五年 己卯	李鸿章 左宗棠	全庆 沈桂芬

	宝鋆 载龄	
光绪六年 庚辰	李鸿章 左宗棠 宝鋆 载龄九月甲申，致仕。 全庆十一月己巳，任大学士，管工部。丙戌，为体仁阁大学士。	全庆十一月，迁。 灵桂十一月己巳，以吏部尚书协办。 沈桂芬
光绪七年 辛巳	李鸿章 左宗棠 宝鋆 全庆八月丁亥，致仕。 灵桂十月，任大学士。十一月甲午，为体仁阁大学士。	灵桂十月，迁。 文煜十月，授。 沈桂芬正月，卒。 李鸿藻六月，授。
光绪八年 壬午	李鸿章 左宗棠 宝鋆	文煜 李鸿藻

	灵桂	
光绪九年 癸未	李鸿章 左宗棠 宝鋆 灵桂	文煜 李鸿藻
光绪十年 甲申	李鸿章 左宗棠 宝鋆三月戊子，免。 灵桂五月，管吏部。十月癸巳，改武英殿大学士。 文煜五月丁亥，任大学士，管工部。闰五月甲辰，为武英殿大学士。八月，病免。 额勒和布九月甲子，任大学士，管户部。十月癸巳，为体仁阁大学士。	额勒和布正月，授。 恩承九月，授。 李鸿藻三月，降。 阎敬铭五月，以户部尚书协办。
光绪十一年	李鸿章	恩承十一月，迁。

乙酉	左宗棠七月，卒。 灵桂九月壬寅，卒。 额勒和布十一月戊寅，改管兵部。十二月，改武英殿。 阎敬铭十一月戊寅，任大学士，管户部。十二月，为东阁大学士。 恩承十一月戊寅，任大学士，管理藩院。十二月，为体仁阁大学士。	福锟十一月，授。 阎敬铭十一月，迁。 张之万十一月，授。
光绪十二年 丙戌	李鸿章 额勒和布 阎敬铭 恩承	福锟 张之万
光绪十三年 丁亥	李鸿章 额勒和布 阎敬铭 恩承	福锟 张之万
光绪十四年	李鸿章	福锟

戊子	额勒和布 阎敬铭七月丙寅，病免。 恩承	
光绪十五年 己丑	李鸿章 额勒和布正月，加太子太保。 恩承二月庚辰，改东阁大学士。 张之万正月辛酉，为大学士，管户部，加太子太保。	福锟正月，加太子太保。 张之万正月，迁。 徐桐正月辛酉，以吏部尚书协办。
光绪十六年 庚寅	李鸿章 额勒和布 恩承 张之万	福锟 徐桐
光绪十七年 辛卯	李鸿章 额勒和布 恩承 张之万	福锟 徐桐
光绪十八年	李鸿章	福锟八月，迁。

壬辰	额勒和布 恩承闰六月，卒。 张之万八月甲申，改管吏部。九月甲午，改东阁大学士。 福锟八月甲申，任大学士，管户部。九月甲午，为体仁阁大学士。	麟书八月甲申，以吏部尚书协办。 徐桐
光绪十九年 癸巳	李鸿章 额勒和布 张之万 福锟	麟书 徐桐
光绪二十年 甲午	李鸿章正月，赏三眼花翎。 额勒和布 张之万 福锟	麟书 徐桐
光绪二十一年 乙未	李鸿章正月，赏还三眼花翎，使日本议约。七月，入阁办事。 额勒和布	麟书六月，迁。 崑冈六月，授。 徐桐

	张之万 福锟闰五月，致仕。 麟书六月乙酉，任大学士，管工部。丙申，为文渊阁大学士。	
光绪二十二年 丙申	李鸿章 额勒和布三月戊戌，致仕。 张之万九月丁未，致仕。 麟书四月丙戌，改管户部。五月己亥，改武英殿大学士。 崑冈四月戊子，任大学士。丙戌，管工部。五月己亥，为体仁阁大学士。十一月丙申，为东阁大学士。 徐桐十月己丑，任大学士，管吏部。十一月丙申，为体仁阁大学士。	崑冈四月，迁。 徐桐十月，迁。 荣禄四月戊子，以兵部尚书协办。 李鸿藻十月，复以礼部尚书协办。
光绪二十三年 丁酉	李鸿章 麟书	荣禄 李鸿藻七月，卒。

	崑冈	翁同和八月,授。
光绪二十四年 戊戌	李鸿章 麟书闰三月丙辰,卒。 崑冈 徐桐 荣禄四月甲辰,任大学士,管户部。五月丙辰,为文渊阁大学士。五月,授直隶总督。八月,召入,管兵部,节制北洋各军。	荣禄 刚毅四月甲辰,以兵部尚书协办。 翁同和四月,免。 孙家鼐五月,以吏部尚书协办。
光绪二十五年 己亥	李鸿章 崑冈 徐桐 荣禄	刚毅 孙家鼐十一月,病免。 王文韶十一月,以户部尚书协办
光绪二六年 庚子	李鸿章 崑冈 徐桐十一月癸未,自尽。 荣禄	刚毅九月,卒。 崇礼十月,授。 王文韶十月,迁。 徐郙十月,授。

	王文韶十月癸丑，任大学士，管户部。十一月甲申，为体仁阁大学士。	
光绪二十七年 辛丑	李鸿章十月甲午，卒。 崑冈六月，改管兵部。 荣禄六月，改管户部。十二月丙辰，改文华殿大学士。 王文韶六月，为外务部大臣。十二月丙辰，改文渊阁大学士。 孙家鼐十二月甲寅，任大学士。丙辰，为体仁阁大学士，管吏部。	崇礼 徐郙
光绪二十八年 壬寅	崑冈 荣禄 王文韶 孙家鼐	崇礼 徐郙
光绪二十九年 癸卯	崑冈五月戊午，改文渊阁大学士。七月辛卯，致仕。 荣禄三月己巳，卒。	崇礼四月，迁。 敬信四月，授。八月，迁。 裕德八月，授。

	王文韶五月戊午。改武英殿大学士。九月，解外务部大臣，管户部。 孙家鼐八月丙子，改东阁大学士。 崇礼四月辛亥，任大学士。五月戊午，为东阁大学士。八月丙子，改文渊阁大学士。 敬信八月壬寅，任大学士。丙子，为体仁阁大学士。	徐郙
光绪三十年 甲辰	王文韶 孙家鼐 崇礼 敬信九月癸未，病免。 裕德十月丁未，任大学士。己酉，为体仁阁大学士。	裕德十月，迁。 世续十月，授。 徐郙
光绪三十一年 乙巳	王文韶 孙家鼐六月丙戌，改文渊阁大学士。 崇礼五月己亥，病免。	世续六月，迁。 那桐六月，授。十二月，迁。 荣庆十二月，授。

	裕德六月丙寅,改东阁大学士。十一月辛未,卒。 世续六月己未,任大学士。丙寅,为体仁阁大学士。十二月甲寅,改东阁大学士。 那桐十二月辛亥,任大学士。甲寅,为体仁阁大学士。	徐郙
光绪三十二年 丙午	王文韶 孙家鼐 世续 那桐	荣庆 徐郙正月,休致。 瞿鸿机正月,授。
光绪三十三年 丁未	王文韶五月辛丑,致仕。 孙家鼐六月丁丑,改武英殿大学士。 世续六月丁丑,改文渊阁大学士。 那桐六月丁丑,改东阁大学士。 张之洞六月癸酉,任大学士。丁丑,为体仁阁大学士。	荣庆 瞿鸿机正月,开缺。 张之洞五月,授。六月,迁。 鹿传霖六月,授。

光绪三十四年 戊申	孙家鼐 世续 那桐 张之洞	荣庆 鹿传霖
宣统元年 己酉	孙家鼐十月,卒。 世续十一月,改文华殿大学士。 那桐十一月,改文渊阁大学士。 张之洞八月,卒。 鹿传霖九月,任大学士,为体仁阁大学士。十一月,改东阁大学士。 陆润庠九月,任大学士。十一月,为体仁阁大学士。	荣庆 鹿传霖九月,迁。 陆润庠九月,授,迁。 戴鸿慈十一月,授。
宣统二年 庚戌	世续 那桐 鹿传霖七月,卒。 陆润庠八月,改东阁大学士。 徐世昌八月,任大学士,为体仁阁大学	荣庆 戴鸿慈正月,卒。 徐世昌正月,授。八月,迁。

	士。	
宣统三年 辛亥	世续 那桐 陆润庠 徐世昌	荣庆 李殿林

清史稿卷一七六
表第一六

军机大臣年表序

军机处名不师古，而丝纶出纳，职居密勿。初祗秉庙谟商戎略而已，厥后军国大计，罔不总揽。自雍、乾后百八十年，威命所寄，不于内阁而于军机处，盖隐然执政之府矣。今详著其人，庶后之考心腹股肱之佐，而究其时政化隆污消长之迹者，以览观焉。作《军机大臣表》。

军机大臣年表一

雍正七年己酉六月，始设军机房。

怡亲王允祥六月癸未，命密办军需一应事宜。十月，赐加仪仗一倍。

张廷玉六月癸未，以太子太保、保和殿大学士，命密办军需一应事宜。十月，晋少保。

蒋廷锡六月癸未，以文华殿大学士，命密办军需事宜。十月，加太子太傅。

八年庚戌

怡亲王允祥三月，病。五月辛未，薨。

张廷玉十月，以赞襄机务周详妥协，赐一等阿达哈哈番世职。

蒋廷锡十月，以赞襄机务周详妥协，赐一等阿达哈哈番世职。

马尔赛五月丁卯，以世袭一等公、武英殿大学士，命与张廷玉、蒋廷锡详议军行事宜。十月，以赞襄机务周详妥协，赐一等阿达哈哈番世职。

九年辛亥

马尔赛三月，晋袭一等忠达公。七月甲戌，授抚远大将军。八月，启行。出。

张廷玉

蒋廷锡

十年壬子三月，改军机房称办理军机处。

张廷玉

蒋廷锡闰五月，病。七月，卒。

鄂尔泰二月，以少保、三等男、保和殿大学士办理军机事务。旋晋一等伯。七月，命往肃州经略西路军务。

哈元生十月，以召觐贵州提督在办理军机处行走。旋命回籍省亲。十一月，贵州苗叛，命回任。出。

十一年癸丑

鄂尔泰正月，转命经略北路军务。六月，还。

张廷玉十月，给假还籍。

马兰泰二月己未，以一等英诚侯、领侍卫内大臣、蒙古都统在办理军机处行走。四月戊午，仍命往军前督兵操演。出。

平郡王福彭四月，以右宗正在办理军机处行走。七月戊子，授定边大将军。出。

讷亲十一月甲辰，以三等果毅公、御前大臣、銮仪使在办理军机处行走。

班第十一月，以理藩院右侍郎在办理军机处行走。

十二年甲寅

鄂尔泰

张廷玉在假。二月，还。

讷亲

班第

十三年乙卯十月。罢办理军机处，由总理事务处兼理。

鄂尔泰五月，命兼值办理苗疆事务处。七月乙卯，降三等男，解职。八月己丑，起原官，命总理事务。十月，晋一等子。甲午，裁办理军机处。

张廷玉五月，命兼值办理苗疆事务处。八月，命总理事务。十月甲午，裁办理军机处。

讷亲八月，授满洲都统。十月，授领侍卫内大臣。甲午，裁办理军机处，命协办总理事务。

班第第八月庚寅，改在总理事务处差委办事。

索柱以内阁学士办理军机事务。八月庚寅，命改在总理事务处差委办事。

丰盛额一等英诚公、都统办理军机事务。十月甲午，裁办理军机处，命回本任。

海望以内大臣、户部左侍郎办理军机事务。九月，迁户部尚书。十月甲午，裁办理军机处，命协办总理事务。

莽鹄立以兼管理藩院侍郎、满洲都统办理军机事务。十月甲午，裁办理军机处，命回本任。

纳延泰以理藩院左侍郎办理军机事务。十月甲午，裁办理军机处，命在总理事务处差委办事。

徐本十月辛巳，以协办大学士、刑部尚书在办理军机处行走。甲午，裁办理军机处，命协办总理事务。

乾隆元年丙辰总理事务处。

鄂尔泰

张廷玉

讷亲

班第

二年丁巳十一月，复办理军机处。

鄂尔泰十一月辛巳，仍以少保、一等子、保和殿大学士为办理军机大臣。十二月，晋三等伯。

张廷玉十一月辛巳，仍以少保、三等子、保和殿大学士为办理军机大臣。十二月，晋三等伯。

讷亲十一月辛巳，仍以一等果毅公、兵部尚书为办理军机大臣。

海望十一月辛巳，仍以户部尚书为办理军机大臣。

纳延泰十一月辛巳，仍以刑部左侍郎为办理军机大臣。

班第十一月辛巳，仍以理藩院左侍郎为办理军机大臣。

三年戊午

鄂尔泰

张廷玉

讷亲十二月，转吏部尚书。

海望

纳延泰四月，迁理藩院尚书。

班第四月，转兵部右侍郎。

徐本是年仍以东阁大学士为办理军机大臣。

四年己未

鄂尔泰五月，晋太保。

张廷玉五月，晋太保。

徐本五月，加太子太保。

讷亲五月，加太子太保。

海望五月，加太子少保。

纳延泰

班第七月丙寅，授湖广总督。出。

五年庚申

鄂尔泰

张廷玉

徐本

讷亲

海望

纳延泰

六年辛酉

鄂尔泰

张廷玉

徐本

讷亲

海望

纳延泰

班第 正月乙酉，复以原任湖广总督在军机处行走。三月，授兵部尚书。

七年壬戌

鄂尔泰

张廷玉

徐本

讷亲

海望

班第

纳延泰

八年癸亥

鄂尔泰

张廷玉

徐本

讷亲

海望

班第

纳延泰

九年甲子

鄂尔泰

张廷玉

徐本 六月己酉，致仕。

讷亲 正月，差赴江、浙、鲁、豫勘事。七月，还。

海望

班第

纳延泰

十年乙丑

鄂尔泰正月，病。三月，晋太傅。四月，卒。

张廷玉

讷亲三月，协办大学士。五月，授保和殿大学士。

海望十二月乙卯，以精力渐衰罢。

班第

纳延泰

傅恒六月己酉，以户部右侍郎在军机处行走。

汪由敦十月戊午，以刑部尚书在军机处行走。

高斌十二月乙卯，以太子太保、协办大学士、吏部尚书在军机处行走。

蒋溥十二月乙卯，以吏部右侍郎在军机处行走。

十一年丙寅

讷亲

张廷玉

高斌二月，差赴南河勘事。十一月，还。

班第三月，差赴四川办理军务。七月，差赴凤皇城勘界。九月，命署山西巡抚。十二月，召还。

汪由敦

纳延泰

傅恒

蒋溥

十二年丁卯

讷亲四月，差赴山西勘案。六月，还。

张廷玉

高斌三月，授文渊阁大学士。四月，差赴江南勘河。九月，差赴浙江鞫案。

班第

汪由敦

纳延泰八月，差赴苏尼特给赈。

傅恒三月，迁工部尚书。

蒋溥

十三年戊辰

讷亲正月，差赴浙江审案。四月，命往金川经略军务。九月庚辰，革职。

张廷玉

高斌三月，命转赴山东勘事。闰七月丙辰，授江南河道总督。出。

班第正月己亥，差赴金川办理军务。出。

傅恒四月，加太子太保协办大学士。九月，命经略金川军务。十月，授保和殿大学士。十二月，晋太保。

汪由敦

纳延泰

蒋溥四月，迁户部尚书。丁卯，命专办部务。罢。

陈大受四月丁卯，以太子少保、兵部尚书在军机处行走。旋协办大学士。

舒赫德九月己卯，以户部侍郎、汉军都统在军机处行走。十月，迁兵部尚书。十一月，转户部尚书。

来保九月辛巳，以太子太保、武英殿大学士在军机处行走。

尹继善十一月己巳，以太子少保协办大学士、户部尚书在军机处行走。甲戌，授陕甘总督。出。

十四年己巳

傅恒经略金川军务。正月，封一等忠勇公。三月，还。

张廷玉八月，晋三等勤宣伯。十一月戊辰，致仕。

来保二月，晋太子太傅。

陈大受二月，晋太子太保。七月，命署直隶总督。十月，还。十一月，病假。

汪由敦二月，加太子少师。十一月，署协办大学士。十二月，革署协办大学士，仍留刑部尚书。

纳延泰二月，加太子少保。

舒赫德正月，授金川参赞大臣。二月，加太子太保。十二月庚寅，复转兵部尚书。以职务繁多，命罢。

十五年庚午

傅恒

来保

陈大受正月丁未，授两广总督。出。

汪由敦七月，降兵部侍郎。

纳延泰

刘纶正月壬戌，以工部右侍郎在军机处行走。

兆惠四月庚辰，以刑部侍郎在军机处行走，转户部侍郎。十一月，差赴西藏会办善后事宜。

舒赫德十一月丙辰，复以太子太保、兵部尚书在军机处行走。十二月，差往江南审案。

十六年辛未

傅恒

来保

舒赫德

纳延泰

汪由敦八月，转户部右侍郎。

刘纶九月壬申，以父忧免。

兆惠八月，命署山东巡抚。

十七年壬申

傅恒

来保

舒赫德正月，差赴北路军营

纳延泰
汪由敦九月,迁工部尚书
兆惠
班第九月辛巳,复以都统衔在军机处行走。旋授汉军都统。
刘统勋十一月甲子,以刑部尚书在军机处行走。
十八年癸酉
傅恒
来保
舒赫德九月,差勘南河。十二月,差往北路办理军务。
刘统勋七月,差勘河工。
汪由敦
纳延泰
班第正月,命署两广总督。
兆惠二月,差赴西藏会办事件。
刘纶八月,以服制将阕,召来京补户部右侍郎。寻复入直。
十九年甲戌
傅恒
来保

舒赫德在差。七月甲辰，以安置准部降人失策，革职。

刘统勋正月，差勘海口。四月，加太子太傅。五月，命驰往西安协办总督事。

汪由敦四月，晋太子太傅。

纳延泰

班第署两广总督。四月，内召。七月甲辰，授兵部尚书，署定边左副将军。出。

兆惠三月，差往北路协办军务。出。

刘纶

觉罗雅尔哈善六月壬申，以署户部左侍郎在军机处行走。十月，补兵部右侍郎。

阿兰泰八月戊申，以召觐盛京将军暂在军机处行走。壬子，命赴军营带兵。出。

二十年乙亥

傅恒

来保

刘统勋协办西安总督事。九月丙申，革职。

汪由敦九月，转刑部尚书。

纳延泰

刘纶十二月，差赴浙江审案。

觉罗雅尔哈善十月，命往北路参赞军务。

二十一年丙子

傅恒四月，命往西路经理军务。旋止行。
来保
汪由敦六月，转工部尚书。
纳延泰八月癸卯，差赴北路军营。出。
刘纶四月癸亥，命回部办事，罢直。
觉罗雅尔哈善三月，召还。四月癸亥，命回部办事，罢直。
阿里衮四月甲寅，以户部尚书暂在军机处行走。五月癸酉，差往西路军营领队。出。
裘曰修四月癸亥，以吏部左侍郎在军机处行走。
刘统勋六月癸丑，起授原官，仍入直。九月，差勘铜山漫工。十月，命署江南河道总督。十一月，内召。
梦麟八月癸卯，以工部右侍郎在军机处学习行走。
二十二年丁丑
傅恒
来保
刘统勋四月，差赴徐州督修石坝。五月，转差云南勘狱。十一月，差赴山西勘狱。十二月，加太子太保。
汪由敦正月，转吏部尚书。
裘曰修
梦麟正月，差赴江南、山东勘事。九月，转户部右侍郎。寻还直。
二十三年戊寅

傅恒

来保

刘统勋正月,转吏部尚书。五月,内召。

汪由敦正月甲寅,卒。

裘曰修十二月癸亥,以事免。

梦麟四月,仍转工部右侍郎。八月,卒。

三泰正月己酉,以吏部左侍郎在军机处行走。四月,转户部左侍郎。七月己巳,授库车参赞大臣。出。

刘纶正月己酉,复以户部左侍郎在军机处行走。

二十四年己卯

傅恒

来保

刘统勋正月,协办大学士。二月,差赴西安勘狱。六月,差赴山西勘狱。

刘纶闰六月,迁左都御史。

二十五年庚辰

傅恒

来保

刘统勋八月,差赴江南勘事。十月,转赴江西勘事。十二月,内召。

刘纶

富德二月乙巳，以一等成勇靖远侯、领侍卫内大臣、都统在军机处行走。三月，授理藩院尚书。

兆惠二月，仍以一等武毅谋勇公、户部尚书入直。

阿里衮七月甲寅，仍以袭封一等果毅公、兵部尚书入直。

于敏中八月己亥，以户部右侍郎在军机处行走。十一月，转左侍郎。

二十六年辛巳

傅恒

来保

刘统勋五月，授东阁大学士。八月，命督办河南杨桥漫工。十月，内召。

兆惠七月，协办大学士。

阿里衮

刘纶五月，转兵部尚书。

富德

于敏中

二十七年壬午

傅恒

来保

刘统勋三月，差勘高、宝河入江水道。四月，转勘德州运河。

兆惠

阿里衮

刘纶

富德九月丁亥，革职，削爵。

于敏中

二十八年癸未

傅恒

来保

刘统勋

兆惠十月，加太子太保。

阿里衮六月，命署陕西巡抚。十月，加太子太保。

刘纶五月，转户部尚书。六月，协办大学士。十月，加太子太保。

于敏中

阿桂正月壬申，以工部尚书在军机处行走。四月，差赴归化城、西宁等处勘事。十月，加太子太保。

二十九年甲申

傅恒

来保三月，卒。

刘统勋

兆惠十一月，卒。

刘纶

阿里衮六月，还直。十一月，转户部尚书、协办大学士。

阿桂三月，署四川总督。十二月，还。

于敏中

三十年乙酉

傅恒

刘统勋

刘纶正月癸丑，忧免。

阿里衮

阿桂闰二月，以乌什回乱，命往伊犁办事。出。

于敏中正月，迁户部尚书。

尹继善九月，复以太子太保、文华殿大学士入直。

三十一年丙戌

傅恒

尹继善

刘统勋

阿里衮

于敏中

三十二年丁亥

傅恒

尹继善

刘统勋

阿里衮

于敏中

刘纶三月，服阕。五月，仍以太子太保、协办大学士入直。

三十三年戊子

傅恒二月，命往云南经略征缅军务。未行。

尹继善

刘统勋四月，差勘江南清口疏浚事宜。

阿里衮正月壬子，命往云南参赞军务。出。

刘纶

于敏中八月，加太子太保。

福隆安二月丙戌，以和硕额驸、兵部尚书在军机处学习行走。四月，转工部尚书。

索琳十一月癸卯，以署户部右侍郎在军机处行走。

三十四年己丑

傅恒二月，往云南经略军务。

尹继善

刘统勋九月,差勘挑浚运河事宜。

刘纶

于敏中

福隆安

索琳二月,补户部右侍郎。

三十五年庚寅

傅恒经略征缅军务。三月,还。七月,卒。

尹继善

刘统勋

刘纶

于敏中

福隆安七月,穿孝给假。十月,袭封一等忠勇公。

索琳十二月,差赴土默特鞫狱。

温福闰五月己未,以吏部侍郎在军机处行走。七月,迁理藩院尚书。

丰升额八月丙戌,以袭封一等果毅公、署兵部尚书在军机学习行走。

三十六年辛卯

尹继善四月,卒。

刘统勋

刘纶二月，授文渊阁大学士。

于敏中二月，协办大学士。

福隆安

温福五月己巳，命往云南署定边右副将军。出。

丰升额

索琳三月癸卯，降为军机司员。免。

桂林四月甲戌，以户部右侍郎在军机处学习行走。九月己酉，命往四川会办军务。出。

庆桂九月癸卯，以理藩院侍郎在军机处学习行走。

三十七年壬辰

刘统勋

刘纶

于敏中

福隆安五月，差赴四川勘事。寻还直。

丰升额三月，命往四川参赞军务。出。

庆桂

福康安五月辛丑，以户部侍郎在军机处学习行走。十二月癸酉，命往四川领队。出。

三十八年癸巳

刘统勋十一月辛未，卒。

刘纶六月，卒。

于敏中

福隆安四月，加太子太保。

庆桂四月辛亥，授伊犁参赞大臣。出。

索琳四月庚戌，复以署礼部侍郎在军机处学习行走。十月，补内阁学士。旋差赴归化城勘事。出。

舒赫德七月甲子，复以太子太保、武英殿大学士入直。

袁守侗九月丙子，以刑部左侍郎在军机处学习行走。十月，差赴浙江勘事。

梁国治十一月壬申，以湖南巡抚内召，在军机处行走。十二月，署礼部左侍郎。

三十九年甲午

于敏中

舒赫德九月，命赴山东剿贼。寻还直。

福隆安

袁守侗二月，差赴四川勘事。十月，差赴贵州勘事。十二月，转吏部右侍郎。

梁国治六月，补户部左侍郎。

阿思哈七月乙亥，以左都御史在军机处行走。九月，差赴山东剿贼。

四十年乙未

于敏中

舒赫德

福隆安

阿思哈十月，差赴青海勘事。

袁守侗八月，差赴贵州勘事。

梁国治

四十一年丙申

于敏中正月，赐世职。

舒赫德

福隆安正月，转兵部尚书。

阿思哈正月庚寅，授漕运总督。出。

袁守侗三月，迁户部尚书。

梁国治

和坤三月庚子，以户部右侍郎在军机处行走。

阿桂四月辛亥，复以太子太保、一等诚谋英勇公、协办大学士、吏部尚书在军机处行走。

丰升额四月，迁，仍以太子少保、一等果毅公、户部尚书入直。

福康安四月，还，仍以三等嘉勇男、户部左侍郎入直。

明亮十二月丙午，以入觐一等襄勇伯、成都将军暂在军机处行走。旋命还四川本任。出。

四十二年丁酉

于敏中

舒赫德四月丁巳,卒。

阿桂正月,命赴云南受降。五月,授武英殿大学士。七月,还。

福隆安十一月,差赴盛京勘事。十二月,还。

丰升额十月,卒。

袁守侗十一月,转刑部尚书。

梁国治十一月,迁户部尚书。

和坤六月,转户部左侍郎。十月,兼步军统领。

福康安六月乙卯,授吉林将军。出。

四十三年戊戌

于敏中

阿桂

福隆安

袁守侗

梁国治

和坤

李侍尧六月癸巳,以入觐太子太保、二等昭信伯、武英殿大学士、云贵总督暂在军机处行走。寻还总督本任。出。

四十四年己亥

于敏中十二月丁巳，卒。

阿桂正月，差勘南河坝工。

福隆安三月，差赴真定勘事。寻还直。

袁守侗四月戊寅，授山东河道总督。出。

梁国治

和坤八月，授御前大臣。

董诰十二月甲寅，以户部左侍郎在军机处行走。

四十五年庚子

阿桂四月，还。十二月，差勘浙江海塘。

福隆安

梁国治

和坤正月，差赴云南勘事。三月，迁户部尚书。五月，还。

董诰

福长安正月丙午，以署工部右侍郎在军机处学习行走。二月，授户部右侍郎。

四十六年辛丑

阿桂三月，命转赴甘肃剿叛回。八月，命回途赴豫勘河。十月，命赴浙谳狱。十二月，还。

福隆安

梁国治

和坤三月,差赴甘肃剿逆回。五月,还。

董诰

福长安

四十七年壬寅

阿桂

福隆安

梁国治八月,加太子太少傅。

和坤四月,差赴山东勘事。八月,加太子太保。

董诰

福长安四月,差赴奉天勘事。九月,差赴浙江勘事。十二月,还。

四十八年癸卯

阿桂正月,差勘河工。四月,还。

福隆安

梁国治七月,协办大学士。

和坤

董诰

福长安七月,转户部左侍郎。

福康安五月庚戌，复以太子太保、三等嘉勇男、署工部尚书在军机处行走。十二月，差赴广东勘事。

四十九年甲辰

阿桂五月，命讨固原叛回。八月，还。寻差督办河工。十二月，还。

梁国治

福隆安三月己酉，卒。

和珅七月，转吏部尚书协办大学士。九月，封一等男。

福康安闰三月，转兵部尚书。五月戊辰，授陕甘总督。出。

福长安

董诰

庆桂五月丁巳，复以工部尚书在军机处行走。旋转兵部尚书。十一月，差赴山东等处勘事。

五十年乙巳

阿桂八月，差赴江南勘河。十一月，还。

梁国治五月，授东阁大学士。

和珅

庆桂九月己酉，命署陕甘总督。

福长安

董诰

五十一年丙午

阿桂四月，差赴江南筹办河工。十月，还。

梁国治十二月壬子，卒。

和坤闰七月，授文华殿大学士。

庆桂九月，内召。十二月，还。

福长安闰七月，迁户部尚书。

董诰

王杰十二月壬子，以兵部尚书在军机处行走。

五十二年丁未

阿桂六月，差赴睢州筹办河工。十月，命转勘江南高堰河工。

和坤

庆桂十一月，差赴湖北勘事。十二月，命署盛京将军。

福长安十二月，转工部尚书。

王杰正月，授东阁大学士。

董诰正月，迁户部尚书。

五十三年戊申

阿桂正月，还。七月，差赴荆州勘水。十月，还。

和坤二月，晋三等忠襄伯。

王杰

庆桂十月，命署吉林将军。

董诰

福长安

五十四年己酉

阿桂四月，差赴荆州勘工。八月，还。

和珅

王杰

庆桂四月，命署乌里雅苏台将军。

董诰

福长安

孙士毅六月庚午，以太子太保、兵部尚书在军机处行走。十一月癸巳，命署四川总督。出。

五十五年庚戌

阿桂

和珅正月，赐用黄带。

王杰十一月，加太子太保。

庆桂

董诰十一月，加太子少保。

福长安十一月，加太子少保。

五十六年辛亥

阿桂

和坤

王杰

庆桂三月，丁母忧，给假。

董诰

福长安十月，转户部尚书。

五十七年壬子

阿桂

和坤

王杰

福长安

庆桂十二月，差赴浙江鞫案。

董诰

五十八年癸丑

阿桂

和坤

王杰

福长安

庆桂四月己卯，授荆州将军。出。

董诰

松筠四月庚寅，以户部左侍郎在军机处行走。九月，差送英吉利贡使马嘎尔呢赴粤。

五十九年甲寅

阿桂

和坤

王杰

福长安

董诰

松筠正月丁酉，差赴盛京勘案。旋命署吉林将军。出。

六十年乙卯

阿桂

和坤

王杰

福长安

董诰

台布九月庚申，以内阁学士在军机处学习行走。旋迁工部左侍郎。

嘉庆元年丙辰

阿桂

和坤

王杰十月，病假。

福长安

董诰十月，授东阁大学士。

台布六月，转户部右侍郎。十一月，差赴浙江、江西勘事。

沈初十月己卯，以左都御史在军机处学习行走。旋迁兵部尚书。

二年丁巳

阿桂八月丁巳，卒。

和坤

王杰闰六月壬戌，罢。

董诰二月，忧免。

福长安

沈初三月，转吏部尚书。八月，转户部尚书。

台布正月丙午，命署江西巡抚。出。

傅森闰六月壬戌，以兵部右侍郎在军机处学习行走。十月，转户部右侍郎

戴衢亨闰六月壬戌，以侍讲学士加三品卿衔，在军机处学习行走。

吴熊光闰六月壬戌，以通政使司参议加三品卿衔在军机处学习行走。十二月壬戌，授直隶布政使。出。

三年戊午

和珅八月，晋一等忠襄公。

福长安八月，封侯。

沈初

傅森二月乙卯，命回部办事。罢直。

戴衢亨正月，迁内阁学士。二月，迁礼部右侍郎。七月，转户部右侍郎。

那彦成二月乙卯，以内阁学士在军机处学习行走。五月，迁工部右侍郎。

四年己未

和珅正月丁卯，革职，逮狱。

福长安正月丁卯，革职，逮狱。

沈初正月丁卯，以年老罢直。

戴衢亨正月丁卯，申命仍留军机处行走。

那彦成正月丁卯，申命仍留军机处行走。旋转户部右侍郎，迁工部尚书。八月，加钦差大臣，赴陕西督办军务。

成亲王永瑆正月丁卯，命在军机处行走。旋署户部尚书。十月丁未，以非祖制罢直。

董诰正月丁卯，复以太子少保、前任大学士、署刑部尚书在军机处行走。二月，晋太子太保。五月，授文华殿大学士。九月，晋太子太傅。

庆桂正月丁卯，复以兵部尚书在军机处行走。旋转刑部尚书、协办大学士。二月，加太子太保。三月，授文渊阁大学士，晋太子太傅。

傅森十月丁未，复以兵部尚书在军机处行走。

五年庚申

庆桂

董诰

傅森三月，差赴盛京勘事。四月，还。

那彦成督办陕西军务。闰四月戊辰，以办贼不力，免直。

戴衢亨正月，转户部左侍郎。

六年辛酉

庆桂

董诰

傅森正月，转户部尚书。二月，卒。

戴衢亨

成德二月癸酉，以户部尚书在军机处学习行走。

七年壬戌

庆桂十二月，赐世职。

董诰十二月，赐世职。

成德三月，卒。

戴衢亨七月，迁兵部尚书。十二月，加太子少保，赐世职。

刘权之六月甲寅，以吏部尚书在军机处学习行走。

德瑛六月甲寅，以刑部尚书在军机处学习行走。

八年癸亥

庆桂

董诰

刘权之

戴衢亨六月，转工部尚书。

德瑛

九年甲子

庆桂

董诰

刘权之六月，转兵部尚书。

戴衢亨

德瑛正月，差赴山东勘事。六月戊辰，转吏部尚书，命专管部务。罢直。

那彦成六月戊辰，复以礼部尚书在军机处行走。乙亥，命署陕西总督。出。

英和六月戊辰，以太子少保、户部左侍郎在军机处学习行走。

十年乙丑

庆桂

董诰

刘权之二月，转礼部尚书、协办大学士。六月辛巳，降级，免直。

戴衢亨正月，转户部尚书。

英和六月辛巳，以事革宫衔，降级，免直。

托津闰六月壬午，以吏部左侍郎在军机处学习行走。九月，差赴湖北、广东勘事。

十一年丙寅

庆桂

董诰

戴衢亨

托津正月，转户部左侍郎。四月，差赴河南谳狱。十二月，差赴天津谳狱。

十二年丁卯

庆桂三月，赐用紫韁。

董诰

戴衢亨五月，协办大学士。

托津七月，差赴热河谳狱。

十三年戊辰

庆桂

董诰

戴衢亨三月，差赴南河勘工，并给假归籍省墓。

托津十月，差勘南河海口。

英和闰五月丙寅，复以工部左侍郎暂在军机大臣上学习行走。寻罢直。

十四年己巳

庆桂正月，晋太子太师。

董诰正月，晋太子太师。

戴衢亨正月，晋太子少师。七月，转工部尚书。

托津正月，差赴江苏谳狱。八月，差赴浙江按事。

十五年庚午

庆桂

董诰

戴衢亨五月，授体仁阁大学士。

托津正月，差赴山西勘事。二月，迁工部尚书。旋差赴四川勘事。五月，转户部尚书。六月，还。十一月，差赴扬州勘事。

十六年辛未

庆桂

董诰

戴衢亨四月，卒。

托津正月，暂署两江总督。六月，加太子少保。

方维甸四月己酉，召原任闽浙总督为军机大臣。以母病不至。癸酉，许在籍终养。

卢荫溥七月戊寅，以光禄寺少卿加四品卿衔在军机大臣上学习行走。旋迁通政司副使。

十七年壬申

庆桂正月，晋太保。九月甲午，以年老罢直。

董诰正月，晋太保。

托津

卢荫溥十一月，转通政司正使。十二月，迁内阁学士。

松筠九月甲午，复以太子少保、协办大学士、吏部尚书在军机大臣上行走。十月，差赴南河勘事。

十八年癸酉

董诰

公筠正月乙亥，罢直。

托津九月，协办大学士。十月，差赴河南勘事。十二月，还。

卢荫溥三月，迁兵部右侍郎。八月，转左侍郎。九月，转户部左侍郎。

勒保正月乙亥，以太子太保、一等威勤伯、武英殿大学士在军机大臣上行走。十月，病假。

桂芳十月甲寅，以户部右侍郎暂在军机大臣上学习行走。

十九年甲戌

董诰

勒保闰二月甲子，乞病，罢直。

托津八月，授东阁大学士。九月，晋太子太保。十一月，差赴江南勘事。

卢荫溥九月，差赴河南勘事。十一月，还。

桂芳闰二月，差往广西勘事。三月癸卯，授漕运总督。出。

英和十一月丁未，复以吏部尚书暂在军机大臣上行走。寻罢直。

二十年乙亥

董诰

托津

卢荫溥

二十一年丙子

董诰

托津六月，差赴天津勘事，暂署直隶总督。旋还。

卢荫溥六月，转户部右侍郎。

章煦十月巳亥，太子少保、协办大学士、礼部尚书在军机大臣上行走。十一月，转刑部尚书。

二十二年丁丑

董诰

托津

章煦二月，病假。三月辛未，罢。

卢荫溥三月，迁礼部尚书，转兵部尚书。六月，加太子少保。九月，转户部尚书。

二十三年戊寅

董诰二月乙亥，致仕。

托津

卢荫溥

戴均元二月辛未，以太子少保、协办大学士、吏部尚书在军机大臣上学习行走。

和瑛二月辛未，以太子少保、兵部尚书在军机大臣上学习行走。三月，差赴保定勘事。

二十四年己卯

托津正月，赐用紫韁。

戴均元十月，差赴河南勘事。

虎荫溥

和瑛正月丁巳，转刑部尚书，命专任部务。罢直。

文孚正月丁巳，以刑部右侍郎在军机大臣上学习行走。六月，差赴江南勘事。

二十五年庚辰

托津九月庚申，以撰遗诏错误免直。

戴均元二月，授文渊阁大学士，晋太子太保。九月庚申，以撰遗诏错误免直。

卢荫溥九月，以撰遗诏错误 降级留任，仍在军机大臣上行走，转工部尚书。

文孚二月，差赴甘肃勘事。三月，转户部左侍郎。九月，以撰遗诏错误降级留任，仍在军机大臣上行走，转工部右侍郎。十一月，迁左都御史。

曹振镛九月庚申，以太子太保、体仁阁大学士在军机大臣上行走。

黄钺九月庚申，以太子少保、户部尚书在军机大臣上行走。

英和九月庚申，复以吏部尚书在军机大臣上行走。十月，转户部尚书。十二月乙巳，以言事忤旨免直。

清史稿卷一七七

表第一七

军机大臣年表二

道光元年辛巳

曹振镛三月，晋太子太傅。五月，转授武英殿大学士。

卢荫溥十二月癸巳，转吏部尚书兼管顺天府尹，以事繁罢直。

黄钺

文孚正月，转礼部尚书。

松筠八月丁亥，复以吏部尚书在军机大臣上行走。九月，差赴浙江勘事。

二年壬午

曹振镛

松筠正月，命署直隶总督。闰三月，还。六月壬午，以事降级，免直。

黄钺

文孚三月，转工部尚书。闰三月，差赴陕西勘狱。六月，转吏部尚书。

三年癸未

曹振镛

文孚二月，差赴文安勘事。

黄钺

长龄正月乙未，以太子少保、文华殿大学士在军机大臣上行走。

四年甲申

长龄十二月己卯，授云贵总督。出。

曹振镛

文孚四月，加太子少保。十一月，差勘南河漫口。寻还。

黄钺

玉麟十一月甲寅，以兵部尚书在军机大臣上行走。

五年乙酉

曹振镛

文孚

黄钺五月丁酉，乞老，命专办部务。罢直。

玉麟

王鼎五月丁酉，以一品衔署户部左侍郎、服阕左都御史在军机大臣上行走。六月，差主浙江乡试。十一月，还直，署工部左侍郎。

蒋攸铦十一月庚子，以太子少保、体仁阁大学士在军机大臣上行走。

六年丙戌

曹振镛

蒋攸铦

文孚

玉麟

王鼎六月，差赴山西勘事。九月，授户部尚书。

七年丁亥

曹振镛七月，晋太子太师。

蒋攸铦三月，差赴江南勘河。五月丙戌，授两江总督。出。

文孚七月，晋太子太保。

玉麟七月，加太子少保。

王鼎七月，加太子少保。

穆彰阿五月丁亥，以工部尚书在军机大臣上学习行走。

八年戊子

曹振镛正月，晋太傅，赐用紫韁。

文孚正月，晋太子太傅，赐用紫韁。二月，差赴黑龙江勘事。

玉麟正月，晋太子太保。

王鼎正月，赐戴花翎。

穆彰阿正月，加太子少保，去"行走上学习"字。

九年己丑

曹振镛

文孚

玉麟六月甲戌，授伊犁将军。出。

王鼎

穆彰阿

十年庚寅

曹振镛

文孚

王鼎十月，差赴江南勘事。

穆彰阿

十一年辛卯

曹振镛

文孚十二月，协办大学士。

王鼎二月，命署直隶总督。四月，还。

穆彰阿七月，差赴江南勘赈。八月，转兵部尚书。十月，还。十二月，仍转工部尚书。

十二年壬辰

曹振镛

文孚

王鼎

穆彰阿九月，差赴江南勘事。

十二年癸巳

曹振镛

文孚

王鼎

穆彰阿四月，还。五月，转户部尚书。

十四年甲午

曹振镛

文孚十一月，授东阁大学士。

王鼎

穆彰阿十一月，转吏部尚书、协办大学士。

潘世恩正月丁亥，以体仁阁大学士在军机大臣上行走。

十五年乙未

曹振镛正月癸亥，卒。

文孚二月，转授文渊阁大学士。四月，差勘东河。七月甲辰，以重听自乞罢直。

潘世恩二月，转授东阁大学士。

穆彰阿

王鼎二月，协办大学士。

赵盛奎七月甲辰，以刑部右侍郎在军机大臣上学习行走。时差往湖北等处按狱。八月，转户部左侍郎。

赛尚可七月甲辰，以工部右侍郎在军机大臣上行走。

十六年丙申

潘世恩

穆彰阿七月，授武英殿大学士。

王鼎

赵盛奎六月，内召。七月庚子，以事降级，免直。

赛尚阿十一月，转户部右侍郎。

十七年丁酉

穆彰阿三月，命署直隶总督。七月，还。

潘世恩正月，加太子太保。

王鼎

赛尚阿七月壬午，授察哈尔都统。出。

奎照六月戊午，以左都御史在军机大臣上学习行走。

文庆六月戊午，以户部左侍郎在军机大臣上学习行走。

十八年戊戌

穆彰阿五月，转授文华殿大学士。八月，丁母忧给假。寻仍入直。

潘世恩五月，转授武英殿大学士。

王鼎五月，授东阁大学士。

奎照正月，去“行走上学习”字。七月，转礼部尚书。

文庆正月，去“行走上学习”字。

十九年己亥

穆彰阿

潘世恩

王鼎

奎照正月壬戌，以体弱罢直。

文庆十二月丙戌，罢直。

隆文十二月癸未，以刑部尚书在军机大臣上行走。

二十年庚子

穆彰阿

潘世恩

王鼎正月，晋太子太保。

隆文正月，转户部尚书。

何汝霖三月丙申，以大理寺少卿加三品衔在军机大臣上学习行走。旋迁宗人府府丞。

二十一年辛丑

穆彰阿

潘世恩

王鼎七月，差赴东河督办大工。八月，暂署河道总督。

隆文正月甲午，命赴广东参赞军务。出。

何汝霖十二月，迁左副都御史。

赛尚阿正月乙未，复以理藩院尚书在军机大臣上行走。旋差赴天津会勘防务。五月，转工部尚书。十月，再差赴天津勘视海口防具。十一月，还。

祁寯藻九月己未，以户部尚书在军机大臣上行走。

二十二年壬寅

穆彰阿二月，差赴天津会办防务。寻还直。

潘世恩

王鼎二月，河工竣，晋太子太师。三月，还。四月戊申，卒。

祁寯藻

赛尚阿五月，授钦差大臣赴天津防堵。七月，撤防还直。

何汝霖五月，迁兵部右侍郎，去“行走上学习”字。十一月，转户部右侍郎。

二十三年癸卯

穆彰阿

潘世恩

祁寯藻

赛尚阿

何汝霖六月，差赴东河勘工。九月，还。

二十四年甲辰

穆彰阿

潘世恩

祁寯藻

赛尚阿

何汝霖十二月，转户部左侍郎。

二十五年乙巳

穆彰阿

潘世恩

祁寯藻

赛尚阿二月，转户部尚书。

何汝霖四月，迁兵部尚书。

二十六年丙午

穆彰阿

潘世恩

赛尚阿正月，差赴江南勘视江防。六月，还。

祁寯藻

何汝霖

二十七年丁未

穆彰阿

潘世恩

赛尚阿

祁寯藻

何汝霖五月丙戌，以母忧免。

文庆五月丁亥，复以兵部尚书在军机大臣上行走。九月，差赴河南勘赈。

陈孚恩五月丁亥，以署兵部左侍郎在军机大臣上行走。寻差赴山东勘事。十一月，署山东巡抚。旋转刑部右侍郎。十二月，还。

二十八年戊申

穆彰阿

潘世恩正月，晋太傅，赐用紫韁。

赛尚阿

祁寯藻

文庆二月壬子，转吏部尚书兼总管内务府大臣，命罢直。

陈孚恩

二十九年己酉

穆彰阿

潘世恩十月甲申，以年老罢直。

赛尚阿

祁寯藻七月，协办大学士。十月，差赴兰州勘事。

陈孚恩闰四月，差赴山西勘事。六月，还。七月，转工部左侍郎。十二月，迁刑部尚书。

何汝霖九月戊午，复以一品衔署礼部左侍郎、服阕兵部尚书在军机大臣上行走。十月，署户部尚书。

季芝昌九月戊申，以原任山西巡抚、署吏部右侍郎在军机大臣上行走。十二月，授户部侍郎。

三十年庚戌

穆彰阿十月丙戌，革职。

祁寯藻二月，还。六月，授体仁阁大学士。

赛尚阿十月，协办大学士。

何汝霖五月，授礼部尚书。

陈孚恩五月庚戌，乞养，罢。

季芝昌六月，迁左都御史。

咸丰元年辛亥

祁寯藻

赛尚阿正月，授文华殿大学士。三月，加钦差大臣，督办广西军务。

何汝霖

季芝昌五月乙巳，授闽浙总督。出。

穆荫三月丙申，以候补五品京堂、内阁侍读在军机大臣上学习行走。十二月，授国子监祭酒。

舒兴阿四月己未，以户部左侍郎在军机大臣上行走。闰八月辛亥，署陕甘总督。出。

彭蕴章五月壬子，以工部右侍郎在军机大臣上行走。

二年壬子

赛尚阿督办广西军务。九月己酉，革职。

祁寯藻三月，加太子太保。

何汝霖正月，以腿病乞假。三月丁卯，许罢直。

彭蕴章

穆荫二月，迁光禄寺卿，再迁内阁学士。

邵灿五月癸亥，以吏部左侍郎在军机大臣上行走。

麟魁五月癸亥，以户部右侍郎在军机大臣上行走。七月，迁工部尚书。

三年癸丑

祁寯藻

麟魁九月，转礼部尚书。十月戊寅，授总管内务府大臣，命罢直。

彭蕴章十二月，转兵部左侍郎。

邵灿十二月乙未，授漕运总督。出。

穆荫四月，署刑部左侍郎。九月，迁礼部左侍郎。十月，去“行走上学习”字。

恭亲王奕䜣十月戊寅，命在军栅大臣上行走。

瑞麟十月戊寅，以户部右侍郎在军机大臣上行走。寻差赴天津帮办防剿。

杜翰十二月丙申，以工部左侍郎在军机大臣上行走。

四年甲寅

恭亲王奕䜣

祁寯藻八月，病假。十一月庚寅，致仕。

彭蕴章三月，转礼部左侍郎。五月，迁工部尚书。

瑞麟闰七月，转户部左侍郎。

杜翰

穆荫十月，转吏部右侍郎。

五年乙卯

恭亲王奕䜣七月壬午，以办理皇太后丧仪疏略免直。

彭蕴章十二月，协办大学士。

穆荫

瑞麟正月，以劳赐勇号，加都统衔。二月，还。四月乙未，授西安将军。出。

杜翰

文庆七月壬午，复以户部尚书在军机大臣上行走。九月，协办大学士。十二月，授文渊阁大学士。

六年丙辰

文庆十一月，授武英殿大学士。旋卒。

彭蕴章十一月，授文渊阁大学士。

穆荫

杜翰

柏葰十一月壬申，以户部尚书在军机大臣上行走。十二月，协办大学士。

七年丁巳

彭蕴章

柏葰

穆荫

杜翰

八年戊午

彭蕴章九月，转授武英殿大学士。

柏葰九月，授文渊阁大学士。十月戊辰，以顺天科场之狱革职。

杜翰九月甲午，以降服忧罢直。

匡源五月戊戌，以吏部左侍郎在军机大臣上学习行走。

文祥五月戊戌，以内阁学士署刑部左侍郎，在军机大臣上学习行走。六月，迁礼部右侍郎。十二月，转吏部右侍郎。

九年己未

彭蕴章

穆荫十二月，转兵部尚书。

匡源十月，去“行走上学习”字。

文祥十月，去“行走上学习”字，转工部右侍郎。十一月，转户部左侍郎。

杜翰十月癸卯，复以署吏部右侍郎、服阕工部左侍郎在军机大臣上行走。

十年庚申

彭蕴章六月壬申，以精力渐衰罢直。

穆荫七月，与怡亲王载垣同为钦差大臣，赴通州筹办抚局。八月，撤还。旋扈从热河行在。九月，丁父忧，给假十四日，仍入直。

匡源八月，扈从热河行在。

文祥八月，命留京署步军统领。旋命兼办军机处钞发各省折奏要件。十二月，兼总理各国通商事务大臣。

杜翰八月，扈从热河行在。九月，署礼部右侍郎。

焦佑瀛十月戊子，以太常寺少卿在军机大臣上学习行走。

十一年辛酉

穆荫七月，随怡亲王载垣等同称赞襄政务大臣。九月乙卯，免直。

匡源四月，给假回京，仍赴行在。七月，随称赞襄政务大臣。九月乙卯，免直。

杜翰四月，兼署吏部左侍郎。七月，随称赞襄政务大臣。九月乙卯，免直。

焦佑瀛七月，随称赞襄政务大臣。八月，迁太仆寺卿。九月乙卯，免直。

恭亲王奕䜣十月丙辰，复以管理总理各国通商事务衙门、亲王加授议政王在军机处行走。

桂良十月丙辰，以太子太保、文华殿大学士兼总理各国通商事务大臣，在军机大臣上行走。

沈兆霖十月丙辰，以户部尚书在军机大臣上行走。旋差赴兰州勘事。

宝鋆十月丙辰，以户部右侍郎在军机大臣上行走。旋兼总理各国通商事务大臣。

曹毓瑛十月丙辰，以鸿胪寺少卿在军机大臣上学习行走。旋迁大理寺卿。

文祥十月丙辰，仍以户部左侍郎在军机大臣上行走。

同治元年壬戌

恭亲王奕䜣二月，兼稽察弘德殿课程。

桂良六月壬申，卒。

沈兆霖正月，命署陕甘总督。七月乙酉，卒。

宝鋆正月，转户部左侍郎。二月，迁户部尚书。

文祥正月，迁左都御史。闰八月，转工部尚书。

曹毓瑛十月，去“行走上学习”字。

李棠阶闰八月癸巳，以左都御史在军机大臣上行走。

二年癸亥

恭亲王奕䜣

文祥

宝鋆

李棠阶二月，转工部尚书。

曹毓瑛正月，迁工部左侍郎。二月，转兵部左侍郎。

三年甲子

恭亲王奕䜣七月，加赐其子一贝勒。

文祥七月，加太子太保。

宝鋆七月，加太子少保。

李棠阶七月，加太子少保，转礼部尚书

曹毓瑛七月，赐头品顶带。

四年乙丑

恭亲王奕䜣三月壬寅，被劾，撤“议政王”号，免直。四月戊寅，仍命在军机大臣上行走。

文祥七月，差赴蓟州督剿马贼。八月，还。十月，给假迎养，命赴奉天督剿马贼。

宝鋆

李棠阶十一月，卒。

曹毓瑛二月，迁左都御史。十一月，转兵部尚书。

李鸿藻十一月壬申，以弘德殿行走、内阁学士在军机大臣上学习行走，仍兼弘德殿。

五年丙寅

恭亲王奕䜣

文祥二月，转吏部尚书。五月，还。

宝鋆

曹毓瑛三月，卒。

李鸿藻二月，迁礼部右侍郎。三月，转户部右侍郎，去“行走上学习”字。七月，丁母忧，给假百日治丧。十月辛丑，乞病，许罢直。

胡家玉三月戊子，以左副都御史在军机大臣上学习行走。七月，迁兵部左侍郎。十二月辛卯，被劾受总督官文馈金，免直。

汪元方十月辛丑，以左都御史在军机大臣上行走。

六年丁卯

恭亲王奕䜣

文祥

宝鋆

汪元方十月，卒。

沈桂芬十月甲午，以前任山西巡抚、署礼部右侍郎在军机大臣上学习行走。十二月，补礼部右侍郎。

七年戊辰

恭亲王奕䜣二月，捻贼逼京师，命节制入卫诸军

文祥

宝鋆

沈桂芬三月，去“行走上学习”字，转户部左侍郎。七月，转吏部左侍郎。

李鸿藻六月戊午，复以服阕户部右侍郎在军机大臣上行走，仍直弘德殿，并署礼部左侍郎。

八年己巳

恭亲王奕䜣

文祥九月，病假。十二月，丁母忧，给假穿孝百日，假满入直。

宝鋆

沈桂芬六月，迁左都御史。十月，兼在总理各国通商事务衙门行走。

李鸿藻八月，补户部右侍郎。

九年庚午

恭亲王奕䜣

文祥二月，给假归葬。九月，还，仍病假。

宝鋆

沈桂芬四月，转兵部尚书。

李鸿藻

十年辛未

恭亲王奕䜣

文祥二月，协办大学士。

宝鋆

沈桂芬

李鸿藻七月，迁左都御史。

十一年壬申

恭亲王奕䜣九月，赐其爵世袭罔替。

文祥六月，授体仁阁大学士。九月，赐乘朝舆。

宝鋆六月，转吏部尚书。九月，晋太子太保。

沈桂芬九月，加太子少保。

李鸿藻八月，转工部尚书。九月，加太子少保。

十二年癸酉

恭亲王奕䜣

文祥六月，给假时葬。十一月，还。

宝鋆

沈桂芬

李鸿藻

十三年甲戌

恭亲王奕䜣七月晦，降郡王，夺世袭。八月朔，仍晋亲王，世袭如故。

文祥十二月，转授武英殿大学士。

宝鋆二月，协办大学士。八月，转兵部尚书。

沈桂芬

李鸿藻十月，上有疾，代批答章奏。

光绪元年乙亥

恭亲王奕䜣

文祥十二月，病假。

宝鋆

沈桂芬正月，协办大学士。

李鸿藻

二年丙子

恭亲王奕䜣

文祥五月甲午，卒。

宝鋆

沈桂芬

李鸿藻十月，兼在总理各国通商事务衙门行走。

景廉三月丁未，以左都御史、署工部尚书在军机大臣上学习行走。十月，兼在总理各国通商事务衙门行走。

三年丁丑

恭亲王奕䜣

宝鋆

沈桂芬

李鸿藻九月丙寅，以本生母忧免。

景廉正月，补工部尚书，去“行走上学习”字。

四年戊寅

恭亲王奕䜣

宝鋆

沈桂芬

景廉五月，转户部尚书。

王文韶二月乙酉，以前任湖南巡抚在军机大臣上学习行走。旋署兵部左侍郎。四月，补礼部左侍郎。七月，兼在总理各国通商事务衙门行走。

五年己卯

恭亲王奕䜣

宝鋆三月，晋太子太傅。

沈桂芬三月，晋太子太傅。

景廉

王文韶正月，去“行走上学习”字。二月，转户部左侍郎。

六年庚辰

恭亲王奕䜣

宝鋆

沈桂芬十二月癸亥，卒。

景廉

王文韶

李鸿藻正月丙子，复以服阕工部尚书、署吏部尚书在军机大臣上行走，仍兼在总理各国通商事务衙门行走。

七年辛巳

恭亲王奕䜣

宝鋆

李鸿藻正月，补兵部尚书。六月，协办大学士。

景廉

王文韶

左宗棠正月壬辰，以太子太保、二等恪靖侯、东阁大学士在军机大臣上行走，兼在总理各国通商事务衙门行走。八月，病假。九月乙未，授两江总督。出。

八年壬午

恭亲王奕䜣

宝鋆

李鸿藻正月，转吏部尚书。

景廉

王文韶正月，兼署户部尚书。十月，给假。十一月丁亥，乞养，罢。

翁同和十一月丁亥，以毓庆宫行走、太子少保、工部尚书在军机大臣上行走。

潘祖荫十一月戊子，以太子少保、刑部尚书在军机大臣上行走。

九年癸未

恭亲王奕䜣

宝鋆

李鸿藻

景廉六月，以事降调，仍在军机大臣上行走。七月，补内阁学士。八月，迁吏部左侍郎。十一月，迁兵部尚书。

翁同和

潘祖荫正月丙午，以父忧免。

十年甲申

恭亲王奕䜣三月戊子，命归第养病。

宝鋆三月戊子，休致。

李鸿藻三月戊子，降调，免直。

景廉三月戊子，降调，免直。

翁同和三月戊子，免直，仍在毓庆宫行走。

礼亲王世铎三月戊子，命在军机大臣上行走。己丑，奉懿旨，军机处紧要事件，会同醇亲王奕譞商办。

额勒和布三月戊子，以户部尚书在军机大臣上行走。五月，协办大学士。九月，授体仁阁大学士。

阎敬铭三月戊子，以户部尚书在军机大臣上行走，兼在总理各国通商事务衙门行走。五月，协办大学士。

张之万三月戊子，以刑部尚书在军机大臣上行走。

孙毓汶三月戊子，以工部左侍郎在军机大臣上学习行走。

许庚身三月癸巳，以刑部右侍郎在军机大臣上学习行走，命不必常川入直，并在总理各国通商事务衙门行走。八月，去“行走上学习”字。

左宗棠五月己亥，复以太子太保、二等恪靖侯、东阁大学士在军机大臣上行走。七月庚申，合往福建督办军务。出。

十一年乙酉

礼亲王世铎

额勒和布十一月，转授武英殿大学士。

阎敬铭十一月，授东阁大学士。

张之万十一月，协办大学士。

许庚身十二月，署兵部尚书。

孙毓汶六月，去“行走上学习”字，并在总理各国通商事务衙门行走。

十二年丙戌

礼亲王世铎

额勒和布

阎敬铭九月丁巳，乞病，罢直。

张之万

许庚身

孙毓汶

十三年丁亥

礼亲王世铎

额勒和布

张之万

许庚身九月，转吏部右侍郎，仍署兵部尚书。

孙毓汶

十四年戊子

礼亲王世铎

额勒和布
张之万
许庚身七月，实授兵部尚书。
孙毓汶七月，授吏部右侍郎。

十五年己丑

礼亲王世铎正月，赐增护卫。
额勒和布正月，加太子太保。
张之万正月，授体仁阁大学士，加太子太保。
许庚身正月，加太子少保。
孙毓汶正月，迁刑部尚书，加太子少保。

十六年庚寅

礼亲王世铎是年十一月，醇亲王薨
额勒和布
张之万
许庚身
孙毓汶

十七年辛卯

礼亲王世铎

额勒和布

张之万

许庚身

孙毓汶

十八年壬辰

礼亲王世铎

额勒和布

张之万八月，转授东阁大学士。

许庚身

孙毓汶五月，病假。十月，绩假。

十九年癸巳

礼亲王世铎

额勒和布

张之万

许庚身十一月，卒。

孙毓汶十二月，转兵部尚书。

徐用仪十二月辛亥，以总理各国通商事务大臣、吏部左侍郎在军机大臣上学习行走。

二十年甲午

礼亲王世铎正月，赐食双俸，再增护卫。

额勒和布正月，赐用紫韁。十月壬戌，免直。

张之万正月，赐用紫韁。十月壬戌，免直。

孙毓汶正月，赐用紫韁。

徐用仪正月，加太子少保。六月，去“行走上学习”字。

翁同和十月己酉，以复以太子少保、户部尚书在军机大臣上行走，并会办军务。

李鸿藻十月己酉，复以太子少保、礼部尚书在军机大臣上行走，并会办军务。

刚毅十月己酉，以原任广东巡抚在军机大臣上行走。旋以侍郎候补署礼部右侍郎。十一月，补实。十二月，转礼部左侍郎。

恭亲王奕䜣十一月庚辰，复授军机大臣，督办军务。

二十一年乙未

恭亲王奕䜣

礼亲王世铎

孙毓汶五月，病假。六月甲戌，免。

翁同和六月，兼在总理各国通商事务衙门行走。

李鸿藻六月，仍兼在总理各国通商事务衙门行走。

徐用仪六月乙酉，免直。

刚毅十月，转户部右侍郎。

钱应溥六月乙酉，以礼部左侍郎在军机大臣上行走。

二十二年丙申

恭亲王奕䜣

礼亲王世铎

翁同和

李鸿藻七月，病假。十月，协办大学士。旋转吏部尚书。

刚毅四月，迁工部尚书。

钱应溥十月，迁左都御史。

二十三年丁酉

恭亲王奕䜣

礼亲王世铎

李鸿藻三月，病假。七月，卒。

翁同和八月，协办大学士。

刚毅七月，转刑部尚书。

钱应溥七月，转工部尚书。

二十四年戊戌

恭亲王奕䜣四月壬原，薨。

礼亲王世铎

翁同和四月己酉，免。

刚毅闰三月，转兵部尚书、协办大学士。

钱应溥

廖寿恒二月甲子，以太子少保、总理各国通商事务大臣、刑部尚书在军机大臣上学习行走。八月，转礼部尚书。

王文韶五月丁巳，复以户部尚书在军机大臣上行走，仍兼总理各国通商事务衙门行走。六月，命督办矿务铁路事。

裕禄五月乙亥，以原授四川总督在军机大臣上行走。七月，署礼部尚书，兼在总理各国通商事务衙门行走。八月甲午，授直隶总督。出。

荣禄八月甲午，以文渊阁大学士、现任直隶总督内召在军机大臣上行走，管兵部事，仍节制北洋海陆诸军。

启秀十二月甲寅，以礼部尚书在军机大臣上行走。

二十五年己亥

礼亲王世铎

荣禄

刚毅四月，差赴江南各省。十一月，还直。

王文韶十一月，协办大学士。

钱应溥四月，病假。五月甲寅，病罢。

启秀

廖寿恒十一月甲寅，免直。

赵舒翘十一月甲寅，以总理各国通商事务大臣、刑部尚书在军机大臣上学习行走。旋兼管顺天府尹事。

二十六年庚子

礼亲王世铎七月，车驾西巡，未随扈。八月，召赴行在。陈病状，未至。

荣禄七月，派为留京办事大臣。闰八月，召赴西安行在。

刚毅三月，转吏部尚书。五月，差赴保定一带解散义和拳。旋召还。七月，随扈行在。闰八月，卒。

王文韶二月，加太子少保。七月，扈从行在。十月，授体仁阁大学士。

启秀五月，兼在总理各国通商事务衙门行走。七月，未随扈。十二月庚申，革逮。

赵舒翘五月，差赴保定一带解散义和拳。越二日回京。七月，扈从行在。九月，革职留任。十二月壬戌，革论。

端郡王载漪八月丙子，大同行在命为军机大臣。闰八月辛丑，免。

鹿传霖闰八月辛丑，以随扈行在新授两广总督在军机大臣上行走。旋命以尚书候补。九月，授左都御史，转礼部尚书。十月，转户部尚书。

二十七年辛丑

礼亲王世铎七月丙寅，罢直。

荣禄三月，兼督办政务大臣。八月，赐用紫韁，随扈还京。十月，加太子太保。十二月，转授武英殿大学士。

王文韶三月，兼督办政务大臣。六月，兼外务部会办大臣。八月，赐用紫韁，随扈还京。九月，命办理京榆铁路事。旋署议和全权大臣。十二月，兼督办路矿大臣，转授文渊阁大学士。

鹿传霖三月，兼督办政务大臣。

瞿鸿禨四月甲辰，以工部尚书在军机大臣上学习行走，兼督办政务大臣。六月，转外务部尚书，兼会办大臣。

九月，命办理京榆铁路事。十二月，兼会办路矿大臣。旋去"行走上学习"字。

二十八年壬寅

荣禄

王文韶

鹿傅霖

瞿鸿禨

二十九年癸卯

荣禄三月戊辰，卒。

王文韶四月，转授武英殿大学士。

鹿传霖

瞿鸿禨九月，命会办财政处事务。庆亲王奕劻三月庚午，以督办政务大臣、外务部总理大臣为军机大臣。九月，命总理财政处事务。十月，总理练兵处事务。

荣庆九月丙申，以管学大臣、户部尚书在军机大臣上学习行走，兼督办政务大臣。十一月，改兼学务大臣。十二月，去"行走上学习"字。

三十年甲辰

庆亲王奕劻

王文韶

鹿传霖

瞿鸿禨

荣庆

三十一年乙巳

庆亲王奕劻

王文韶五月庚子，以衰老罢直。

鹿传霖四月，转吏部尚书。

瞿鸿禨

荣庆十一月，转学部尚书。十二月，协办大学士。

徐世昌五月庚子，以署兵部左侍郎在军机大臣上学习行走，兼督办政务大臣。旋命会办练兵事宜。六月，命出洋考察政治，未行。九月，迁巡警部尚书。十二月，去"行走上学习"字。

铁良七月丁酉，以会办练兵事宜、署兵部尚书、户部左侍郎在军机大臣上学习行走，兼督办政务大臣。十一月，迁户部尚书。十二月，去"行走上学习"字。

三十二年丙午九月甲寅，定军机大臣均兼会议政务大臣。

庆亲王奕劻九月甲寅，改官制，仍授军机大臣。

鹿传霖九月甲寅，改官制，命专管部务，罢直。

瞿鸿禨正月，协办大学士。九月甲寅，改官制，仍授军机大臣。

荣庆九月甲寅，改官制，命专管部务，罢直。

铁良四月，兼督办税务大臣。九月甲寅，改官制，授陆军部尚书，罢直。

徐世昌九月甲寅，改官制，授民政部尚书，罢直。

世续九月甲寅，以东阁大学士为军机大臣。

林绍年九月甲寅，以开缺广西巡抚、侯补侍郎在军机大臣上学习行走。十一月，入直。

三十三年丁未

庆亲王奕劻三月，命兼管陆军部事务。

世续六月，转授文渊阁大学士。

瞿鸿禨五月丁卯，免。

林绍年二月，署邮传部尚书。五月，补度支部左侍郎。七月癸巳，授河南巡抚。出。

鹿传霖五月己巳，复以吏部尚书为军机大臣，即罢管部务。六月，协办大学士。

醇亲王载沣五月己巳，命在军机大臣上学习行走。

张之洞七月丙辰，以太子少保、体仁阁大学士为军机大臣。八月，兼管学部事。

袁世凯七月丙辰，以太子少保、外务部尚书为军机大臣。

三十四年戊申

庆亲王奕劻十一月，赐其爵世袭罔替。

醇亲王载沣正月，去“行走上学习”字。十月癸酉，封摄政王。

世续十一月，加太子少保，赐用紫韁。

张之洞十一月，晋太子太保，赐用紫韁。十二月，兼督办鄂境川汉铁路大臣。

鹿传霖二月，差赴山西勘事。三月，还。旋兼办理禁烟大臣。十一月，加太子少保，赐用紫韁。

袁世凯十一月，晋太子太保，赐用紫韁。十二月壬戌，免。

那桐十二月壬戌，以太子少保、东阁大学士、外务部会办大臣在军机大臣上学习行走。

宣统元年己酉

庆亲王奕劻正月，命总核筹办海军处事务。六月，辞兼管陆军部事务。

世续十一月，转授文华殿大学士。

张之洞八月丁酉，卒。

那桐正月，去“行走上学习”字。二月，丁母忧。四月，仍命入直。十一月，转授文渊阁大学士。

鹿传霖九月，授体仁阁大学士。十月，晋太子太保。十一月，转授东阁大学士。

戴鸿慈八月己亥，以法部尚书在军机大臣上学习行走。十一月，协办大学士。

二年庚戌

庆亲王奕劻

世续七月甲寅，命专管内阁事务，罢直。

那桐

鹿传霖三月，病假。七月癸亥，卒。

戴鸿慈正月戊午，卒。

吴郁生正月癸亥，以内阁学士在军机大臣上学习行走。二月，迁吏部左侍郎。旋开部缺，以侍郎入直如故。七月甲寅，罢直。

贝勒毓朗七月甲寅，以步军统领为军机大臣。

徐世昌七月甲寅，复以协办大学士为军机大臣。八月，授体仁阁大学士。

三年辛亥四月戊寅，废军机处。

庆亲王奕劻四月戊寅，改授内阁总理大臣。

贝勒毓朗四月戊寅，改授军谘大臣。

那桐四月戊寅，改授内阁协理大臣。

徐世昌四月戊寅，改授内阁协理大臣。

清史稿卷一七八
表第一八

部院大臣年表一上

《汉书》年表，遍及卿尹。《明史》所表，止于七卿。清增理藩院，蒙、藏、回诸部，都凡要务，于焉汇归，辑民绥边，所任殊重，与七卿等。侍郎之属，虽曰副贰，然与尚书皆为敌体，题奏之草，有一不画，例不得上，奖勚罚过，皆所与同；且内而枢辅，外而督抚，每由兹选，材隽所萃，未可阙也。光绪之季，增新汰旧，并于名称亦多更易，依时为表，期无舛漏。管部管院，权任亦重，以非官制，故概不书。作《部院大臣年表》。

部院大臣年表一上

顺	吏	吏	户	户	礼	礼	兵	兵	刑	刑	工	工	吏	吏	吏	吏	户	户	户	户	礼	礼	礼	礼	兵	兵	兵	兵	刑	刑	刑	刑	工	工	工	工

部汉侍郎	李化熙九月己丑，工部右侍郎。
部满侍郎	代都九月，工部侍郎。
部汉侍郎	
部满侍郎	济席哈自参政改。巴山七月，工
部满侍郎	金玉和正月刑部侍郎。八月迁。
部满侍郎	阿拉善自参政改。六月癸亥，提
部汉侍郎	孟乔芳四月迁。十一月戊寅，房
部满侍郎	卓罗
部汉侍郎	刘余祚
部满侍郎	巴都礼
部汉侍郎	金维城
部满侍郎	谭拜自兵部参政改。
部汉侍郎	祖泽远三月，礼部侍郎。何瑞徵
部满侍郎	明安达礼自参政改。
部汉侍郎	柯汝极三月壬辰，礼部侍郎。孙
部满侍郎	俄莫克图四月革。蓝拜任。
部汉侍郎	王国光自参政改。党崇雅七月乙
部满侍郎	库礼自参政改。
部汉侍郎	邓长春十月革。谢启光七月，户
部满侍郎	硕詹自参政改。
部汉侍郎	马光辉自参政改。
部满侍郎	
部汉侍郎	祖泽洪自参政改。沈惟炳七月，
部满侍郎	喀喀木自参政改。
部汉尚书	
部满尚书	星内自承政改。
部汉尚书	
部满尚书	吴达海自承政改。
部汉尚书	
部满尚书	韩岱自承政改。
部汉尚书	
部满尚书	郎球自承政改。
部汉尚书	
部满尚书	英俄尔岱自承政改。
部汉尚书	
部满尚书	巩阿岱自承政改。
治元年甲申	

部侍郎。

桥刑部右侍郎。

可壮刑部左侍郎。

六月己未，礼部右侍郎。

之獬十一月己未，礼部左侍郎。

未，户部侍郎。九月迁。十月壬申，王公

部左侍郎。

吏部左侍郎。

李化熙四月癸亥迁。赵京仕工部右
巴山十一月迁。代都。
叶初春忧免。四月癸亥，李化熙工
济席哈
李率泰 房可壮十一月，刑部右侍
孟乔芳四月迁。党崇雅。
卓罗阿拉善
金之俊七月丁丑迁。己卯，李元鼎
朱玛喇
金维城 刘余祐
谭拜
祖泽远 何瑞徵六月丁丑病免。七
明安达礼
柯汝极 孙之獬六月迁。七月壬戌
蓝拜
祝世荫 七月己未，户部侍郎。王公弼代。
库礼
王国光 王公弼二月丙辰，户部左
硕詹
马光辉 熊文举二月乙酉，吏部右
祖泽洪 沈惟炳正月乙巳革。陈名
喀喀木
星内
吴达海
韩岱
郎球
英俄尔岱
巩阿岱
顺治二年乙酉

侍郎。

部左侍郎。

郎。

兵部右侍郎。

月壬戌，高尔伊礼部右侍郎。

，李若琳礼部左侍郎。

弼二月迁。任浚户部右侍郎。六月辛酉罢

侍郎。

侍郎。六月，罢金之俊吏部右侍郎。

夏，二月丙辰，吏部左侍郎。

赵京仕

代都喇玛八月丁丑，工部侍郎。

佟国应七月丙午，工部侍郎。李化熙五

济席哈

徐大贵 五月丙辰，刑部侍郎。房可壮

阿拉善

李率泰 党崇雅

卓罗

李元鼎 四月革。

朱玛喇 佟代五月丙辰，兵部侍郎。

金维城 刘余祐

谭拜二月迁。甲申，明安达礼兵部侍郎

祖泽远 高尔俨

明安达礼

柯汝极 李若琳

蓝拜

。祝世荫 张凤翔五月甲子，户部右侍郎

库礼

王国光 王公弼

硕詹

马光辉 金之俊

祖泽洪 陈名夏

喀喀木

星内

吴达海

韩岱正月壬戌迁。二月甲申，谭拜兵部

郎球

英俄尔岱

顺治三年丙戌

	赵京仕六月癸酉迁。王永吉工部右
	代都
月假。	李化熙四月庚辰迁。六月癸酉，赵
	济席哈
	房可壮
	李率泰　党崇雅
	卓罗
	李元鼎三月甲寅革。四月庚辰，李
	朱玛喇
	金维城　刘余祐
。	明安达礼
	祖泽远　高尔俨
	陈泰四月壬申，礼部侍郎。
	柯汝极　李若琳
	蓝拜
。	祝世荫　张凤翔
	库礼　喀达浑四月，户部侍郎。
	王国光　王公弼
	硕詹　噶达浑四月乙亥，户部侍郎
	马光辉　金之俊
	祖泽洪五月戊辰免。陈名夏。
	喀喀木七月丁巳出征。
	星内
	吴达海
尚书。	谭拜四月迁。阿哈尼堪兵部尚书。
	郎球
	英俄尔岱
	谭拜四月乙亥，吏部尚书。
	顺治四年丁亥

侍郎。丙子革。戊午，刘昌工部右侍郎。

京仕工部左侍郎。

化熙兵部右侍郎。

。

郭朝宗五月壬午，工部侍郎。十月戊戌，

代都八月免。四月辛巳，拜音达工部侍郎

佟国应赵京仕七月己丑迁。刘昌工部左

济席哈

徐大贵五月壬午，马如龙刑部侍郎。房可

阿拉善

李率泰党崇雅七月丁丑迁。己丑，房可

卓罗

刘仲金五月壬午，兵部侍郎。李化熙迁。

明安达礼

金维城刘余祐七月丁丑迁。李化熙兵部

朱玛喇佟代

祖泽远五月壬午，刘元弼礼部侍郎，寻

陈泰

柯汝极迁。五月壬午，吴汝玠礼部侍郎。

蓝拜

祝世荫张凤翔七月迁。戴明说户部右侍

库礼

王国光迁。王公弼八月革。九月丁丑，戴

硕詹噶达浑三月己酉迁。车克户部侍郎

王一品，三月戊戌，吏部侍郎。八月迁。

马光辉陈名夏七月丁丑迁。己丑，张凤

喀达浑三月己酉，吏部侍郎。

金之俊七月丁丑，工部尚书。

星内

党崇雅七月丁丑，刑部尚书。

吴达海

刘余祐七月丁丑，兵部尚书。

阿哈尼堪

李若琳七月丁丑，礼部尚书。

郎球

谢启光七月丁丑，户部尚书。

英俄尔岱，二月丁卯卒。七月己酉，巴哈

陈名夏七月丁丑，吏部尚书。

谭拜

顺治五年戊子七月丁丑，六部设汉尚书各

卢登科工部侍郎。刘昌七月迁。李迎晙工
。喇玛十月差。

侍郎。

壮七月己丑迁，熊奋渭刑部右侍郎。

壮刑部左侍郎。

七月己丑，孙承泽兵部右侍郎。

左侍郎。

迁。高尔俨八月乙巳迁。陈之遴礼部右侍

李若琳七月迁。八月乙巳，胡世安礼部右

郎。九月迁。梁云构代。

明说户部左侍郎。
。

十月戊戌，周国佐补。金之俊七月迁。八
翔吏部左侍郎。

纳户部尚书。

一。

部右侍郎。	郭朝宗李
	拜音达
	佟国应迁。
	济席哈
	徐大贵熊
	阿拉善
	房可壮
	卓罗九月丙
	刘仲金孙
	明安达礼
	金维城李
	朱玛剌佟
郎。	陈之遴
	陈泰
侍郎。	吴汝玠胡
	蓝拜
	祝世荫梁
	库礼
	戴明说
	硕詹车克
	周国佐高
月乙巳，高尔俨吏部右侍郎。	
	马光辉五月
	喀达浑
	金之俊
	星内
	党崇雅
	吴达海
	刘余祐
	阿哈尼堪
	李若琳
	郎球十月免
	谢启光
	巴哈纳
	陈名夏
	顺治六年己

迎晙	李
刘昌	拜
奋渭	济
	阿
寅迁。俄罗塞臣刑部侍郎。	
承泽	刘
	明
化熙	金
代	朱
	陈
	陈
世安	祖
	蓝
云杓卒。八月乙巳，冯杰户部右侍郎。	祝
	库
	戴
	硕
尔俨	高
	秦
免。张凤翔	周
	喀
	金
	星
	党
	吴
	刘
	阿
	李
。九月丙寅，卓罗礼部尚书。	卓
	谢
	巴
	陈
	陈
	郎
丑	顺

迎晙

音达 刘昌

席哈四月己亥迁。星鼐工部侍郎。七月乙

拉善三月迁。四月，济席哈刑部侍郎。十

仲金三月迁。孙承泽

安达礼三月癸酉迁。侍晋兵部侍郎。

维城 李化熙

玛剌 佟代

之遴

泰

泽远五月辛酉，礼部侍郎。胡世安

拜十二月迁。

世荫 冯杰

礼

明说

詹 车克

尔俨

洪八月戊子，吏部侍郎。

国佐 张凤翔

达浑十二月迁。

之俊

内

崇雅

达海三月乙卯，阿喇善刑部尚书。四月己

余祐

哈尼堪三月癸酉迁。明安达礼兵部尚书。

若琳

罗三月癸酉迁。阿哈尼堪礼部尚书。

启光

哈纳 噶达浑十二月，为户部尚书。

名夏

球四月迁。十二月，谭泰、韩岱吏部尚书

治七年庚寅十二月乙巳，增设吏部、户部

卯，阿克善工部侍郎。熊奋渭

二月迁。房可壮

巳，郎球代。十二月，济席哈、陈泰刑部

。

、刑部满尚书各一。

	臧国祚闰月丙寅，工部侍郎。七月
	拜音泰　伊尔格德五月乙酉，工部
	李显贵八月乙卯，工部侍郎。刘昌
	阿克善三月迁。己丑，绰贝工部侍
	徐大贵熊奋渭闰月甲子降。孟明
	宜巴汉正月庚申，刑部侍郎。五月
	李率泰闰月丙寅调。马光辉刑部侍
	吴喇禅三月壬午革。卓布泰九月丙
	孙承泽三月癸未调。八月乙卯，起
	特晋
	金维城　李化熙
	朱玛喇迁。三月己丑，阿克善兵部
	陈之遴
	毕立克图正月庚申，礼部侍郎。
	祖泽远胡世安
	佟图赖闰月丙寅，礼部侍郎。恩格
	马光辉五月乙丑，户部侍郎。十月
	库礼二月丙寅病免。车克四月迁。
	祝世荫四月革。九月丙寅复。戴明
	硕詹
	李率泰闰月丙寅，吏部侍郎。五月
	雅泰四月，吏部侍郎。七月迁。
	周国佐十二月丁卯迁。张凤翔迁。
	秦洪迁。罗硕八月乙卯，吏部侍郎
	金之俊二月甲寅调。谢启光工部尚
	星内罢。三月己丑，谭拜工部尚书
	党崇雅二月甲寅调。刘余祐刑部尚
尚书。	韩岱二月庚子，刑部尚书。
	刘余祐闰月甲寅调。金之俊兵部尚
	明安达礼
	李若琳闰月乙丑革。陈之遴礼部尚
	阿哈尼堪十二月卒。
	谢启光闰月甲寅调。党崇雅户部尚
	巴哈纳四月革。噶达浑三月调。己
	陈名夏七月己丑迁。八月己酉，高
	谭泰八月壬戌弃市。九月丙戌，卓
	顺治八年辛卯

革。李迎晙

侍郎。八月革。乙卯，科尔坤工部侍郎。

郎。罗硕，三月己丑，工部侍郎。八月迁

辅八月乙丑，刑部右侍郎。十月壬戌转。

乙酉迁。硕尔对刑部侍郎。

郎。五月己丑迁。房可壮十月迁。壬戌，

戌，刑部侍郎。

李元鼎兵部侍郎。

侍郎。

德四月乙丑，礼部侍郎。

迁。十二月壬子，马鸣佩代。冯杰卒。任

丙戌，佟代户部侍郎。

说闰月乙丑降。八月乙卯，王永吉户部右

迁。高尔俨三月迁。孙承泽吏部右侍郎。

三月乙未，高尔俨吏部左侍郎。八月迁。

。九月迁。图赖吏部侍郎。

书。闰月己丑革。张凤翔工部尚书。

。九月丙戌免。蓝拜代。

书。

书。

书。

书。

丑，雅赖户部尚书。九月罢。丙戌，车克

尔伊，吏部尚书。

罗代。韩岱二月庚子调。陈泰代。三月己

。

张鼎延刑部右侍郎。

孟明辅刑部左侍郎。

浚二月己丑，户部右侍郎。三月迁。八月

侍郎。

乙卯，熊文举代。

户部尚书。

丑迁。朱玛喇代。

杨麟祥二月甲辰，工部
科尔坤
张鼎延十一月迁。刘昌
缉贝
张鼎延
硕尔对宜尔都齐，四月
孟明辅
色冷七月丁亥，刑部侍
李元鼎十一月乙未迁。
特晋
金维城李化熙十月迁
阿克善
吕崇熙五月壬辰，礼部
毕立克图
祖泽远二月迁。三月庚
佟图赖恩格德
乙丑，赵继鼎代。 马鸣佩赵继鼎
佟代二月迁。五月壬午
祝世荫王永吉
硕詹四月革。五月壬午
孙承泽四月丁卯革。五
噶尔哈图五月壬午，吏
熊文举八月壬子，孙
图赖佟代二月，吏部
张凤翔
蓝拜四月迁。乙卯，星
刘余祐十月壬子迁。李
冀岱四月迁。乙卯，蓝
金之俊
明安达礼
陈之遴二月迁。三月乙
陈泰正月辛巳，礼部尚
党崇雅十月壬子，刘余
噶达浑车克
高尔俨
朱玛刺卓罗，十一月出
顺治九年壬辰

侍郎。李显贵正月罢。李迎晙

乙卯，刑部侍郎。

郎。

张鼎延兵部右侍郎。

。十一月乙未，李元鼎兵部左侍郎。

右侍郎。

寅，祝万春礼部侍郎。胡世安三月癸巳迁

，孙塔户部侍郎。

，额尔德户部侍郎。

月壬辰，成克巩吏部右侍郎。戊戌，承泽

部侍郎。

承泽吏部左侍郎。

侍郎。

内工部尚书。

化熙刑部尚书。

拜刑部尚书。十月甲寅免。巴哈纳代。

亥，王铎礼部尚书。己丑卒。癸巳，胡世

书。三月迁。乙未，郎球代。

祐户部尚书。

征。四月乙卯，韩岱吏部尚书。寻出征。

。五月壬辰，张端礼部右侍郎。

复，成克巩解。八月，承泽迁。成克巩补

安补。

科尔坤 李迎晙三月丁卯病免。庚寅，
绰贝 刘昌正月庚寅迁。二月乙卯，卫
宜尔都齐十一月免。正月己卯，黄熙允
邑冷
孟明辅四月丙午迁。卫周祚刑部左侍郎
特晋
金维城二月辛酉革。三月，李荫祖兵部
阿克善二月辛酉免。李元鼎二月辛酉革。
吕崇熙闰月乙亥迁。高珩礼部左侍郎。
毕立克图四月调。
祝万春 张端闰月丙寅迁。乙亥，吕崇
佟图赖 恩格德
马鸣佩闰月辛亥迁。甲寅，范达礼户部
孙塔
祝世荫 王永吉二月甲寅迁。庚申，孙
额尔德 毕力克图户部侍郎。
。成克巩四月丙午迁。孟明辅吏部左侍郎
佟代
孙承泽三月庚寅免。四月丙午，成克巩
图赖十月迁。苏纳海十一月丁卯，吏部
张凤翔正月乙未致仕。庚寅，刘昌工部
星内四月戊午致仕。
李化熙五月癸未予告。壬辰，张秉贞刑
巴哈纳
金之俊正月庚寅迁。二月甲寅，王永吉
明安达礼
胡世安
郎球
刘余祐革。甲寅，陈之遴礼部尚书。
噶达浑三月迁。车克
高尔俨二月甲辰予告。陈名夏署吏部尚
朱玛喇十一月革。
顺治十年癸巳 二月己未，裁吏、户、刑

杜立德工部右侍郎。四月迁。五月己巳，

周允工部左侍郎。四月己未迁。杜德立工

刑部右侍郎。四月癸丑病免。己未，龚鼎

。

侍郎。张鼎延四月乙卯致仕。己未，卫周
。丙辰，张秉贞兵部右侍郎。六月迁。王
十二月癸未迁。梁清标补。

熙礼部左侍郎。

侍郎。赵继鼎假。王宏祚三月庚寅，户部

廷铨户部左侍郎。

。五月，刘正宗补。闰月丙寅迁。吕宫补

吏部左侍郎。己未迁。孟明辅补。
尚书。。

尚书。

部尚书。

兵部尚书。

书。四月己未，成克巩补。闰六月丙寅迁

部满汉尚书各一。

李土焜工部右侍郎。六月迁。傅景星工部

部左侍郎。六月壬子迁。李土焜工部左侍

孳刑部右侍郎。

允兵部右侍郎。六月迁。壬子，杜立德兵

子，卫周允兵部左侍郎。

右侍郎。

。十二月丁卯，高珩补。

。乙亥，金之俊补。十一月乙卯罢。丙辰

	李显贵二月戊子，工部侍
右侍郎。	胡沙十一月丁亥，工部侍
	蒋国柱十月，工部侍郎。
郎。	科尔坤三月，郭科工部侍
	龚鼎孳二月壬午迁。庚寅
	阿思哈
	卫周祚五月甲寅迁。丙寅
	邑冷
	杜立德四月乙丑迁。戊寅
	特晋
部右侍郎。	李荫祖二月庚寅迁。三月
	科尔昆
	梁清标九月迁。十月，薛
	渥赫七月，礼部侍郎。
	祝万春八月病免。吕崇熙
	恩格德
	范达礼二月乙卯迁。王宏
	海尔图三月乙卯，户部侍
	祝世荫 孙廷铨二月庚午
	额尔德 毕力克图
	高珩四月乙丑迁。杜立德
	佟代七月迁。九月庚寅，
	孟明辅迁。四月乙丑，高
	苏纳海
	刘昌
	郭科七月乙巳，署工部尚
	张秉贞八月丙子迁。任浚
	巴哈纳七月迁。乙巳，伊
	王永吉三月乙巳迁。乙卯
	噶达浑
	胡世安
	郎球
	陈之遴
	车克七月迁。巴哈纳户部
，刘正宗补。	刘正宗
	卓罗七月乙巳，署吏部尚
	顺治十一年甲午

郎。傅景星

郎。

李土焜

郎。

，李际期刑部左侍郎。五月，林德馨刑部

，李际期刑部左侍郎。

，张基远兵部右侍郎。八月降。丙子，黄

辛亥，陈逢泰兵部侍郎。卫周允八月降。

所蕴礼部右侍郎。十二月丁巳迁。胡兆龙

十二月丁巳，薛所蕴礼部左侍郎。

祚五月迁。壬子，郝杰户部右侍郎。

郎。

病免。龚鼎孳户部左侍郎。五月迁。壬子

吏部右侍郎。寻降。五月壬子，卫周祚补

白邑纯吏部侍郎。

珩吏部左侍郎。九月辛亥，卫周祚补。

书。

刑部尚书。

图署刑部尚书。

，孟明辅兵部尚书。八月庚午降。张秉贞

尚书。

书。十一月丁亥，陈泰补。

	傅景星五月壬
	胡沙迁。五月
	李仕焜庚戌，
	科尔坤
右侍郎。	林德磬卒。正
	阿思哈
	李际期二月壬
	邑冷
徽。	黄徽允三月迁
	特晋
丙子，李吴祥兵部左侍郎。	陈逢泰 李呈
	额黑里二月，
补。	王国雄十一月
	渥赫
	薛所蕴
	恩格德五月迁
	郝杰二月甲子
	海尔图
，王宏祚补。	祝世荫十月迁
	额尔德 毕力
，九月辛亥转。梁清标补。	梁清标迁。孙
	白邑纯
	卫周祚五月己
	苏纳海
	刘昌二月戊午
	郭科
	任浚二月丁巳
	图海五月乙酉
补。	张秉贞卒。五
	噶达浑
	胡世安
	郎球五月丁巳
	陈之遴二月庚
	巴哈纳迁。五
	刘正宗三月乙
	韩岱正月辛丑
	顺治十二年乙

寅病免。庚戌，朱鼎延工部右侍郎。十月
乙巳，布丹工部右侍郎。
朱鼎延工部左侍郎。

月乙卯，戴明说刑部右侍郎。二月壬午迁
午迁。戴明说刑部右侍郎。三月戊子迁。
。原敏宗兵部右侍郎。五月丁亥迁。孙廷
祥三月乙未迁。庚子，黄徽允兵部左侍郎
兵部侍郎。
壬戌，礼部侍郎。胡兆龙正月迁。丁未，

免。祁彻白六月，礼部侍郎。
。赵开心户部右侍郎。三月戊子降。周
。柯永蓁十一月甲申，户部侍郎。王宏
克图
廷铨吏部右侍郎。十月丙子，袁懋功吏部
酉迁。梁清标吏部左侍郎。七月甲申，忧
迁。李际期工部尚书。五月丙午迁。己酉
致仕。戊午，刘昌刑部尚书。
月，兼刑部尚书。
丙午，李际期兵部尚书。十月卒。癸酉

迁。丁未，恩格德礼部尚书。
辰迁。戴明说户部尚书。
月乙巳，郎球户部尚书。
巳回内院。庚戌，王永吉以大学士管吏部
，吏部尚书。
未

甲寅迁。程正揆工部右侍郎。

。袁懋功刑部右侍郎。十月丙子迁。十一

乙未，王尔禄刑部左侍郎。十二月乙丑降

铨兵部右侍郎。六月癸亥，高景补。

。四月庚辰免。五月丁亥，原毓宗兵部左

李奭棠礼部右侍郎。

亮工代。七月甲申免。曹溶补。十月甲寅

祚

右侍郎。

给假，命依限回部。

，卫周祚代。

，孙廷铨兵部尚书。

尚书。

月壬午，杨义刑部右侍郎。

。

侍郎。

，杜笃祐户部右侍郎。十一月壬午，朱之

	蒋国柱六月戊寅迁。七月辛酉，贾
	布丹
	朱鼎延十二月甲午迁。己亥，孙肇
	科尔坤四月迁。郭科工部左侍郎。
	董应魁正月乙丑，刑部侍郎。杨义
	阿思哈
	杨义正月己丑，刑部左侍郎。
	吴喇禅正月刑部侍郎。
	高景
	石图五月乙未，兵部侍郎。
	陈逢泰 原毓宗
	额黑里
	王国雄十一月辛亥免。李爽棠
	渥赫
	薛所蕴
	祁彻白
弼补。	蒋国柱六月甲寅，户部侍郎。十月
	海尔图四月庚戌革。
	柯永蓁三月迁。张朝璘四月，户部
	额尔德四月庚戌革。五月己丑，叶
	卢崇峻四月乙亥，吏部侍郎。袁懋
	白色纯四月庚戌革。五月己丑，硕
	梁清标四月迁。五月辛巳，高珩，吏
	苏纳海四月庚戌革。五月己卯，禅
	卫周祚
	郭科卸。孙塔三月，工部尚书。
	刘昌
	图海
	孙廷铨四月迁。庚午，梁清标兵部
	噶达浑
	胡世安
	恩格德
	戴明说四月庚戌罢。己巳，孙廷铨
	郎球五月乙酉免。六月辛巳，车克
	王永吉
	韩岱四月庚戌革。丁卯，科尔昆吏
	顺治十三年丙申

汉复工部侍郎。程正揆免。九月庚戌，孙

兴工部左侍郎。

正月迁。董国祥刑部右侍郎。四月己巳迁

迁。朱之弼四月庚戌降。梁清远户部右侍

侍郎。六月迁。张仲第代。王宏祚

成格户部侍郎。毕力克图四月庚戌革。继

功四月降。己巳，董国祥吏部右侍郎。闰

博会吏部侍郎。

部左侍郎。闰月戊辰降。六月己丑，梁清

代吏部侍郎。

尚书。

户部尚书。

以大学士管户部尚书。

部尚书。

肇兴工部右侍郎。十二月己亥迁。林起龙

。五月丁亥，庄应会刑部右侍郎。十二月

郎。六月己丑迁。郝维讷代。

峙闰月，户部侍郎。
月戊辰降。六月己丑，白允谦吏部右侍郎

远回。十一月降。十二月甲午，白允谦补

工部右侍郎。	贾汉复
	布丹
	孙肇兴
	郭科
己亥，张尔素刑部右侍郎。	董应魁
	阿思哈
	杨义八
	吴喇禅
	高景二
	石图
	原毓宗
	额黑里
	潘朝选
	渥赫
	薛所蕴
	祁彻白
	谢道正
	海尔图
	张仲第
	叶成格
。十二月迁。朱鼎延吏部右侍郎。	卢崇峻
	硕博会
。	白允谦
	禅代
	卫周祚
	孙塔
	刘昌二
	图海
	梁清标
	噶达浑
	胡世安
	恩格德
	孙廷铨
	车克
	王永吉
	科尔昆
	顺治十

九月迁。林起龙十二月迁。

十一月丁未致仕。十二月戊子，林起龙工

张尔素六月丁亥病免。辛丑，杜立德刑

月癸未免。己丑，杜立德刑部左侍郎。

月甲申忧免。壬辰，张天植兵部右侍郎。

二月丙子，礼部左侍郎。李奭棠十二月己

十一月乙卯致仕。十二月己卯，李奭棠礼

月乙丑，户部侍郎。郝惟讷

鑑特

谢道，正月乙丑，谢道户部侍郎。王宏

正月庚申迁。三月乙卯，杨茂勋吏部侍郎

四月迁。六月丙子，朱鼎延吏部左侍郎。

月己亥假。四月己巳，白允谦刑部尚书。

四月卒。五月癸巳，伊图兵部尚书。

四年丁酉

部右侍郎。

部右侍郎。八月己丑迁。李藻刑部右侍郎

卯迁。杨运昌礼部右侍郎。

部左侍郎。

祚

。朱鼎延六月丙子迁。朱之锡吏部右侍郎

。十二月辛卯卒。

。七月庚申迁。八月壬申，王崇简吏部右

	张缙彦二月丙子，工部右侍郎。
	布丹
	林起龙迁。
	郭科
	董应魁七月己酉，巡抚河南。钟鼎
	阿思哈
	杜立德
	吴喇禅
	董应魁　李棠馥六月丁卯，兵部右
	石图
	原毓宗五月假。六月丁卯，刘达兵
	额黑里
	潘朝选七月迁。杨运昌
	渥赫
	李爽棠
	祁彻白
	谢道　郝惟讷二月乙酉迁。三月辛
	鑑特
	张仲第　王宏祚七月己酉迁。壬子
	叶成格
侍郎。	杨茂勋　王崇简二月乙酉迁。郝惟
	硕博会
	朱鼎延二月戊寅假。乙酉，王崇简
	禅代
	卫周祚五月迁。戊申，刘昌工部尚
	孙塔
	白允谦
	图海
	梁清标
	伊图
	胡世安六月迁。甲申，王崇简礼部
	恩格德十一月革。渥赫礼部尚书。
	孙廷铨六月迁。七月己酉，王宏祚
	车克
	王永吉四月辛卯降。五月癸卯，卫
	科尔昆
	顺治十五年戊戌七月丙辰，裁礼部

二月庚寅，刑部右侍郎。

侍郎。

部左侍郎。

亥，傅维鳞户部右侍郎。七月壬子迁。杜

，傅维鳞户部左侍郎。

讷吏部右侍郎。七月壬子迁。梁清宽吏部

吏部左侍郎。六月迁。七月壬子，郝惟讷

书。

尚书。

户部尚书。

周祚吏部尚书。癸亥迁。六月丁卯，孙廷

汉军侍郎。

	张缙彦
	布丹
	杨义正月乙巳，工部左侍郎
	郭科
	钟鼎九月丙申迁。高景刑部
	阿思哈
	杜立德九月迁。丙申，钟鼎
	吴喇禅
	李棠馥
	石图
	刘达
	额黑里
	沙澄闰三月丁亥，礼部右侍
	宁古里正月，礼部侍郎。
	李秉棠
	祁彻白
笃祜代。	谢道杜笃祜十二月丁酉迁
	铿特
	张仲第三月己亥迁。傅维鳞
	叶成格
侍郎。	杨茂勋十二月丙午迁。梁清
	硕罗会
代。	郝惟讷忧免。三月壬子，梁
	禅代
	刘昌
	孙塔
	白允谦九月壬申降。丁丑，
	图海闰月壬午革。
	梁清标
	伊图
	王崇简
	渥赫
	王宏祚
	车克
铨吏部尚书。	孙廷铨
	科尔昆
	顺治十六年己亥

。

右侍郎。

刑部左侍郎。

郎。

。袁懋功户部右侍郎。

十二月丁酉降。杜笃祜户部左侍郎。

宽三月壬子迁。石申吏部右侍郎。九月壬

清宽吏部右侍郎。九月辛未予告。壬午，

杜立德刑部尚书。

	张缙彦二月降。
	布丹二月病免。
	杨义三月辛未迁。
	吴喇禅四月辛丑
	阿思哈五月迁。
	李棠馥
	石图四月迁。六
	刘达
	额黑里四月己丑
	沙澄三月庚辰迁
	宁古里
	李奭棠二月壬寅
	祁彻白
	谢道四月戊子免
	铿特
	杜笃祜
	叶成格
午迁。冯溥吏部右侍郎。	冯溥
	硕博会四月降。
石申代。	石申
	禅代四月降。六
	刘昌二月壬辰致
	孙塔二月丁未病
	杜立德
	能图正月庚辰，
	梁清标
	伊图五月乙卯迁
	王崇简
	渥赫
	王宏祚
	车克
	孙廷铨
	科尔昆二月丁未
	顺治十七年庚子

三月辛未，张琫工部右侍郎。四月丙申迁
六月辛丑，霸进泰工部侍郎。
。五月丁巳，马叶曾工部左侍郎。

免。六月庚子，宜礼布刑部左侍郎。高景

庚子，尼满刑部右侍郎。高景三月庚辰，

月辛丑，额奇兵部右侍郎。

降。石图兵部左侍郎。
。黄机礼部右侍郎。

致仕。三月庚辰，沙澄礼部左侍郎。

。袁懋功二月迁。四月癸卯，严正矩户部

六月庚子，雅布兰吏部侍郎。十月丁亥迁

月庚子，常鼐吏部侍郎。丁亥迁。甲寅，
仕。甲寅，霍达工部尚书。七月庚午，杨
免。五月甲子，苏纳海工部尚书。六月己

刑部尚书。

。甲子，阿思哈兵部尚书。六月调。己丑

降。五月乙卯，伊图吏部尚书。
六月，停补各部汉军侍郎。

。壬寅，马叶曾工部右侍郎。五月丁巳迁

迁。三月庚辰，李敬刑部右侍郎。

刑部左侍郎。八月丁亥迁。戊戌，李敬刑

右侍郎。

。甲寅，科尔昆代。

科尔昆代。

义代。

丑调。癸巳，穆里玛补。十月己亥，郭科

，苏纳海代。

。吴正治工部右侍郎。八月戊戌迁。九月

部左侍郎。

工部尚书。

甲子，李呈祥工部右侍郎。	李呈祥九月丙
	霸进泰卒。正
	马叶曾五月己
	介山迁。二月
	吴正治
	尼满二月壬午
	李敬
	宜理布正月迁
	李棠馥
	额奇二月免。
	刘达
	石图
	黄机
	宁古里闰月迁
	沙澄迁。十二
	祁彻白
	朱之弼四月壬
	铿特
	郝惟讷闰月癸
	叶成格
	冯溥
	宜理布正月戊
	石申九月己亥
	科尔昆闰月辛
	杨义致仕。五
	郭科卒。四月
	杜立德七月甲
	雅布兰
	梁清标
	苏纳海九月癸
	王崇简十一月
	渥赫
	王宏祚六月甲
	车克闰月庚辰
	孙廷铨七月辛
	伊图七月辛酉
	顺治十八年辛

戊迁。冀如锡工部右侍郎。

月戊寅，雷虎工部右侍郎。

巳，傅维麟工部左侍郎。九月丙戌，李呈

壬午，科尔科代，工部左侍郎。

迁。对哈纳刑部右侍郎。

。二月壬午，尼满刑部左侍郎。

壬午，介山兵部右侍郎。

。辛丑，布颜礼部右侍郎。

月丁巳，王熙礼部左侍郎。

午，户部右侍郎。

巳，户部左侍郎。

寅，吏部右侍郎。闰月辛丑迁。折库纳吏

病免。十月丁巳，胡兆龙吏部左侍郎。

丑，宜理布吏部左侍郎。八月辛亥迁。王

月辛巳，高景工部尚书。七月迁。闰月甲

丙戌，喇哈达工部尚书。

寅迁。癸亥，高景刑部尚书。

未迁。甲午，明安达兵部尚书。

甲午病免。十二月丁未，沙澄礼部尚书。

申予告。七月甲寅，杜立德户部尚书。

调。阿思哈户部尚书。

亥免。癸酉，卫周祚署吏部尚书。

迁。闰月庚辰，车克吏部尚书。

丑

祥工部左侍郎。

部右侍郎。八月壬申迁。吴达礼吏部右侍

申，折库纳代。

午，傅维鳞代。

郎。

清史稿卷一七九

表第二〇

部院大臣年表一下

顺治元年甲申	理藩院尚书	理藩院侍郎	理藩院侍郎	都察院承政满左都	都察院承政汉左都	都察院参政满左副	都察院汉左副都御	都察院汉左副都御	都察院汉左副都御
顺治二年乙酉	理藩院尚书	理藩院侍郎	理藩院侍郎	都察院承政满左都	都察院承政汉左都	都察院参政满左副	都察院汉左副都御	都察院汉左副都御	都察院汉左副都御
顺治三年丙戌	理藩院尚书	理藩院侍郎	理藩院侍郎	都察院承政满左都	都察院承政汉左都	都察院参政满左副	都察院汉左副都御	都察院汉左副都御	都察院汉左副都御

史	徐启元十月癸巳，左副都御史。
史	刘汉儒六月壬辰免。七月己酉，夏
史	库尔阐
部御史	多尔济达尔汉诺延
御史	
御史	满达海
	沙济达喇八月丁丑，理藩院侍郎。
	尼堪
	博洛

史	
史	刘汉儒
史	库尔阐
都御史	多尔济达尔汉诺延
御史	
御史	满达海
	尼堪。
	博洛。

史	
史	刘汉儒六月癸亥，左副都御史。
史	
都御史	
御史	
御史	满达海
	尼堪自承承改。
	博洛自参政改。

孙昌龄卒。八月乙巳，赵	
蔡士英	王左副都御史。
哈剌库五月癸亥，都察院	
罗璧	
徐启元	
多尔济达尔罕	
沙济达喇	
席达礼	
尼堪	
顺治六年己丑	

徐启元七月丁丑迁。己丑	
夏玉八月乙卯迁。九月癸	
库尔阐三月罢。巴朗	
罗璧	
徐启元七月丁丑，左都御	
满达礼	
席达礼	
沙济达喇	
尼堪	
顺治五年戊子	

徐启元	
夏玉	
库尔阐	
多尔济达尔汉诺延六月迁	
满达海六月戊戌，多尔济	
沙济达喇十月，席达礼理	
尼堪六月丁酉迁。	
博洛六月丁酉，尼堪理藩	
顺治四年丁亥	

继鼎左副都御史。佟国应

参政。九月迁。七月甲戌，董阿赖都察院

，孙昌龄左副都御史。惠世扬

亥，蔡士英左副都御史。

史。

。罗璧八月，都察院参政。

达尔汉诺延都察院承政。

藩院侍郎。

院尚书。

房可壮三月迁。癸巳，傅景星左副	蔡士英四月丙午迁。范达礼五月，	参政。宜巴汉	纳都户	赵开心二月庚申革。三月乙亥，房	阿拉善四月丙午，都察院承政。	沙济达喇	席达礼	尼堪	顺治九年壬辰
赵继鼎迁。十月丙午，房可壮左副	蔡士英	巴朗闰月革。宜巴汉五月乙酉补。	罗璧闰月革。三月，车克补。八月	徐启元闰月致仕。戊辰，洪承畴管	卓罗闰月乙丑革。三月己丑，噶达	沙济达喇	席达礼	尼堪	顺治八年辛卯
赵继鼎　佟国应	蔡士英	巴朗三月，都察院参政。	罗璧	徐启元	多尔济达尔罕免。三月癸酉，卓罗		席达礼	尼堪	顺治七年庚寅

都御史。

副都御史。

可壮左都御史。

都御史，右都管。

迁。纳都户九月丙戌补。

左都。八月乙卯，赵开心左都御史。

浑左都御史。五月乙酉迁。觉善补。九月

都察院承政。闰二月，迁噶达浑。三月，

革。丙戌，俄罗硕臣补。

都察院承政。五月迁。觉善补。八月革。

周亮工三月乙未迁。庚子，曹溶左副都御
张朝璘四月迁。
宜巴汉五月己亥，克星格副都御史。
纳都户能图，左副都御史。
龚鼎孳十一月戊子降。十二月癸丑，成克
图赖
尼堪卒。三月庚子，沙世悌尔理藩院侍郎
席达礼
沙济达喇
顺治十二年乙未

林德馨六月迁。己卯，周亮工左副都御史
张朝璘
纳都户
赵开心三月降。乙巳，王永吉左都御史。
图赖七月乙巳，阿克善署左都御史，寻解
尼堪十二月庚申，理藩院侍郎。
沙济达喇十一月丁卯，理藩院尚书。
顺治十一年甲午

傅景星六月壬子迁。闰月丙寅，林德馨左
范达礼七月迁。张朝璘，副都御史。
宜巴汉
纳都户
房可壮致仕。正月庚寅，金之俊左都御史
图赖十月，都察院承政。
沙济达喇
席达礼
尼堪四月戊午致仕。
顺治十年癸巳

史。七月壬辰迁。己亥，孙建宗左副都御

巩左都御史。

。

。佟国应

四月丁亥迁。五月丙午，龚鼎孳左都御史

。

副都御史。佟国应

。闰月迁。戊子，赵开心复为左都御史。

史。九月外用。十月甲寅，魏裔介左副都

顺治十三年丙申
明安达礼五月己亥，理藩院尚书。
席达礼
沙世佛尔
图赖
成克巩
纳都户
宜巴汉十一月辛亥致仕。
魏
裔介克星格

顺治十四年丁酉
明安达礼
席达礼
沙世佛尔
图赖
成克巩正月癸丑，魏裔介左都御史
纳都户
能图正月戊戌，科尔坤副都御史。
魏裔介，正月癸丑迁。傅维鳞左副

顺治十五年戊戌
明安达礼
席达礼
沙世佛尔
图赖九月己酉，能图左都御史。
魏裔介
纳都户
科尔坤
王永吉
御史。傅维鳞三月辛亥迁。五月癸卯，钱

朝鼎左副都御史。	朱之弼五月迁。丙午，
	苗登九月己卯，左副都
	对哈纳
	禅代
	霍达三月庚申假，寻卒
	阿思哈闰月庚辰迁。癸
	塔哈达
	席达礼四月癸巳，维克
	明安达礼九月甲午迁。
	顺治十八年辛丑
都御史。	陈协正月辛亥，左副都
	纳都户卒。六月壬子，
	科尔坤十一月迁。十二
。	魏裔介六月解。七月甲
	能图正月庚辰迁。六月
	沙世佛尔四月降。六月
	席达礼
	明安达礼
	顺治十七年庚子
	王永吉二月卒。袁懋功
	科尔坤
	纳都户
	魏裔介
	能图
	沙世佛尔
	席达礼
	明安达礼
	顺治十六年己亥

杨时荐左副都御史。

御史，寻迁。十月，刘光瓛左副都御史。

。四月己未，魏裔介复为左都御史。

巳，宁古里左都御史。

托理藩院左侍郎。

庚子，博罗邑冷理藩院尚书。

御史。三月辛未迁。四月甲午，朱之弼左

对哈纳副都御史。

月，禅代副都御史。

寅，霍达左副都御史。

甲申，阿思哈署左都御史。

庚子，塔哈达理藩院侍郎。

左副都御史。

十二月癸酉迁。

副都御史。

清史稿卷一八〇

表第二十一

部院大臣年表二上

康熙元年壬寅	
吏部满尚书	车克
吏部汉尚书	孙廷
户部满尚书	阿思
户部汉尚书	王宏
礼部满尚书	沙澄
礼部汉尚书	岛赫
兵部满尚书	明安
兵部汉尚书	梁清
刑部满尚书	觉罗
刑部汉尚书	高景
工部满尚书	喇哈
工部汉尚书	傅维
吏部满左侍郎	折库
吏部汉左侍郎	胡兆
吏部满右侍郎	吴达
吏部汉右侍郎	冯溥
户部满左侍郎	叶成
户部汉左侍郎	郝惟
户部满右侍郎	鏊泰
户部汉右侍郎	朱之
礼部满左侍郎	祁彻
礼部汉左侍郎	王熙
礼部满右侍郎	布颜
礼部汉右侍郎	黄机
兵部满左侍郎	石图
兵部汉左侍郎	刘达
兵部满右侍郎	介山
兵部汉右侍郎	李棠
刑部满左侍郎	尼满
刑部汉左侍郎	李敬
刑部满右侍郎	对哈
刑部汉右侍郎	吴正
工部满左侍郎	科尔
工部汉左侍郎	李呈
工部满右侍郎	雷虎
工部汉右侍郎	冀如

锡
祥
扩岱
治四月迁。张尔素刑部右侍郎。
纳
四月丁巳，吴正治刑部左侍郎。
馥三月庚子病免。四月辛亥，熊文举兵部

二月乙卯迁。查布海礼部右侍郎。
白二月庚戌迁。乙卯，布颜礼部左侍郎。
弼
讷
格
九月甲戌迁。梁清宽吏部右侍郎。
礼
龙八月辛酉病免。九月甲戌，冯溥吏部左
纳
鳞
达
雅布兰八月丙辰迁。觉罗科尔昆刑部尚书
标
达礼
正月丁丑免。二月庚戌，祁彻白礼部尚书
祚
哈七月辛卯迁。戊戌，宁古礼户部尚书。
铨
七月壬申迁。辛卯，阿思哈吏部尚书。

	康熙二年癸卯
	阿思哈
	孙廷铨五月丙子迁。戊子，魏裔
	宁古礼三月卒。甲戌，苏纳海管
	王宏祚
	沙澄
。	祁彻白
	明安达礼
	梁清标
。	觉罗科尔昆，六月壬子，尼满刑
	高景
	喇哈纳
	傅维鳞
	折库纳
侍郎。	冯溥乞假。八月甲寅，梁清宽吏
	吴达礼
	梁清宽八月甲寅迁。郝惟讷代。
	叶成格
	郝惟讷八月甲寅迁。九月乙亥，
	鏗泰五月甲申，巴格户部右侍郎
	朱之弼九月乙亥迁。艾元徵户部
	布颜
	王熙
	査布海
	黄机
	石图
	刘达
	介山二月革。图尔特六月戊申，
右侍郎。	熊文举九月甲午病免。十月壬子，
	尼满六月迁。对哈纳刑部左侍郎
	吴正治
	对哈纳六月迁。丁巳，觉罗勒德
	张尔素
	科尔扩岱
	李呈祥
	雷虎
	冀如锡

	冀如锡
	霍虎十二月乙亥迁
	李呈祥
	科尔扩岱
	张尔素
洪刑部右侍郎。	觉罗勒德洪
	吴正治
。	对哈纳
，曹国柄兵部右侍郎。	曹国柄
兵部右侍郎。	图尔特
	刘达
	石图
	黄机
	查布海
	王熙
	布颜
右侍郎。	艾元徵
。	巴格
朱之弼户部左侍郎。	朱之弼
	叶成格迁。十二月
	郝维讷
	吴达礼迁。七月戊
部左侍郎。	梁清宽
	折库纳降。七月戊
	傅维鳞
	喇哈纳迁。十二月
	高景闰月乙亥免。
部尚书。	尼满
	梁清标
	明安达礼
	祁彻白
	沙澄
	王宏祚六月乙酉迁
户部尚书。	苏纳海
介吏部尚书。	魏裔介十一月丁未
	阿思哈
	康熙三年甲辰

。杭艾工部右侍郎。

乙亥，雷虎户部左侍郎。

申，罗敏吏部右侍郎。

申，吴达礼吏部左侍郎。

癸亥，叶成额工部尚书。

乙酉，王宏祚刑部尚书。十一月丁未迁。

。十一月丁未，王宏祚仍户部尚书。

迁。杜立德吏部尚书。

冀如锡正月迁。	
杭艾	
李呈祥正月己酉	
科尔扩岱	
张尔素八月壬午	
觉罗勒德洪	
吴正治	
对哈纳	
曹国柄	
图尔特	
刘达	
石图	
黄机	
查布海	
王熙	
布颜	
艾元徵二月壬戌	
巴格	
朱之弼正月乙卯	
雷虎	
郝惟讷迁。正月	
罗敏	
梁清宽	
吴达礼	
傅维鳞	
叶成额	
龚鼎孳	癸丑，龚鼎孳刑部尚书。
尼满	
梁清标	
明安达礼	
祁彻白	
沙澄	
王宏祚	
苏纳海	
杜立德	
阿思哈	
康熙四年乙巳	

杜笃祜工部右侍郎。十一月迁。杨运昌工

，龚如锡工部左侍郎。十二月忧免。乙亥

，石申刑部右侍郎。

迁。严正矩代。

迁。壬戌，支元徵户部左侍郎。

乙卯。朱之弼代。

部右侍郎。	杨运昌
，杜笃祜工部左侍郎。	杭艾
	杜笃祜
	科尔护岱
	石申八月丁巳，麻
	觉罗勒德洪迁。八
	吴正治七月假免。
	对喀纳七月丁未迁
	曹国柄
	图尔特
	石图
	黄机十一月辛卯迁
	查布海
	王熙十一月丁丑迁
	布颜
	严正矩
	巴格
	艾元徵
	雷虎
	朱之弼迁。七月戊
	罗敏迁。四月戊辰
	梁清宽
	吴达礼四月庚申病
	傅维鳞六月甲子病
	叶成额
	龚鼎孳九月丙申迁
	尼满七月丁未迁。
	梁清标九月丁亥迁
	明安达礼
	祁彻白
	沙澄八月甲戌忧。
	王宏祚
	苏纳海十二月庚申
	杜立德
	阿思哈
	康熙五年丙午

勒吉刑部右侍郎，寻迁。九月己卯，蔡毓

月丁巳，麻勒吉刑部左侍郎。

九月丁卯，石申刑部左侍郎。

。八月丁巳，觉罗勒德洪刑部左侍郎。

。董安国刑部右侍郎。

。辛卯，黄机刑部左侍郎。

戌，冯溥吏部右侍郎。

，常额吏部右侍郎。

免。罗敏代。

免。郝惟讷工部尚书。九月甲辰迁。十月

。甲辰，郝惟讷刑部尚书。

对喀纳刑部尚书。

。丙申，龚鼎孳兵部尚书。

九月丁亥，梁清标礼部尚书。

革。甲子，马希纳户部尚书。

	杨运昌
	杭艾三月辛巳降
	杜笃祜
	科尔扩岱
莱刑部右侍郎。	蔡毓荣迁。三月
	麻勒吉三月乙酉
	石申三月辛巳革
	觉罗勒德洪，三
	曹国柄迁。闰月
	图尔特三月降。
	刘达休致。曹国
	石图三月辛巳降
	董安国三月丙申
	查布海致仕。正
	黄机三月丁亥迁
	布颜
	严正矩
	巴格三月辛巳降
	艾元徵
	雷虎
	冯溥
	常额三月乙酉迁
	梁清宽
	罗敏三月乙酉迁
壬子，朱之弼工部尚书。	朱之弼
	叶成额
	郝惟讷
	对喀纳
	龚鼎孳
	明安达礼正月丁
	梁清标三月辛巳
	祁彻白三月辛巳
	王宏祚
	马希纳十二月戊
	杜立德
	阿思哈正月丁酉
	康熙六年丁未

。乙酉，工部右侍郎。

乙酉，王清刑部右侍郎。

，阿克硕塞刑部右侍郎。

。乙酉，蔡毓荣刑部左侍郎。

月辛巳免。乙酉，麻勒吉刑部左侍郎。

已卯，刘鸿儒兵部右侍郎。

乙酉，迈音达兵部右侍郎。

柄，闰月已卯兵部左侍郎。

。罗敏兵部左侍郎。

迁。曹申吉礼部右侍郎。

月辛卯，常鼐礼部右侍郎。

。丙申，董安国礼部左侍郎。

。萨尔图户部右侍郎。

。泰璧图吏部右侍郎。

。常额吏部左侍郎。

酉迁。二月丁巳免。戊辰。阿思哈兵部尚

免。丁亥，黄机礼部尚书。

免。乙酉，觉罗外库礼部尚书。

子，增满户部尚书。马迩赛调补。

迁。明安达礼吏部尚书。三月辛巳免。乙

康熙	
阿思	西，阿思哈吏部尚书。
杜立	
马希	
王宏	
觉罗	
黄机	
噶褚	书。三月乙酉迁。噶褚哈兵部尚书。
龚鼎	
对喀	
郝惟	
额赫	
朱之	
常额	
梁清	
泰璧	
冯溥	
雷虎	
艾元	
萨尔	
严正	
布颜	
董安	
常鼐	
曹申	
罗敏	
曹国	
迈音	
刘鸿	
麻勒	
蔡毓	
阿哈	
王清	
科尔	
杜笃	
罗多	
杨运	

昌迁。十月乙酉，吴正治工部右侍郎。

祜九月己未迁。杨运昌工部左侍郎。

扩岱

硕塞迁。十二月癸酉，纳布刑部右侍郎。

荣

吉十二月癸酉迁。辛巳，阿哈硕塞刑部左

儒

达迁。九月甲辰，塞色赫兵部右侍郎。

柄十二月癸未休致。

迈音达九月甲辰，兵部左侍郎。

吉

六月乙未迁。米思翰礼部右侍郎。

国

六月丁未迁。乙未，常鼐礼部左侍郎。

矩

图

徵

九月迁。杜笃祜吏部右侍郎。十二月迁。

图六月癸未，察额图吏部右侍郎。

宽十二月休致。杜笃祜吏部左侍郎。

泰璧图吏部左侍郎。

弼九月甲辰迁。王熙工部尚书。

里正月丁未，工部尚书。六月丁亥，济世

讷八月戊子迁。九月丁酉，朱之弼刑部尚

纳九月癸卯迁。戊申，明珠刑部尚书。

挲

哈

八月辛巳迁。戊子，郝惟讷礼部尚书。

外库六月癸未，布颜礼部尚书。

祚八月壬申免。辛巳，黄机户部尚书。

纳

德

哈

七年戊申

侍郎。

蔡毓荣吏部左侍郎管右侍郎事。

工部满尚书。五月丙寅，思额得工部尚书

书。

吴正治二月忧免。三月甲午，高辛印工

罗多六月辛未迁。觉罗查哈喇工部右侍

杨运昌

科尔扩岱六月迁。辛未，罗多工部左侍

王清正月癸亥迁。张尔素刑部右侍郎。

纳布九月降。吴达礼刑部右侍郎。十月

蔡毓荣

阿哈硕塞

刘鸿儒迁。李棠馥正月辛酉，兵部右侍

色塞赫六月辛未迁。罗敏为兵部右侍郎

刘鸿儒正月辛酉兵部左侍郎。

迈音达革。塞色赫六月辛未，兵部左侍

曹申吉

米思翰六月壬申迁。甲申，顾巴西户部

董安国

常鼐

严正矩

萨尔图九月甲午降。十一月戊戌，纳布

艾元徵

雷虎

蔡毓荣

索额图六月罢。戊辰，帅颜保吏部右侍

杜笃祜

泰璧图五月革。六月戊辰，岳思泰吏部

王熙

。济世五月庚申革。六月丙寅，恩额得工

朱之弼

明珠迁。七月乙未，对喀纳兼刑部尚书

龚鼎孳五月乙未迁。壬寅，王宏祚兵部

噶褚哈五月庚申革。六月癸亥，科尔科

郝惟讷四月己卯迁。五月乙未，龚鼎孳

布颜九月甲午开缺。甲寅，恩额德礼部

黄机四月己卯迁。郝惟讷户部尚书。

马希纳六月壬戌迁。壬申，米思翰户部

杜立德四月癸酉迁。己卯，黄机吏部尚

阿思哈五月庚申革。六月壬戌，马希纳

康熙八年己酉六月庚辰，裁户部添设尚

部右侍郎。

郎。十二月庚辰迁。禅布代。

郎。十二月，觉罗查哈喇工部左侍郎。

迁。十一月己亥，多纳刑部右侍郎。

郎。九月甲午休致。甲辰，龚如锡代。

郎。

右侍郎。

户部右侍郎。

郎。七月丙申迁。辛亥，觉罗德勒洪吏部

左侍郎。

部尚书。九月甲寅迁。十月壬申，吴达礼

。

尚书。

代兵部尚书。

礼部尚书。

尚书。

尚书。

书。

吏部尚书。

书。

	高辛印
	禅布
	杨运昌
	觉罗查哈喇
	张尔素五月迁。丙寅，马绍曾
	多纳
	蔡毓荣五月丙寅，张尔素刑部
	阿哈硕塞
	冀如锡
	罗敏
	刘鸿儒
	塞色赫
	曹申吉十一月辛巳迁。十二月
	顾巴西
	董安国
	常鼐
	严正矩三月丙戌迁。田逢吉户
	纳布
	艾元徵三月甲申迁。丙戌，严
	雷虎
	蔡毓荣三月甲申迁。艾元徵吏
右侍郎。	觉罗勒德洪
	杜笃祜三月癸酉迁。甲申，蔡
	岳思泰
	王熙
工部尚书。	吴达礼
	朱之弼闰月甲寅迁。三月辛酉
	对喀纳迁。十二月癸巳，莫洛
	王宏祚闰月己亥乞免。甲寅，
	科尔科代
	龚鼎孳
	恩额德
	郝惟讷
	米思翰
	黄机
	马希纳十月壬午病免。十二月
	康熙九年庚戌

刑部右侍郎。

左侍郎。

己丑，田种玉礼部右侍郎。

部右侍郎。

正矩户部右侍郎。

部右侍郎。四月甲辰迁。王清吏部右侍郎

毓莱吏部左侍郎。四月甲辰迁。艾元徵吏

，冯溥刑部尚书。

刑部尚书。

朱之弼兵部尚书。

乙酉，对喀纳吏部尚书。

。十一月辛巳迁。曹申吉代。

部左侍郎。十一月癸酉迁。辛巳，王清吏

	高辛印八月丁酉乞休。十一月
	禅布
	杨运昌
	觉罗查哈喇
	马绍曾二月迁。丙午，高珩刑
	多纳五月戊寅迁。六月癸未，
	张尔素二月壬辰休致。丙午，
	阿哈硕塞
	冀如锡五月壬戌迁。杨永宁兵
	罗敏四月乞休。五月，班迪兵
	刘鸿儒四月己酉迁。五月壬戌
	塞色赫
	田种玉
	顾巴西
	董安国
	常鼐
	田逢吉四月己酉迁。刘鸿儒以
	纳布
	严正矩四月己亥休致。田逢吉
	雷虎
	曹申吉二月庚辰迁。甲辰，陈
	觉罗勒德洪五月辛未迁。觉罗
部左侍郎。	王清
	岳思泰五月己未乞休。辛未，
	王熙
	吴达礼
	冯溥二月丁酉迁。戊戌，梁清
	莫洛
	朱之弼
	科尔科五月甲寅乞免。十一月
	龚鼎孳
	恩额德二月辛未乞休。戊寅，
	郝惟讷
	米思翰
	黄机
	对喀纳
康熙十年辛亥	

丁巳，佟宏器工部右侍郎。

部右侍郎。十一月迁。丁巳，姚文然刑部

哲尔肯刑部右侍郎。

马绍曾刑部左侍郎。十一月丁巳，高珩刑

部右侍郎。

部右侍郎。

，冀如锡兵部左侍郎。

户部左侍郎管右侍郎事。

户部左侍郎。

敳永吏部右侍郎。

舒恕吏部右侍郎。

觉罗勒德洪吏部左侍郎。

标刑部尚书。

壬申，明珠兵部尚书。

祁彻白礼部尚书予告。十一月壬申，哈尔

	佟宏器卒。二月辛巳，梁
	禅布八月丁卯革。九月丙
	杨运昌正月庚午假。二月
	觉罗查哈喇八月丁卯革。
右侍郎。	姚文然二月辛巳迁。黄道
	哲尔肯
部左侍郎。	高珩正月庚午假。二月辛
	阿哈硕塞
	杨永宁
	班迪十一月迁。纳布兵部
	冀如锡
	塞色赫
	田种玉十月癸丑降。辛酉
	顾巴西
	董安国
	常鼐
	刘鸿儒十一月己酉迁。马
	纳布十一月迁。己丑，达
	田逢吉十一月己丑迁。马
	雷虎十月乞休。十一月己
	陈敳永十月壬子迁。李之
	觉罗舒恕
	王清卒。十月壬子，陈敳
	觉罗勒德洪
	王熙
	吴达礼
	梁清标二月丁酉迁。三月
	莫洛
	朱之弼
	明珠
	龚鼎孳
哈齐礼部尚书。	哈尔哈齐
	郝惟讷二月丙戌迁。丁酉
	米思翰
	黄机二月丁丑假。丙戌，
	对喀纳
	康熙十一年壬子

梁鋐五月迁	鋐工部右侍郎。
图尔泰九月	子，图尔泰工部右侍郎。
王天眷三月	辛巳，王天眷工部左侍郎。
哈占九月迁	九月丙子，哈占工部左侍郎。
黄道行二月	行刑部右侍郎。
哲尔肯二月	
姚文然二月	巳，姚文然刑部左侍郎。
阿哈硕塞四	
杨永宁六月	
纳布	右侍郎。
冀如锡六月	
塞色赫	
张士甄十月	，张士甄礼部右侍郎。
顾巴西卒。	
董安国十月	
常鼐	
马绍曾六月	绍曾户部右侍郎。
达都	都户部右侍郎。
刘鸿儒九月	绍曾户部左侍郎。
班迪	卯，班迪户部左侍郎。
李之芳六月	芳吏部右侍郎。
觉罗舒恕	
陈敳永	永吏部左侍郎。
觉罗勒德洪	
王熙五月辛	
吴达礼	
艾元徵	己酉，艾元徵刑部尚书。
莫洛	
朱之弼给假	
明珠	
龚鼎孳九月	
哈尔哈齐	
梁清标	，梁清标户部尚书。
米思翰	
郝惟讷	郝惟讷吏部尚书。
对喀纳	
康熙十二年	

。庚午，郭廷祚工部右侍郎。七月迁，徐

迁。甲午，廖旦工部右侍郎。

甲申降。五月庚午，梁鋐工部左侍郎。七

。甲午，图尔泰工部左侍郎。

迁。壬子，任溥刑部右侍郎。四月癸亥迁

壬子迁。觉罗阿范刑部右侍郎。四月迁。

迁。甲子，黄道行刑部左侍郎。三月甲申

月卒。癸丑，觉罗阿范刑部左侍郎。

迁。丁巳，孙光祀兵部右侍郎。

迁。丁巳，杨永宁兵部左侍郎。

乙巳迁。史大成礼部右侍郎。

二月癸亥，折尔肯礼部右侍郎。

丁酉迁。乙巳，张士甄礼部左侍郎。

癸丑病免。七月戊辰，宋德宜户部右侍郎

庚寅迁。十月丁酉，宋德宜户部左侍郎。

癸卯迁。壬子，陈一炳吏部右侍郎。

卯迁。吴正治工部尚书。九月乙亥迁。辛

。五月辛卯，王熙兵部尚书。

戊辰乞休。乙亥，吴正治礼部尚书。

癸丑

继焯工部右侍郎。

月甲戌，郭廷祚代。

。陈一炳刑部右侍郎。六月壬子迁。余嗣

癸丑，阿尔多刑部右侍郎。

降。四月癸亥，任克溥刑部右侍郎。

。十月丁酉迁。董安国户部右侍郎。

巳，冀如锡工部尚书。

	徐继炜
	廖旦七月迁。祁通额工部
	郭廷祚
	图尔泰七月，廖旦工部左
登刑部右侍郎。	余嗣登
	阿尔多
	任克溥
	觉罗阿范
	孙光祀
	纳布
	杨永宁
	塞色赫
	史大成五月庚寅迁。杨正
	折尔肯
	张士甄五月庚寅，史大成
	常鼐
	陈洪明四月辛丑，户部右
	达都迁。十一月丙戌，介
	宋德宜十月庚子迁。十一
	班迪
	陈一炳十月癸巳迁。庚子
	觉罗舒恕
	陈敳永
	觉罗勒德洪
	冀如锡
	吴达礼
	艾元徵
	莫洛
	王熙
	明珠
	吴正治
	哈尔哈齐
	梁清标
	米思翰
	郝惟讷
	对喀纳
	康熙十三年甲寅

右侍郎。

侍郎。

中礼部右侍郎。

礼部左侍郎。

侍郎。六月乙卯迁。七月甲子，魏象枢户

山户部右侍郎。

月甲子，魏象枢户部左侍郎。

，宋德宜以吏部左侍郎管右侍郎事。

部右侍郎。十一月甲子迁。于可托户部右

徐继炜
祁通额
郭廷祚
廖日
余嗣登
鄂尔多闰月迁。戊申，郭丕刑部右
任克溥
觉罗阿范闰月乙未乞休。戊申，鄂
孙光祀
纳布四月迁。甲午，郭四海兵部右
杨永宁
塞色赫四月迁。甲午纳布兵部左侍
杨正中
折尔肯四月甲午迁。辛丑，岳诺惠
史大成
常鼐十月壬午迁。十一月癸巳，额
侍郎。
于可托
介山十二月壬申迁。丁丑，伊桑阿
魏象枢
班迪
宋德宜
觉罗舒恕四月甲午迁。折尔肯吏部
陈敳永
觉罗勒德洪四月己丑迁。甲午，觉
冀如锡
吴达礼十月壬午迁。常鼐工部尚书
艾元徵
莫洛迁。四月己丑，塞色黑刑部尚
王熙
明珠十月乙卯迁。塞色黑兵部尚书
吴正治
哈尔哈齐
梁清标
米思翰二月辛丑卒。四月己丑，觉
郝惟讷
对喀纳九月卒。十月乙卯，明珠吏
康熙十四年乙卯

侍郎。十二月迁。

尔多刑部左侍郎。

侍郎。十二月迁。戊辰，吴努春兵部右侍

郎。十二月庚申革。戊辰，郭四海兵部左

礼部右侍郎。闰月丙申卒。额星格礼部右

星格礼部左侍郎。

户部右侍郎。

右侍郎。

罗舒恕吏部左侍郎。

。

书。十月壬戌迁。十一月丁丑，吴达礼刑

。

罗勒德洪户部尚书。

部尚书。

郎，丁丑迁。郭丕代。

侍郎。壬申迁。丁丑，吴努春代。

侍郎。十一月癸巳迁。伊桑阿礼部右侍郎

部尚书。

康熙十五年丙辰

明珠

郝惟讷

觉罗勒德洪

梁清标

哈尔哈齐

吴正治

塞色黑

王熙

吴达礼

艾元徵 卒。七月丁未，姚文然刑部尚书

常鼐

冀如锡

觉罗舒恕

陈敳永 八月丙辰迁。丙子，宋德宜吏部

折尔肯

宋德宜 八月丙子迁，陈一炳吏部右侍郎

班迪

魏象枢

伊桑阿

于可托

额星格

史大成 八月丙辰乞休。己巳，杨正中礼

。马喇 正月丁酉，礼部右侍郎。

杨正中 八月己巳迁。杜臻礼部右侍郎。

吴努春

杨永宁

郭丕

孙光祀

鄂尔多

任克溥

禅塔海 正月丁酉，刑部右侍郎。

余嗣登 七月丙戌，董安国刑部右侍郎。

廖旦

郭廷祚

祁通额

徐继炜

	徐继炜四月丙寅，田六善工部
	祁通额十月辛未迁。温代工部
	郭廷祚
	廖旦十月免。辛未，祁通额工
	董安国十二月丙寅病免。冯苏
	禅塔海
	任克溥
	鄂尔多
	孙光祀
	郭丕十一月己卯迁。党务礼兵
	杨永宁
	吴努春十一月丙子迁。己卯，
	杜臻四月乙亥迁。五月戊子，
	马喇十月迁。十一月丙子，吴
部左侍郎。	杨正中
	额星格
	于可托
	伊桑阿四月癸丑迁。察库户部
	魏象枢四月癸丑，伊桑阿户部
	班迪
。	陈一炳四月乙亥迁。杜臻吏部
	折尔肯七月丁亥，张士甄吏部
左侍郎。	宋德宜四月乙亥，陈一炳吏部
	觉罗舒恕
	冀如锡四月己酉降。己未，陈
	常鼐四月迁。丙寅伊桑阿工部
。	姚文然
	吴达礼三月迁。四月己酉，介
	王熙
	塞色黑八月辛未迁。十月庚午
	吴正治
	哈尔哈齐三月壬寅革。癸卯，
	梁清标
	觉罗勒德洪七月甲辰迁。八月
	郝惟讷
	明珠七月甲辰迁。八月戊午，
	康熙十六年丁巳

右侍郎。
右侍郎。

部左侍郎。
刑部右侍郎。

部右侍郎。

郭丕兵部左侍郎。
张士甄礼部右侍郎。七月丁亥迁。辛丑，
努春礼部右侍郎。

右侍郎。六月庚申迁。萨穆哈户部右侍郎
左侍郎。四月丙寅迁。六月庚申，察库户

右侍郎。
右侍郎。
左侍郎。

敳永工部尚书。
尚书。八月辛未迁。十月庚午，马喇工部

山刑部尚书。

，喀代兵部尚书。

吴达礼礼部尚书。八月迁。辛未，塞色黑

辛未，伊桑阿户部尚书。

吴达礼吏部尚书。

田六善八月甲戌迁。	
温代	
郭廷祚	
祁通额	
冯苏	
禅塔海	
任克溥	
鄂尔多	
孙光祀	
党务礼	
杨永宁	
郭丕	
富鸿基	富鸿基礼部右侍郎。
吴努春	
杨正中	
额星格	
于可托七月甲戌迁。	
萨穆哈	。
魏象枢七月迁。八月	部左侍郎。
察库	
张士甄七月丁巳迁。	
折尔肯	
陈一炳七月丁巳，张	
觉罗舒恕	
陈敳永三月辛卯，朱	
马喇	尚书。
姚文然七月戊申卒。	
介山	
王熙十二月甲戌忧。	
喀代十二月乙亥，郭	
吴正治	
塞色黑	代。
梁清标	
伊桑阿	
郝惟讷	
吴达礼	
康熙十七年戊午	

董安国工部右侍郎。十二月迁。

田六善户部右侍郎。

甲戌，于可托户部左侍郎。

刘楗吏部右侍郎。十二月壬午迁。辛卯，

土甄吏部左侍郎。

之弼工部尚书。

宋德宜刑部尚书。十二月丙子迁。壬午，

丙子，宋德宜兵部尚书。

四海兵部尚书。

	朱裴正月乙卯，工部
	温代
	郭廷祚八月癸酉，赵
	祁通额
	冯苏五月迁。焦毓瑞
	禅塔海四月迁。庚辰
	任克溥三月京察降。
	鄂尔多四月庚辰，禅
	孙光祀降。癸未，项
	党务礼
	杨永宁八月辛未迁。
	郭丕
	富鸿基
	吴努春
	杨正中
	额星格
	田六善五月己亥，朱
	萨穆哈八月癸未迁。
	于可托五月己亥，田
	察库八月癸未，萨穆
董安国吏部右侍郎。	董安国八月革。辛卯
	折尔肯四月戊子迁。
	张士甄
	觉罗舒恕四月辛巳迁
	朱之弼
	马喇
刘楗刑部尚书。	刘楗四月戊辰乞休。
	介山
	宋德宜
	郭四海
	吴正治
	塞色黑
	梁清标
	伊桑阿
	郝惟讷
	吴达礼
	康熙十八年己未

右侍郎。六月甲申，赵璟工部右侍郎。八

璟工部左侍郎。

刑部右侍郎。十月癸未迁。戊子，高珩刑

，宜昌阿刑部右侍郎。

五月，冯苏刑部左侍郎。

塔海刑部左侍郎。

景襄兵部右侍郎。

十月癸未，焦毓瑞兵部左侍郎。

裴户部右侍郎。

达都户部右侍郎。

六善户部左侍郎。

哈户部左侍郎。

，杨宁以吏部左侍郎管右侍郎事。

屯泰吏部右侍郎。

。戊子，折尔肯吏部左侍郎。

丁亥，魏象枢刑部尚书。乙未，留左都任

月迁。张问政代。

部右侍郎。

。六月庚午，黄机以吏部尚书管刑部尚书

	张问政	卒。九月丙辰，金鼐工部右侍
	温代	
	赵璟	
	祁通额	
	高珩	十月戊申病免。十二月辛巳，陈
	宜昌阿	
	冯苏	
	禅塔海	
	项景襄	
	党务礼	
	焦毓瑞	
	郭丕	
	富鸿基	
	吴努春	
	杨正中	
	额星格	
	朱裴	
	达都	七月迁。沙赖户部右侍郎。
	田六善	
	萨穆哈	七月迁。达都户部左侍郎。
	杨宁	
	屯泰	
	张士甄	
	折尔肯	七月迁。萨穆哈吏部左侍郎。
	朱之弼	
	马喇	
事。	黄机	十一月迁。魏象枢刑部尚书。
	介山	
	宋德宜	
	郭四海	
	吴正治	
	塞色黑	
	梁清标	
	伊桑阿	
	郝惟讷	十一月忧免。癸酉，黄机吏部
	吴达礼	
	康熙十九年庚申	

郎。	金鼐
	温代迁。党务礼工部右
	赵璟
	祁通额十二月休致。丁
一炳刑部右侍郎。	陈一炳七月迁。癸丑，
	宜昌阿
	冯苏六月假免。七月癸
	禅塔海
	项景襄病免。十月甲辰
	党务礼六月癸未迁。禧
	焦毓瑞
	郭丕
	富鸿基
	吴努春
	杨正中
	额星格
	朱裴二月乙酉休。己亥
	沙赖三月壬子迁。科尔
	田六善二月乙酉休。己
	达都三月癸酉迁。壬子
	杨宁
	屯泰
	张士甄
	萨穆哈五月辛未，沙赖
	朱之弼
	马喇三月革。五月，帅
	魏象枢
	介山五月庚申迁。七月
	宋德宜
	郭四海二月己亥迁。三
	吴正治
	塞色黑二月乙酉休致。
	梁清标
	伊桑阿
尚书。	黄机
	吴达礼三月乙亥乞休。
	康熙二十年辛酉

侍郎。十二月迁。丁酉，苏拜工部右侍郎

西，党务礼工部左侍郎。

杜臻，刑部右侍郎。十一月迁。庚戌，叶方

丑，陈一炳刑部左侍郎。甲辰迁。十一月

，陈一炳兵部右侍郎。

佛兵部右侍郎。

，李仙根户部右侍郎。

坤户部右侍郎。五月乙亥迁。额库礼户部

亥，李天馥户部左侍郎。

，沙赖户部左侍郎。五月辛未迁。乙亥，

吏部左侍郎。二月迁。达都吏部左侍郎。

额保工部尚书。十二月乙未迁。萨穆哈代

，郭四海以礼部尚书衔兼管刑部尚书事。

月壬申，折尔肯兵部尚书衔兼管刑部尚书

己亥，郭四海礼部尚书。十二月乙未，帅

五月庚申，介山吏部尚书。

	金鼐十二月迁。
。	苏拜
	赵璟十一月迁。
	党务礼十
霭代。	叶方霭五月卒。
	宜昌阿二月迁。
庚戌，杜臻刑部左侍郎。	杜臻四月迁。五
	禅塔海
	陈一炳
	禧佛十一月迁。
	焦毓瑞
	郭丕
	富鸿基
	吴努春
	杨正中
	额星格
	李仙根
右侍郎。	额库礼二月壬申
	李天馥
科尔坤户部左侍郎。	科尔坤二月乙酉
	杜臻四月壬午，
	屯泰十一月戊午
	张士甄
	达都二月迁。乙
	朱之弼
。	萨穆哈
	魏象枢
	郭四海十二月卒
	宋德宜十月迁。
事。	折尔肯十卒。十月
	吴正治十月己丑
颜保代。	帅颜保
	梁清标
	伊桑阿
	黄机十月己丑迁
	介山
	康熙二十一年壬

乙亥，金世鉴工部右侍郎。

十二月乙亥，金鼐工部左侍郎。

庚午，熊一潇刑部右侍郎。
库勒纳刑部右侍郎。十月戊辰迁。十二月
月戊午，宋文运刑部左侍郎。

戊辰，库勒纳兵部右侍郎。

迁。宜昌阿户部右侍郎。

迁。壬申，额库礼户部左侍郎。
吏部右侍郎。
，禧佛吏部右侍郎。

酉，科尔坤吏部左侍郎。

。
十一月丁酉，李之芳兵部尚书。
丁酉，杭艾兵部尚书。
迁。丁酉，沙澄礼部尚书。

。丁酉，宋德宜吏部尚书。

戊

金世鉴	
苏拜	
金鼐	
党务礼	
熊一潇三月迁。	
鄂哈九月丙子迁	乙亥，鄂哈刑部右侍郎。
宋文运	
禅塔海	
陈一炳	
库勒纳十月甲寅	
焦毓瑞	
郭丕	
富鸿基四月己丑	
吴努春六月革。	
杨正中卒。十二	
喀星格九月庚午	
李仙根	
宜昌阿十月甲寅	
李天馥	
额库礼十月迁。	
杜臻	
禧佛二月己卯迁	
张士甄	
科尔坤八月迁。	
朱之弼	
萨穆哈	
魏象枢	
喀尔图二月癸酉	
李之芳	
杭艾六月癸未迁	
沙澄	
帅颜保正月丁卯	
梁清标	
伊桑阿六月戊寅	
宋德宜	
介山二月丁丑迁	
康熙二十二年癸	

丙午，高尔位刑部右侍郎。
。佛伦刑部右侍郎。

迁。阿兰泰兵部右侍郎。

病免。乙未，陈廷敬礼部右侍郎。十二月
七月乙未，萨海礼部右侍郎。九月丙子迁
月壬寅，陈廷敬礼部左侍郎。
迁。丙子，萨海礼部左侍郎。十月乙卯迁

，库勒纳户部右侍郎。

乙卯，萨海户部左侍郎。

。三月辛亥，色赫吏部右侍郎。九月庚午

庚午，色赫吏部左侍郎。

，刑部尚书。

。八月戊申，哈占兵部尚书。

乞休。二月丁丑，介山礼部尚书。

迁。癸未，杭艾户部尚书。

亥。六月戊寅，伊桑阿吏部尚书。

王寅迁。张王书礼部右侍郎。

。鄂哈礼部左侍郎。十月乙卯迁。温代礼

。鄂哈礼部左侍郎。

迁。额星格吏部右侍郎。

部右侍郎。十一月丁丑，苏拜礼部右侍郎

金世鉴八月戊申降。丙寅，徐旭龄工部
巴锡八月戊申降。乙卯，席特纳工部右
金鼐八月戊申降。己未，金汝祥工部左
党务礼
高尔位四月迁。壬戌，马世济刑部右侍
佛伦二月迁。辛丑鄂尔多刑部右侍郎。
宋文运四月壬子乞休。壬戌，高尔位刑
禅塔海正月革。二月辛丑，佛伦刑部左
陈一炳
阿兰泰
焦毓瑞八月迁。杨雍建兵部左侍郎。
郭丕
张玉书二月乙巳迁。胡简敬礼部右侍郎。
苏拜
陈廷敬正月乙未迁。二月乙巳，张玉书
鄂哈
李仙根八月戊寅降。癸亥，焦毓瑞户部
库勒纳八月辛巳迁。丙戌，鄂尔多户部
李天馥八月戊寅迁。甲申，焦毓瑞户部
萨海
杜臻正月丙戌迁。乙未，陈廷敬吏部右
额星格九月迁。庚辰，达哈他以吏部左
张士甄八月迁。戊寅，李天馥吏部左侍
色赫
朱之弼降。正月丙戌，杜臻工部尚书。
萨穆哈
魏象枢八月乙卯乞休。丙寅，张士甄刑
喀尔图四月甲辰乞休。癸丑，诺敏刑部
李之芳八月迁。九月，梁清标以户部尚
哈占
沙澄
介山十二月乙巳乞休。杭艾礼部尚书。
梁清标八月丁卯迁。余国柱户部尚书。
杭艾十二月乙巳迁。科尔坤户部尚书。
宋德宜七月乙亥迁。八月辛亥，李之芳
伊桑阿
康熙二十三年甲子

右侍郎。十二月迁。

侍郎。

侍郎。

郎。九月迁。十二月壬辰，苏赫刑部右侍

部左侍郎。

侍郎。

。九月迁。乙丑，严我斯礼部右侍郎。己

礼部左侍郎。忧免。九月乙丑，胡简敬礼

右侍郎。八月甲申迁。王鸿绪户部右侍郎

右侍郎。

右侍郎。

侍郎。八月癸酉迁。己卯，胡简敬以吏部

侍郎。管右侍郎事。

郎。

部尚书。

尚书。

书衔管兵部尚书事。

吏部尚书。

陈	
席	
金	
党	
马	郎。
苏	
高	
佛	
陈	
阿	
杨	
郭	
董	卯迁。甲申，董讷代。
苏	
严	部左侍郎。己卯迁。甲申，严我斯代。
鄂	
王	。
鄂	
焦	
萨	
胡	左侍郎管右侍郎事。
达	
李	
色	
杜	
萨	
张	
诺	
梁	
哈	
沙	
杭	
余	
科	
李	
伊	
康	

一炳正月，工部右侍郎。
特纳
汝祥
务礼
世济二月迁。庚子，张可前刑部右侍郎。
赫二月迁。甲辰，席柱刑部右侍郎。四月
尔位
伦二月迁。甲辰，苏赫刑部左侍郎。四月
一炳正月迁。二月，马世济兵部右侍郎。
兰泰二月迁。甲辰，佛伦兵部右侍郎。
雍建
丕
讷二月癸丑迁。三月壬戌，蒋宏道礼部右
拜正月迁。二月癸巳，额星格礼部右侍郎
我斯
哈
鸿绪二月癸丑迁。董讷户部右侍郎。
尔多四月壬辰迁。苏赫户部右侍郎。
鼐瑞卒。二月癸丑。王鸿绪户部左侍郎。
海三月己卯迁。四月壬辰，鄂尔多户部左
笥敬
哈他正月丙戌，苏拜吏部右侍郎。二月癸
天馥
赫二月迁。三月己卯，阿兰泰吏部左侍郎
臻
穆哈
土甄
敏
清标
占四月辛丑迁。五月己丑，伊桑阿兵部尚
澄
艾四月辛丑，哈占礼部尚书。
国柱
尔坤
之芳
桑阿五月己丑迁。九月己卯，达哈他吏部
熙二十四年乙丑

迁。戊戌，傅腊塔刑部右侍郎。

迁。戊戌，席柱刑部左侍郎。

侍郎。

侍郎。

已免。己亥，阿兰泰吏部右侍郎。三月己

书。

尚书。

	陈一炳三月迁。壬辰孙在
	席特纳二月辛亥休致。三
	金汝祥三月壬戌免。戊辰
	党务礼
	张可前七月迁。癸未，王
	傅腊塔正月迁。丁亥，丹
	高尔位六月忧免。七月癸
	席柱闰月迁。戊午，噶尔
	马世济十月迁。乙丑，蔡
	傅腊塔正月壬午，兵部右
	杨雍建十一月庚子休致。
	郭丕
	蒋宏道五月丁酉迁。己酉
	额星格七月丙戌迁。孙果
	严我斯
	鄂哈闰月休。庚午，穆称
	董讷闰月迁。乙亥，胡升
	苏赫三月癸酉迁。丁丑，
	王鸿绪闰月乙亥，董讷户
	鄂尔多十一月壬辰，麻尔
	胡简敬五月丁亥降。丁酉
卯迁。萨海代。	萨海七月丙午迁。傅腊塔
	李天馥
	阿兰泰六月迁。七月，萨
	杜臻九月辛丑忧。丁未，
	萨穆哈六月戊辰革。乙亥
	张士甄十月丙辰迁。庚申
	诺敏九月庚寅迁。乙未，
	梁清标
	伊桑阿
	沙澄九月辛亥休。十月丙
	哈占九月庚寅，诺敏礼部
	余国柱
	科尔坤
	李之芳
	达哈他
	康熙二十五年丙寅

丰工部右侍郎。
月甲子，沙赖工部右侍郎。
陈一炳工部左侍郎。

日藻刑部右侍郎。十月迁。乙丑，张鹏刑
岱刑部右侍郎。三月甲申迁。四月己丑，
未，张可前刑部左侍郎。十二月迁。
图刑部左侍郎。
鞥莱兵部右侍郎。十二月革。戊午，张英
侍郎。三月迁。四月甲申，丹岱兵部右侍
十二月戊午，张可前兵部左侍郎。

，徐乾学礼部右侍郎。
礼部左侍郎。

额礼部左侍郎。六月戊辰革。七月丙戌，
猷户部右侍郎。五月丁酉迁。蒋宏道右侍
傅腊塔户部右侍郎。七月丙戌迁。己丑，
部左侍郎。五月丁酉迁。胡升猷户部左侍
图户部左侍郎。
，董讷吏部右侍郎。九月庚戌迁。十月戊
吏部右侍郎。

海吏部左侍郎。
陈廷敬工部尚书。
，佛伦工部尚书。
，胡升猷刑部尚书。
禧佛刑部尚书。

辰，张士甄礼部尚书。
尚书。

部右侍郎。十二月迁。戊午，赵之鼎代。
噶尔图刑部右侍郎。闰月迁。癸亥，敦多

兵部右侍郎。
郎。

额星格礼部左侍郎。
郎。十月壬戌迁。王日藻户部右侍郎。
麻尔图户部右侍郎。十一月壬辰迁。赛弼
郎。

午，胡升猷吏部右侍郎。庚申迁。乙丑，

	孙在丰十一月迁。戊
	觉罗沙赖七月迁。乙
	陈一炳十月壬申革。
	觉罗务礼七月戊子迁。
	赵之鼎三月辛巳迁。
礼代。	敦多礼二月丁巳革。
	张鹏二月迁。三月辛
	噶尔图二月丁巳革。
	张英六月乙亥迁。七
	丹岱五月迁。庚辰，
	张可前
	郭丕四月甲戌迁。五
	徐乾学六月乙亥迁。
	觉罗孙果正月，图尔
	额星格六月假。徐乾
	严我斯十一月革。十
汉户部右侍郎。	王日藻二月丁卯迁。
	赛弼汉
	蒋宏道
	麻尔图
马世济吏部右侍郎。	马世济三月癸卯迁。
	傅腊塔
	李天馥
	萨海
	陈廷敬二月戊午迁。
	佛伦二月辛酉迁。阿
	胡升猷二月庚申降。
	禧佛二月丙辰革。辛
	梁清标
	伊桑阿二月辛亥迁。
	张士甄
	诺敏迁。二月辛亥，
	徐国柱二月甲寅迁。
	科尔坤九月甲申迁。
	李之芳九月壬午迁。
	达哈他八月卒。九月
	康熙二十六年丁卯

寅，徐玺工部右侍郎。

未，傅腊塔工部右侍郎。十一月己卯迁。

十一月戊寅，孙在丰工部左侍郎。

乙未，觉罗沙赖工部左侍郎。十月革。十

王国安刑部右侍郎。六月迁。癸卯，薛柱

辛酉，席珠刑部右侍郎。九月戊子迁。塞

巳，赵之鼎刑部左侍郎。六月癸巳病免。

辛酉，葛思泰刑部左侍郎。九月迁。戊子

月癸未，成其范兵部右侍郎。

拉笃祜兵部右侍郎。十月戊辰免。壬申，

月庚辰，丹岱兵部左侍郎。

张英礼部右侍郎。九月甲辰迁。王飏昌礼

辰礼部右侍郎。三月乙丑，顾八代礼部右

学礼部左侍郎。九月迁。甲辰，张英代。

二月，席尔达礼部左侍郎。

癸酉，张鹏户部右侍郎。十月迁。乙亥，

丁未，熊一潇吏部右侍郎。十月甲子迁。

王日藻工部尚书。九月丙申迁。汤斌工部

兰泰工部尚书。

丁卯，张玉书刑部尚书。

酉，佛伦刑部尚书。九月戊子迁。廖旦刑

壬戌，鄂尔多兵部尚书。

伊桑阿礼部尚书。

己未，陈廷敬户部尚书。九月戊子迁。丙

戊子，佛伦户部尚书。

戊子，陈廷敬吏部尚书。

甲申，科尔坤吏部尚书。

	徐
伊尔祯图工部右侍郎	伊
	孙
一月己卯，傅腊塔工部左侍郎。	傅
斗刑部右侍郎。	薛
楞额刑部右侍郎。	塞
癸卯，王国安刑部左侍郎。	王
，席珠刑部左侍郎。	席
	成
禅布兵部右侍郎。	禅
	张
	丹
部右侍郎。	王
侍郎。十二月，多奇礼部右侍郎。	多
	张
	席
王遵训代。	王
	赛
	蒋
	麻
庚午，张鹏代。	张
	傅
	李
	萨
尚书。十月甲子卒。熊一潇工部尚书。	熊
	阿
	张
部尚书。	廖
	梁
	鄂
	张
	伊
申，王日藻户部尚书。	王
	傅
	陈
	科
	康

廷玺四月甲辰迁。王承祖工部右侍郎。

尔图二月癸酉迁。齐穑工部右侍郎。

在丰三月丁酉降。四月甲辰，徐廷玺工部

腊塔二月迁。癸酉，伊尔图工部左侍郎。

柱斗二月辛未革。三月乙亥，郑重刑部右

楞额免。二月，傅腊塔刑部右侍郎。四月

国安

珠

其范十月降。甲子，董讷兵部右侍郎。

布三月庚辰迁。舜拜兵部右侍郎。

可前

岱三月乙亥迁。庚辰，禅拜兵部左侍郎。

飏昌

奇

英

尔达

遵训二月乙未，徐诰武户部右侍郎。

弼汉迁。二月辛酉，开音布户部右侍郎。

宏道

尔图二月丁巳迁。辛酉，赛弼汉户部左侍

鹏二月丁巳迁。翁叔元吏部右侍郎。六月

腊塔

天馥二月甲寅迁。丁巳，张鹏吏部左侍郎

海

一潇二月壬子免。甲寅，李天馥工部尚书

兰泰二月丙辰迁。庚申，苏赫工部尚书。

玉书二月壬戌迁。己巳，徐乾学刑部尚书

旦二月甲寅迁。丁巳，图纳刑部尚书。

清标二月甲寅迁。壬戌，张玉书兵部尚书

尔多二月丙辰迁。阿兰泰兵部尚书。五月

士甄五月丙申迁。六月戊辰，熊赐履礼部

桑阿二月甲寅迁。丁巳，麻尔图礼部尚书

日藻十二月壬子假。戊午，徐元文户部尚

伦二月壬子免。丙辰，鄂尔多户部尚书。

廷敬五月己卯病免。丙申，张士甄吏部尚

尔坤二月壬子免。甲寅，廖旦吏部尚书。

熙二十七年戊辰

左侍郎。

侍郎。

戊申迁。丙辰，阿喇弥刑部右侍郎。

十一月乙酉迁。辛卯，舜拜兵部左侍郎。

郎。

丁卯迁。张集吏部右侍郎。七月甲戌，王

。六月丁卯，翁叔元吏部左侍郎。戊辰迁

。六月戊辰，翁叔元工部尚书。

。五月己卯病免。壬午，李天馥刑部尚书

。十二月己酉迁。李天馥兵部尚书。

王午迁。丁亥，纪尔他布兵部尚书。

尚书。十二月庚子忧。己酉，张玉书礼部

。

书。

书。

四月戊午乞休。五月壬午，阿兰泰吏部尚

封渫吏部右侍郎。

。七月甲戌，张集吏部左侍郎。

。十二月己酉迁。徐元文刑部尚书。十二

尚书。

书。

	康熙二十八年己巳
	阿兰泰五月乙巳迁。鄂尔多吏部尚
	张士甄
	鄂尔多五月乙巳迁。麻尔图户部尚
	徐元文五月乙巳迁。丁未，王骘户
	麻尔图五月乙巳迁。顾八代礼部尚
	张玉书
	纪尔他布
	李天馥
	图纳
月迁。	杜臻三月壬辰，刑部尚书。
	苏赫
	翁叔元五月乙丑免。十二月戊辰，
	萨海
	张集
	傅腊塔六月戊子降。甲午，索诺和
	王封濙闰月戊戌忧。郭琇吏部右侍
	赛弼汉
	蒋宏道
	开音布三月癸巳迁。阿山户部右侍
	徐诰武
	席尔达
	张英十二月戊辰迁。戊寅，王飏昌
	多奇
	王飏昌十二月戊寅，顾汧礼部右侍
	舜拜
	张可前四月癸酉假免。丁亥，王维
	沙穆哈
	董讷三月丁亥迁。四月辛卯，王维
	席珠
	王国安六月迁。戊子，郑重刑部左
	阿喇弥六月迁。七月，噶世图刑部
	郑重六月戊子迁。高尔位刑部右侍
	伊尔图
	徐廷玺
	齐稽
	王承祖

郎。
右侍郎
侍郎。

珍兵部右侍郎。丁亥迁。吴琠代，十月迁

珍兵部左侍郎。

郎。

礼部右侍郎。

郎。

郎。五月丁未迁。壬子，李振裕吏部右侍
吏部右侍郎。

张英工部尚书。

书。
部尚书
书。。

书。

	王承祖
	齐稽
	徐廷玺
	伊尔格图
	高尔位
	喀世图正月迁
	郑重
	席珠正月己未
。十二月壬申，李光地代	。李光地
	沙穆哈
	王维珍
	舜拜十一月庚
	顾沂三月壬辰
	多奇
	王殿昌
	席尔达
	徐诰武
	阿山
	蒋宏道
	赛弼汉
郎。	李振裕二月迁
	索诺和
	张集
	萨海正月丁亥
	张英
	苏赫正月迁。
	杜臻
	图纳
	李天馥
	纪尔他布
	张玉书六月乙
	顾八代
	王骘
	麻尔图正月癸
	张士甄
	鄂尔多
	康熙二十九年

。己酉，噶尔泰刑部右侍郎。三月乙丑迁

迁。己酉，噶世图刑部左侍郎。三月休致

寅停职。凯音布署兵部左侍郎。

忧免。庚子，王泽宏礼部右侍郎。

。丁亥，赵士麟吏部右侍郎。

，李振裕吏部左侍郎。

己酉，席柱工部尚书。

酉迁。七月庚寅，张英礼部尚书。十月辛

卯降。己酉，苏赫户部尚书。

庚午

王承祖十	
齐稽十月	
徐廷玺	
伊尔格图	
高尔位六	
傅腊塔正	。傅腊塔代。
郑重	
噶尔泰正	。乙丑，噶尔泰代。
李光地	
沙穆哈四	
王维珍	
舜拜三月	
王泽宏	
多奇	
王飏昌	
席尔达	
徐诰武	
阿山七月	
蒋宏道	
赛弼汉卒	
李振裕十	
索诺和六	
张集十一	
萨海十一	
陈廷敬六	
席柱十月	
杜臻六月	
图纳	
李天馥六	
纪尔他布	
熊赐履	已免。十一月己亥，熊赐履代。
顾八代	
王骘	
苏赫闰月	
张士甄五	
鄂尔多七	
康熙三十	

月戊申降。十一月丁巳，年遐龄工部右侍

戊申降。十一月丁巳，图尔宸工部右侍郎

十月戊申降十一月丁巳，凯音布工部左侍

月辛未迁。壬午，李回刑部右侍郎。

月乙卯迁。布彦图刑部右侍郎。六月迁。

月辛亥病免。乙卯，傅腊塔刑部左侍郎。

月戊午迁。朱都讷兵部右侍郎。十一月迁。

甲寅迁。四月戊午，沙穆哈兵部左侍郎。

庚申迁。博际户部右侍郎。

。七月庚申，阿山户部左侍郎。

一月癸亥，彭孙遹吏部右侍郎。

月辛未，布颜图吏部右侍郎。十二月庚午

月庚午，布颜图吏部左侍郎。

月癸亥迁。赵士麟吏部左侍郎。

月迁。辛未，高尔位工部尚书。

戊申降。十一月丁巳，萨诺和工部尚书。

迁。癸亥，陈廷敬刑部尚书。

月迁。癸亥，杜臻兵部尚书。

罢。正月乙卯，马齐兵部尚书。

庚申迁。库勒纳户部尚书。

月乙巳降。六月乙卯，李天馥吏部尚书。

月卒。庚申，苏赫吏部尚书。

年辛未

年	郎。
图	。
徐	
凯	郎。
李	
迈	戊寅，迈涂刑部右侍郎。
郑	
傅	。
李	
舒	。丙子，舒恕兵部右侍郎。
王	
朱	十一月迁。丙子，朱都讷兵部左侍郎。
顾	
多	
王	
席	
傅	
徐	
蒋	
阿	
彭	
沙	迁。沙穆哈吏部右侍郎。
赵	
布	
李	
袁	
陈	
图	
杜	
马	
熊	
顾	
王	
库	
李	
苏	
康	

退龄二月迁。李元振工部右侍郎。十月庚

尔宸二月迁。沙纳海工部右侍郎。

廷玺二月丙戌，年退龄工部左侍郎。十月

音布二月迁。丁亥，图尔宸工部左侍郎。

回

涂三月丙辰迁。尹泰刑部右侍郎。

重

腊塔三月王子迁，迈涂刑部左侍郎。

光地

恕

维珍

都讷

沂十二月戊寅，王封濚礼部右侍郎。

奇

飏昌十一月病免。十二月戊寅，王泽宏礼

尔达

际二月丁亥迁。凯音布户部右侍郎。四月

诰武卒。八月癸未，王士正户部右侍郎。

宏道

山十月癸巳，思格色户部左侍郎。二月癸

孙遹

穆哈二月乙巳迁。三月王子，傅腊塔吏部

土麟

彦图

振裕

诺和二月迁。乙巳，沙穆哈工部尚书。

廷敬八月忧免。丙戌，翁叔元刑部尚书。

纳

臻

齐二月乙巳迁。索诺和兵部尚书。

赐履十月迁。戊戌，张英礼部尚书。

八代

鹗

勒纳二月庚子迁。乙巳，马齐户部尚书。

天馥十月己卯迁。癸巳，熊赐履吏部尚书。

赫卒。二月庚子，库勒纳吏部尚书。

熙三十一王申

子迁。徐潮工部右侍郎。

迁。庚子，李元振工部左侍郎。

部左侍郎。

乙巳迁。思格色户部右侍郎。十月癸巳迁

未，阿山免。丁亥，博际户部左侍郎。四

右侍郎。

。

。法尔哈户部右侍郎 。

月乙巳迁 。凯音布代 。十月癸巳，思格色

康熙三十二年癸酉
库勒纳
熊赐履
马齐
王骘
顾八代 九月革。十月甲戌，沙穆哈礼
张英
衮诺和
杜臻
图纳
翁叔元
沙穆哈 十月迁。己卯，萨穆哈工部尚
李振裕
布彦图
赵士麟
傅腊塔
彭孙遹
思格色
蒋宏道
法尔哈
王士正
席尔达
王泽宏
多奇
王封溁
朱都讷
王维珍
舒恕 十月丙寅免。庚子，安布禄兵部
李光地
迈图
郑重
尹泰
李回 十二月癸未假免。己丑，田雯刑
图尔宸
李元振
沙纳海
徐潮
任。

	徐潮	
	沙纳海	五月辛亥迁。丁巳，常
	李元振	
	图尔宸	
部右侍郎。	田雯	十二月丁未迁。陈汝器刑
	尹泰	
	郑重	十二月丁未，田雯刑部左
	迈图	
	李光地	五月辛亥，张集兵部右
右侍郎。	安布禄	七月己巳迁。甲戌，马
	王维珍	十月迁。癸亥，张集兵
	朱都讷	
	王封濙	
	多奇	
	王泽宏	
	席尔达	
	王士正	七月丁卯迁。王掞户部
	法尔哈	
	蒋宏道	
	思格色	七月丁卯迁。王士正户
	彭孙遹	
	傅腊塔	闰月迁。己丑，常书吏
	赵士麟	
	布彦图	六月甲子革。七月己巳
书。	李振裕	
	萨穆哈	
	翁叔元	
	图纳	
	杜臻	
	索纳和	
	张英	
部尚书。	沙穆哈	三月丁未革。乙卯，佛
	王骘	三月戊午休致。十一月戊
	马齐	
	熊赐履	
	库勒纳	
	康熙三十三年甲戌	

绥工部右侍郎。

部右侍郎。

侍郎。

侍郎。十月癸亥迁。张鹏翮兵部右侍郎。

尔汉兵部右侍郎。

部左侍郎。

右侍郎。

部左侍郎。

部右侍郎。七月己巳迁。安布禄吏部右侍

，常书吏部左侍郎。

伦礼部尚书。

寅，陈廷敬户部尚书。

康熙三十四年乙亥
库勒纳
熊赐履
马齐
陈廷敬
佛伦
张英
索诺和
杜臻
图纳
翁叔元
萨穆哈
李振裕
常书
赵士麟
安布禄
彭孙遹
凯音布
王士正
法尔哈七月丙戌，阿尔拜户部右侍郎
王掞
席尔达
王泽宏
多奇
王封溁
朱都讷
张集
马尔汉
张鹏翮
迈图
田雯
尹泰
陈汝器
图尔宸
李元振
常绶
徐潮五月忧免。六月庚寅，李楠工部

郎。

右侍郎。

李楠

常绶

李元振

图尔宸

陈汝器 正月癸未迁。二月甲午，绶

尹泰 六月癸卯迁。七月乙卯，绶

田雯

迈图

张鹏翮

马尔汉 六月癸卯迁。嵩祝兵部右

张集

朱都讷 四月乙未革。六月丁卯，

王封溁

多奇

王泽宏

席尔达

阿尔拜 六月己亥转迁。陶岱户部

。

王掞

王士正

思格色 三月丁卯革。阿尔拜户部

彭孙遹

安布禄 六月壬子迁。阿尔拜吏部

赵士麟

常书 六月癸卯迁。壬子，安禄布

李振裕

萨穆哈

翁叔元

图纳

杜臻

衮诺和 八月丁酉革。甲辰，凯音

张英

佛伦

陈廷敬

马齐

熊赐履

库勒纳

康熙三十五年丙子

喻成龙刑部右侍郎。

色刑部右侍郎。

侍郎。八月己巳迁。九月乙亥，哈雅尔图

马尔汉兵部左侍郎。

右侍郎。壬子迁。庸爱户部右侍郎。

左侍郎。六月壬子迁。陶岱户部左侍郎。

右侍郎。

吏部左侍郎。

布兵部尚书。

	李楠四月忧免。丁丑，李光
	常绶
	李元振九月丙寅假免。己亥
	图尔宸
	喻成龙
	绶色八月迁。丙辰，觉罗三
	田雯
	迈图七月丁未病免。八月丙
	张鹏翮五月迁。丁酉，严曾
兵部右侍郎。	哈雅尔图九月迁。十月庚申
	张集
	马尔汉
	王封濴九月癸未迁。韩菼礼
	多奇二月戊戌革。五月辛卯
	王泽宏九月迁。王封濴礼部
	席尔达五月辛丑迁。丙午，
	王掞
	庸爱正月丙子迁。贝和诺户
	王士正
	陶岱正月丙子迁。庸爱户部
	彭孙遹九月己巳假。癸未，
	阿尔拜正月丙子迁。陶岱吏
	赵士麟
	安禄布正月己巳迁。丙子，
	李振裕
	萨布哈
	翁叔元五月辛丑乞休。王寅
	图纳五月卒。丁酉，傅腊塔
	杜臻
	凯音布九月庚子迁。乙巳，
	张英
	佛伦
	陈廷敬
	马齐
	熊赐履
	库勒纳
	康熙三十六年丁丑

地工部右侍郎。

，李光地工部右侍郎。

宝刑部右侍郎。十月庚申迁。孟额刑部右

辰，绥色刑部左侍郎。
矩，兵部右侍郎。
，觉罗三宝兵部右侍郎。

部右侍郎。
，努赫礼部右侍郎。丙午迁。杨舒礼部右

左侍郎。
努赫礼部左侍郎。

部右侍郎。

左侍郎。
王泽宏吏部右侍郎。
部右侍郎。

阿尔拜吏部左侍郎。

，吴琠刑部尚书。
刑部尚书。

席尔达兵部尚书。

侍郎。十一月辛丑休致。丙午，載都里刑

侍郎。

部右侍郎。	熊一潇十二月丙申迁。王寅，
	常绶四月迁。戊午，罗察工部
	李光地十二月辛丑迁。丙午，
	图尔宸四月甲寅休致。戊午，
	喻成龙三月丙申迁。徐潮刑部
	戴都里十一月甲午迁。辛宝刑
	田雯
	绥色
	严曾矩
	觉罗三宝
	张集
	马尔汉
	韩菼
	杨舒十一月甲午迁。戴都里礼
	王泽宏
	努赫十一月甲午，杨舒礼部左
	王掞七月庚寅迁。钱三锡户部
	贝和诺
	王士正七月乙酉迁。庚寅，王
	庸爱
	彭孙遹
	陶岱
	赵士麟
	阿尔拜
	李振裕十一月丙申迁。熊一潇
	萨穆哈
	吴琠七月癸酉迁。庚辰，张鹏
	傅腊塔
	杜臻
	席尔达
	张英
	佛伦
	陈廷敬
	马齐
	熊赐履
	库勒纳
	康熙三十七年戊寅

李楠工部右侍郎。丙午迁。顾藻工部右侍

右侍郎。

李楠工部左侍郎。

常绶工部左侍郎。

右侍郎。

部右侍郎。

部右侍郎。

侍郎。

右侍郎。十二月己未迁。庚申，鲁伯赫户

拨户部左侍郎。

工部尚书。

翮刑部尚书。十一月壬辰迁。丙申，李振

郎。	顾藻九月庚申迁。吴涵工部
	罗察十二月庚午迁。倭赫工
	李楠九月庚申迁。顾藻工部
	常绶十二月庚午迁。罗察工
	徐潮六月乙未迁。李輝祖刑
	辛宝九月革。癸丑，吴赫刑
	田雯六月戊戌迁。徐潮刑部
	绶色
	严曾矩
	觉罗三宝五月乙未迁。布雅
	张集
	马尔汉五月丁亥迁。乙未，
	韩菼十二月迁。庚午，李录
	戴都里十月壬申，努赫礼部
	王封潆
	杨舒
部右侍郎。	钱三锡六月迁。田雯户部右
	鲁伯赫闰月戊午，温达户部
	王掞五月丁亥迁。六月，钱
	庸爱
	彭孙遹五月丁亥，王掞吏部
	陶岱
	赵士麟卒。五月丁亥，王泽
	阿尔拜
	熊一潇二月辛丑乞休。五月
	萨穆哈
裕刑部尚书。	李振裕十一月己亥迁。王士
	傅腊塔
	杜臻十一月迁。己亥，范承
	席尔达十一月己亥迁。马尔
	张英十一月己亥迁。杜臻礼
	佛伦迁十一月己亥，席尔达
	陈廷敬十一月己亥迁。李振
	马齐十一月己亥，授大学士
	熊赐履十一月己亥迁。陈廷
	库勒纳
	康熙三十八年己卯

右侍郎。
部右侍郎。
左侍郎。
部左侍郎。
部右侍郎。
部右侍郎。十二月迁。庚子，常绶刑部右
左侍郎。

努兵部右侍郎。
觉罗三宝兵部左侍郎。
子礼部右侍郎。
右侍郎。

侍郎。九月庚申迁。李楠户部右侍郎。
右侍郎。
三锡户部左侍郎。
右侍郎，代王泽宏。十二月庚午迁。韩菼
宏吏部左侍郎。十一月己亥迁。十二月庚
癸巳，王鸿绪工部尚书。
正刑部尚书。
勋兵部尚书。
汉兵部尚书。
部尚书。
礼部尚书。
裕户部尚书。
仍兼管户部尚书。
敬吏部尚书。

	吴涵十一月甲午迁
	倭赫三月己未，特
	顾藻
	罗察十二月降。白
	李辉祖二月革。喻
侍郎。	常绶
	徐潮九月己酉迁。
	绥色
	严曾榘卒。七月，
	布雅努
	张集
	觉罗三宝四月壬辰
	李录予
	努赫
	王封濚
	杨舒四月壬辰，三
	李楠六月己巳迁。
	温达
	钱三锡
	庸爱
吏部右侍郎。	韩菼十一月丙午迁
	陶岱五月丁未，特
午，王掞吏部左侍郎。	王掞
	阿尔拜十月壬午解
	王鸿绪
	萨穆哈
	王士正
	傅腊塔
	范承勋
	马尔汉
	杜臻六月癸亥致仕
	席尔达十月迁。
	李振裕
	马齐
	陈廷敬
	库勒纳十月壬午解
	康熙三十九年庚辰

。喻成龙工部右侍郎。
默德工部右侍郎。五月丁未迁。白硕工部

硕色工部左侍郎。
成龙刑部右侍郎。九月己酉迁。卞永誉刑

丙辰，喻成龙刑部左侍郎。十一月甲午迁

胡会恩兵部右侍郎。

迁。朱都纳兵部左侍郎。

宝礼部左侍郎。十一月辛丑革。丙午，凯
乙亥，王绅户部右侍郎。

。癸丑，徐秉义吏部右侍郎。
默德吏部右侍郎。十月丁亥迁。傅继祖吏

任。丁亥，特默德吏部左侍郎。

。己亥，王泽宏礼部尚书。十一月辛丑休

任。丁亥，席尔达吏部尚书。

右侍郎。十二月迁。敦拜代。

部右侍郎。十一月迁。甲申，吴涵代。

。卞永誉代。

音布礼部左侍郎。

部右侍郎。

致。丙午，韩菼代。

喻敦顾白吴常卞绥胡布张朱李努王凯王温钱庸徐傅王特王萨王傅范马韩席李马陈席康

成龙二月丙戌迁。许汝霖工部右侍郎。十
拜正月甲寅迁。舒格工部右侍郎。
薰二月丁丑假免。丙戌，喻成龙工部左侍
硕色正月甲寅免。敦拜工部左侍郎。
涵
绶十二月辛未，苏赫讷刑部右侍郎。
永誉
色
会恩
雅努
集
都讷八月癸未革。九月丁未，法良兵部左
禄子
赫正月革。甲寅，席哈纳礼部右侍郎。十
封濩
音布十月壬申迁。邵穆布礼部左侍郎。十
绅
达
三锡
爱
秉义
继祖
按
默德
鸿绪
穆哈
土正
腊塔十一月丁未革。辛亥，安布禄刑部尚
承勋
尔汉
麦
哈纳十月壬申，礼部尚书。
振裕
齐十月壬申，凯音布户部尚书。
廷敬
尔达
熙四十年辛巳

李	二月丁卯迁。李元振工部右侍郎。
舒	
许	郎。十二月丁卯，许汝霖工部左侍郎。
舒	
吴	
苏	
卞	
绥	
胡	
布	
张	
法	侍郎。
李	
罗	月壬申，罗察礼部右侍郎代席。
王	
邵	
王	
温	
田	
庸	
徐	
傅	
王	
特	
王	
萨	
王	
安	书。
范	
马	
杜	
席	
李	
凯	
陈	
席	
康	

元振六月迁。辛亥，甘国枢工部右侍郎。
辂三月癸未迁。常恕工部右侍郎。六月迁。
汝霖五月丁亥迁。六月辛亥，李元振工部
辂三月癸未，工部左侍郎。六月迁。癸亥
涵六月己未迁。张泰交刑部右侍郎。
赫讷六月迁。己未，舒辂刑部右侍郎。十
永誉
色六月辛亥革。己未，苏赫讷刑部左侍郎
会恩四月戊午迁。屠粹忠兵部右侍郎。
雅努
集四月戊午，胡会恩兵部左侍郎。
良十二月辛丑革。甲辰，纪尔他布兵部左
录子四月丙寅忧免。五月丁亥，许汝霖礼
察
封濛
穆布
绅正月庚戌迁。范承烈户部右侍郎。
达二月癸酉迁。三月癸未，赖都户部右侍
雯正月壬寅病免。庚戌，王绅户部左侍郎
爱
秉义六月辛亥革。吴涵吏部右侍郎。
继祖二月癸酉迁。温达吏部右侍郎。九月
拔
默德二月甲子革。癸酉，傅继祖吏部左侍
鸿绪
穆哈
士正
布禄
承勋
尔汉
臻
哈纳九月己巳迁。席尔达礼部尚书。
振裕
音布
廷敬
尔达九月己巳迁。敦拜吏部尚书。
熙四十一年壬午

十二月甲辰，来道工部右侍郎。

。恩特工部右侍郎。九月迁。哈鼐工部右

左侍郎。

，常恕工部左侍郎。九月壬申迁。恩特工

二月乙未迁。金鉨刑部右侍郎。

。

侍郎。

部右侍郎。

郎。

。

迁。壬申，常舒以吏部左侍郎管右侍郎事

郎。

	来道
侍郎。	哈鼐
	李元振
部左侍郎。	恩特
	金玺 四月壬寅，励杜讷刑部右
	舒辂
	卞永誉
	苏赫讷
	屠粹忠
	布雅努
	胡会恩
	纪尔他布
	许汝霖 六月丁丑迁。王项龄礼
	罗察
	王封濙 卒。六月丁丑，许汝霖
	邵穆布
	范承烈
	赖都
	王绅
	庸爱
	吴涵
。	常舒
	王掞
	傅继祖
	王鸿绪
	萨穆哈
	王士正
	安布禄
	范承勋
	高尔汉
	韩菼
	席尔达
	李振裕
	凯音布
	陈廷敬 四月丙申迁。戊戌，李
	敦拜
	康熙四十二年癸未

侍郎。九月卒。丁卯，陈论刑部右侍郎。

部右侍郎。

礼部左侍郎。

光地吏部尚书。

来道三月己酉革。丙寅，姜楠工部右侍郎

哈鼐三月丙寅，穆和伦工部右侍郎。

李元振

恩特三月革。三月丙寅，色德里工部左侍

陈论九月戊午降。十月己卯，张睿刑部右

舒辂四月迁。常绶刑部右侍郎。

卞永誉

苏赫讷

屠粹忠四月癸酉迁。王九龄兵部右侍郎。

布雅努二月癸酉迁。贝和诺兵部右侍郎。

胡会恩四月癸酉迁。屠粹忠兵部左侍郎。

纪尔他布二月癸酉，布雅努兵部左侍郎。

王项龄二月癸酉迁。王九龄礼部右侍郎。

罗察六月甲戌降。癸未，铁图礼部右侍郎。

许汝霖二月癸酉，王项龄礼部左侍郎。

邵穆布

范承烈

赖都

王绅

庸爱

吴涵十月己卯迁。乙酉，李录予吏部右侍

常舒

王掞十月庚辰迁。乙酉，姜楠吏部左侍郎

傅继祖

王鸿绪

萨穆哈革。三月丙寅，温达工部尚书。

王士正九月降。十月庚辰，王掞礼部尚书

安布禄

范承勋四月乙亥乞休。十月己卯，屠粹忠

马尔汉

韩菼十月己未卒。庚辰，李振裕礼部尚书

席尔达

李振裕十月庚辰迁。徐潮户部尚书。

凯音布

李光地

敦拜

康熙四十三年甲申

。十一月迁。壬辰，程文彝工部右侍郎。

郎。

侍郎。

十一月乙酉迁。梅销兵部右侍郎。十一月

十月迁。十一月己酉，梅销兵部左侍郎。

四月癸酉迁。胡会恩礼部右侍郎。

。

郎。十月丙申迁。王九龄吏部右侍郎。

。十月卒。丙申，李录予吏部左侍郎。

。

兵部尚书。

。

	程文彝卒。六月戊戌
	穆和伦九月乙酉迁。
	李元振
	色德里九月休致。穆
	张睿
	常绶
	卞永誉
	苏赫讷十月丁酉休致
己酉迁。曹鉴伦代。	曹鉴伦
	贝和诺五月庚辰迁。
	梅销
	布雅努十月丁酉休致
	胡会恩
	铁图
	王项龄
	邵穆布
	范承烈五月乙亥迁。
	赖都四月迁。五月庚
	王缅五月癸亥革。乙
	庸爱五月癸亥革。癸
	王九龄
	常舒正月庚申迁。希
	李禄予
	傅继祖
	王鸿绪
	温达
	王掞
	安布禄
	屠粹忠
	马尔汉
	李振裕
	席尔达
	徐潮
	凯音布
	李光地十一月辛酉迁
	敦拜
	康熙四十四年乙酉

，赵世芳工部右侍郎。十一月己卯迁。十

巢可托工部右侍郎。

和伦工部左侍郎。

。常绶刑部左侍郎。甲辰，鲁瑚刑部左侍

乙酉，满丕兵部右侍郎。十月丁酉迁。甲

。满丕兵部左侍郎。

汪霦户部右侍郎。

戊戌，穆丹户部右侍郎。癸酉迁。巴锡户部

亥，范承烈户部左侍郎。

酉，穆丹户部左侍郎。

福纳吏部左侍郎。九月甲申迁。乙酉，杜

。宋荦吏部尚书。

二月辛酉，彭会淇工部右侍郎。	彭会淇三
	巢可托十
	李元振
	穆和伦
	张睿
	常绶十月
	卞永誉
郎。	鲁瑚十月
	曹鉴伦四
辰，殷特布兵部右侍郎。	殷特布八
	梅鋗四月
	满丕八月
	胡会恩
	铁图迁。
	王项龄
	邵穆布十
	汪霦正月
右侍郎。	巴锡十一
	范承烈
	穆丹
	王九龄四
敏吏部右侍郎。	杜敏
	李录予三
	傅继祖
	王鸿绪
	温达十月
	王掞
	安布禄十
	屠粹忠卒
	马尔汉
	李振裕
	席尔达十
	徐潮
	凯音布十
	宋荦
	敦拜十月
	康熙四十

月乙亥免。四月，周清原工部右侍郎。
月迁。十二月丁亥，莫音代工部右侍郎。
壬子迁。巢可托刑部右侍郎。
庚子降。丙午，魏齐刑部左侍郎。
月乙卯迁。萧永藻兵部右侍郎。
月己亥迁。恩丕兵部右侍郎。
乙未迁。乙卯，曹鉴伦兵部左侍郎。
己亥，殷特布兵部左侍郎。
十二月丁亥，赫寿礼部右侍郎。
二月辛巳迁。丁亥，铁图礼部左侍郎。
己丑革。二月癸巳，汪晋徵户部右侍郎。
月癸酉免。
月迁。辛亥，张廷枢吏部右侍郎。
月丁亥罢。四月辛亥，王九龄吏部左侍郎
乙酉迁。己丑，希福纳工部尚书。
一月甲戌乞休。阿山刑部尚书。
。五月己未，金世荣兵部尚书。
二月乙巳，凯音布礼部尚书。
二月乙巳迁。
乙酉乞休，温达吏部尚书。
五年丙戌

康熙四十六年丁亥
温达十二月丙戌迁。马尔汉吏部尚书。
宋荦
徐潮
正月庚午，希福纳户部尚书。
凯音布
李振裕
马尔汉十二月丙戌迁。耿额兵部尚书。
金世荣降。十月庚子，萧永藻兵部尚书
阿山五月丙子免。六月癸未，耿额刑部
王掞
希福纳正月庚午迁。赫硕咨工部尚书。
王鸿绪
傅继祖
。王九龄十二月己亥迁。
杜敏
张廷枢
穆丹
范承烈二月迁。己丑，汪晋徵户部左侍
赫硕咨正月，户部右侍郎。庚午迁。辛
汪晋徵二月迁。许汝霖户部右侍郎。
铁图
王顼龄
赫寿
胡会恩
殷特布
曹鉴伦
恩丕
萧永藻正月辛巳迁。二月己丑，范承烈
魏齐
卞永誉
巢可托六月迁。丁酉，牛钮纳刑部右侍
张睿
穆和伦
李元振七月己巳休致。八月庚辰，李旭
莫音代
阮清原五月丙子，李旭升工部右侍郎。

八月迁。庚辰，阮尔询工部右侍郎。

升工部左侍郎。

郎。

兵部右侍郎。五月丙子迁。六月壬午，王

郎。
巳，赫申户部右侍郎。

尚书。十二月丙戌迁。巢可托刑部尚书。
。

	阮尔询
	莫音代四月壬子迁。擢叙工部右
	李旭升
	穆和伦四月迁。壬子，莫音代工
	张睿
	牛钮纳
	卞永誉
	魏齐
国安代。	王国安正月乙亥迁。鹿祐兵部右
	恩丕
	曹鉴伦正月迁。乙亥，王国安兵
	殷特布
	胡会恩
	赫寿五月壬寅迁。十月己酉，二
	王顼龄
	铁图
	许汝霖
	赫申
	汪晋徵
	穆丹五月戊戌迁。壬寅，赫寿户
	张廷枢迁。正月戊辰，曹鉴论吏
	杜敏
	张廷枢正月戊辰，吏部左侍郎。
	傅继祖闰月甲辰免。四月壬子，
	王鸿绪五月调。十月乙卯，王挨
	赫硕咨
	王挨十月乙卯调。张鹏翮刑部尚
	巢可托
	萧永藻
	耿额
	李振裕
	凯音布四月乙亥乞休。五月己酉
	徐潮四月己酉迁。五月甲申，王
	希福纳
	宋荦闰月庚子致仕。四月己酉，
	马尔汉
	康熙四十七年戊子

	阮尔询
侍郎。	揆叙
	李旭升
部左侍郎。	莫音代七月庚寅，拉
	张睿
	牛钮纳
	卞永誉
	魏齐
侍郎。	鹿祐七月辛巳迁。李
	恩丕十一月迁。辛卯
部左侍郎。	王国安七月辛巳，鹿
	殷特布
	胡会恩
鬲礼部右侍郎。	二鬲
	王顼龄
	铁图
	许汝霖二月庚午迁。
	赫申八月己亥迁。能
	汪晋徵十二月，张世
部左侍郎。	赫寿四月丙辰迁。噶
部右侍郎。	曹鉴伦三月迁。戊寅
	杜敏九月革。十一月
	张廷枢二月迁。三月
穆和伦吏部左侍郎。	穆丹四月庚戌迁。丙
工部尚书。	王掞
	赫硕咨
书。	张鹏翮二月庚午调。
	巢可托免。七月庚寅
	萧永藻
	耿额
	李振裕正月乙未免。
，富宁安礼部尚书。	富宁安三月迁。四月
鸿绪户部尚书。	王鸿绪正月乙未免。
	希福纳
徐潮吏部尚书。	徐潮
	马尔汉正月乙未乞休
	康熙四十八年己丑

都浑工部左侍郎。

先复兵部右侍郎。九月甲申迁。宋骏业兵

，满笃兵部右侍郎。

祐兵部左侍郎。九月戊寅迁。甲申，李先

三月戊寅，张世爵户部右侍郎。十二月迁

泰户部右侍郎。

爵户部左侍郎。

礼户部左侍郎。七月辛卯迁。八月己亥，

，徐元正吏部右侍郎。

丁亥，恩丕吏部右侍郎。

戊寅，曹鉴伦吏部左侍郎。

辰，赫寿吏部左侍郎。

张廷枢刑部尚书。

，齐世武刑部尚书。

二月庚午，许汝霖礼部尚书。

庚戌，穆和伦礼部尚书。

二月庚午，张鹏翮户部尚书。

。三月己亥，富宁安吏部尚书。

	阮尔询
	揆叙七月迁。庚辰
	李旭升
	拉都浑七月庚辰迁
	张睿卒。正月癸巳
	牛祜纳
	卞永誉
	魏齐
部右侍郎。	宋骏业
	满笃
复兵部左侍郎。	李先复
	殷特布
	胡会恩
	二鬲
	王顼龄
	铁图四月癸亥革。
。王度昭户部右侍郎。	王度昭九月丙午迁。
	能泰三月丁亥革。
	张世爵
赫申代。	赫申十月癸酉乞休
	徐元正正月癸巳迁
	恩丕五月庚午迁。
	曹鉴伦
	赫寿
	王掞四月庚戌迁。
	赫硕咨
	张廷枢六月戊午革
	齐世武
	萧永藻四月乙巳迁
	耿额
	许汝霖十一月乙未
	穆和伦九月辛酉迁
	张鹏翮
	希福纳九月辛亥革
	徐潮四月丁酉免。
	富宁安
	康熙四十九年庚寅

，张额工部右侍郎。

。揆叙工部左侍郎。

，支芳曾刑部右侍郎。

五月庚午，恩丕礼部左侍郎。十二月戊寅

。十月戊辰，施世纶户部右侍郎。十一月己

四月壬寅，塔进泰户部右侍郎。十月辛巳

。辛巳，塔进泰户部左侍郎。

。四月乙巳，仇兆鳌吏部右侍郎。

丙子，哈山吏部右侍郎。

十一月癸丑，徐元正工部尚书。

。十一月丁卯，郭世隆刑部尚书。

。庚戌，王掞兵部尚书。十一月迁。丁未

免。癸卯，王掞礼部尚书。

。贝和诺礼部尚书。

。辛酉，穆和伦户部尚书。

乙巳，萧永藻吏部尚书。

阮尔询十月	
张额	
李旭升十月	
揆叙	
艾芳曾	
牛钮纳三月	
卞永誉十月	
魏齐二月癸	
宋骏业	
满笃四月庚	
李先复	
殷特布三月	
胡会恩正月	
二鬲正月己	
王顼龄	
二鬲正月己	迁。
石文柱二月	甲辰迁。石文柱户部右侍郎。
鄂奇四月庚	迁。鄂奇代。
张世爵六月	
塔进泰	
仇兆鳌正月	
哈山正月己	
曹鉴伦卒。	
哈山正月己	
徐元正	
赫硕咨	
郭世隆十月	
齐世武十月	
孙徵灏	，孙徵灏兵部尚书。
耿额十月壬	
王掞	
贝和诺十月	
张鹏翮	
穆和伦	
桑额	
富宁安	
康熙五十年	

辛未迁。刘谦工部右侍郎。

辛酉迁。辛未，阮尔询工部左侍郎。

乙未迁。觉罗法喇刑部右侍郎。

辛酉休致。李旭升刑部左侍郎。十一月乙

未休致。牛祜纳刑部左侍郎。

申迁。鄂奇兵部右侍郎。五月己丑革。辛

迁。四月庚申，满笃兵部左侍郎。十一月

己酉迁。胡作梅礼部右侍郎。

酉迁。冯忠礼部右侍郎。

酉礼部左侍郎。

丁丑迁。己酉，吴一蜚户部右侍郎。四月

申迁。噶敏图户部右侍郎。

卒。七月辛亥，叶九思户部左侍郎。

庚午乞休。丁丑，陈元龙吏部右侍郎。四

酉迁。傅绅吏部右侍郎。

四月庚申，陈元龙吏部左侍郎。八月辛酉

酉，吏部右侍郎。十一月迁。壬辰，孙柱

革。十一月，吴一蜚刑部尚书。

壬午革。十一月丙戌，哈山刑部尚书。

午革。十一月丙戌，殷特布兵部尚书。

丙辰革。丁巳，嵩祝礼部尚书。

辛卯

未迁。

丑，觉和托兵部右侍郎。十一月乙未迁。

壬辰迁。觉和托兵部左侍郎。

庚申迁。乙丑，李仲极户部右侍郎。

月庚申，吴一蜚吏部右侍郎。八月丁巳，

迁。癸酉，吴一蜚吏部左侍郎。十一月迁，

吏部左侍郎。

	刘谦
	张额十月己
	阮尔询
	揆叙十月丙
	艾芳曾四月
	觉罗法喇二
	艾芳曾四月
	牛枯纳二月
	宋骏业
巴颜住兵部右侍郎。	巴颜住
	李先复
	觉和托
	胡作梅
	冯忠
	王顼龄五月
	二鬲
	李仲极四月
	噶敏图
	叶九思四月
	塔进泰
胡会恩代。九月，李旭升代。	李升旭五月
	傅绅
。癸未，胡会恩代。	胡会恩四月
	孙柱
	陈诜四月乙
	赫硕咨四月
	吴一蜚四月
	哈山
	孙徵灏
	殷特布
	王掞四月乙
	嵩祝四月乙
	张鹏翮
	穆和伦
	桑额四月丙
	富宁安
	康熙五十一

巳迁。马进泰工部右侍郎。

寅迁。己巳，张额工部左侍郎。
丙子迁。张志栋刑部右侍郎。
月迁。庚申，萨尔台刑部右侍郎。四月戊
丙子，刑部左侍郎。
庚申，觉罗法喇刑部左侍郎。四月戊午，

己丑迁。王思栻礼部左侍郎。

壬申革迁。丙子，廖腾煃户部右侍郎。

丙子，王原祁户部左侍郎。

己丑迁。王顼龄吏部右侍郎。

丙子迁。五月，李旭升吏部左侍郎。

亥迁。张廷枢工部尚书。
乙亥迁。满笃工部尚书。
丙子迁。胡会恩刑部尚书。

亥迁。陈诜礼部尚书。
亥迁。赫硕咨礼部尚书。

子，吴一蜚吏部尚书。

年
壬
辰

	刘谦十月丙子
	马进泰十一月
	阮尔询
	张额十二月辛
	张志栋革。正
午迁。博音岱刑部右侍郎。	博音岱
	艾芳曾
萨尔台刑部左侍郎。	萨尔台
	宋骏业卒。五
	巴颜住
	李先复
	觉和托
	胡作梅
	冯忠十月迁。
	王思栻
	二鬲
	廖腾煃
	噶敏图
	王原祁
	塔进泰
	王顼龄五月丙
	傅绅
	李升旭
	孙柱
	张廷枢五月丙
	满笃十二月降
	胡会恩五月皮
	哈山十二月革
	孙徵灏
	殷特布
	陈诜
	赫硕咨
	张鹏翮十月丙
	穆和伦
	吴一蜚五月丙
	富宁安
	康熙五十二年

迁。崔徵璧工部右侍郎。

甲寅降。十二月己卯，舒兰工部右侍郎。

卯迁。舒兰工部左侍郎。

月戊申，王企靖刑部右侍郎。十二月辛卯

月丙戌，田从典兵部右侍郎。

癸未，荆山礼部右侍郎。

戌迁。辛卯，汤右曾吏部右侍郎。

戌迁。王顼龄工部尚书。

。己卯，赫奕工部尚书。

寅假免。

。

子迁。赵申乔户部尚书。

戌卒。十月丙子，张鹏翮吏部尚书。

癸巳

甲午迁。常泰工部右侍郎。	崔徵璧十二
	常泰十二月
革。甲午，李涛刑部右侍郎。	阮尔询
	兰舒十月降
	李涛
	博音岱
	艾芳曾
	萨尔台
	田从典
	巴颜住
	李先复
	觉和托
	胡作梅
	荆山
	王思轼
	二鬲
	廖腾煃
	噶敏图四月
	王原祁
	塔进泰四月
	汤右曾
	傅绅
	李升旭
	孙柱
	王顼龄
	满笃
	张廷枢
	赖都正月甲
	孙徵灏
	殷特布
	陈诜
	赫硕咨
	赵申乔
	穆和伦
	张鹏翮
	富宁安
	康熙五十三

月乙亥，王度昭工部右侍郎。

迁。甲戌，满丕工部右侍郎。

。十二月甲戌，常泰工部左侍郎。

辛巳迁。鄂奇户部右侍郎。六月迁。十二

乙亥乞休。辛巳，噶敏图户部左侍郎。

子，刑部尚书。

年甲午

月甲戌，傅尔笏纳户部右侍郎。

王度昭
满丕
阮尔询
常泰
李涛四月
博音岱十
艾芳曾
萨尔台
田从典
巴颜住十
李先复
觉和托
胡作梅
荆山
王思栻
二鬲
廖腾烇十
傅尔笏纳
王原祁
噶敏图十
汤右曾
傅绅
李升旭
孙柱
王顼龄
奕赫
张廷枢
赖都
孙徵灏
殷特布
陈诜
赫硕咨
赵申乔
穆和伦
张鹏翮
富宁安
康熙五十

乙酉假免。五月戊午，李华之刑部右侍郎

一月戊戌革。己酉，明安刑部右侍郎。

一月戊戌革。癸卯，党阿赖兵部右侍郎。

一月甲子乞休。十二月甲申，吕履恒户部

二月甲申迁。

四年乙未

	王度昭十月癸丑忧免。十一月丁
	满丕
	阮尔询卒。十月壬辰，郝林工部
	常泰
。	李华之
	明安卒。五月癸亥，刘相刑部右
	艾芳曾
	萨尔台二月乙丑休致。五月癸亥
	田从典
	党阿赖四月迁。辛丑，查弼纳兵
	李先复
	觉和托卒。四月辛丑，党阿赖兵
	胡作梅
	荆山六月迁。十月壬辰，萨哈布
	王思轼
	二鬲十二月乙巳，萨哈布礼部左
右侍郎。	吕履恒
	傅尔笏纳五月迁。敦稗户部右侍
	梁世勋六月壬辰，户部左侍郎。
	傅尔笏纳五月，户部左侍郎。
	汤右曾
	傅绅
	李升旭
	孙柱
	王顼龄
	赫奕五月丁丑革。孙渣齐工部尚
	张廷枢
	赖都
	孙徵灏十月卒。壬辰，赵弘灿兵
	殷特布
	陈诜
	赫硕咨六月己丑革。丁酉，荆山
	赵申乔
	穆和伦五月辛酉，复为户部尚书
	张鹏翮
	富宁安
	康熙五十五年丙申

巳，李锡工部右侍郎。

左侍郎。

侍郎。

，阿锡鼐刑部左侍郎。

部右侍郎。

部左侍郎。

礼部右侍郎。十二月迁。罗瞻礼部右侍郎

侍郎。

郎。

书。

部尚书。

礼部尚书。

。

李锡九月革。十月丁未，王懿工部右侍

满丕

郝林

常泰

李华之

刘相

艾芳曾

阿锡鼐

田从典

查弼纳

李先复

党阿赖

胡作梅

。罗瞻

王思栻

萨哈布

吕履恒四月辛丑降。十月丁未，王景曾

敦稗

梁世勋

傅尔笏纳

汤右曾

傅绅

李升旭

孙柱四月迁。甲辰，色尔图吏部左侍郎

王顼龄

孙渣齐

张廷枢

赖都

赵弘灿卒。四月丙申，范时崇兵部尚书

殷特布四月丙申迁。孙柱兵部尚书。

陈诜

荆山三月卒。四月丙申，殷特布礼部尚

赵申乔

穆和伦

张鹏翮

富宁安

康熙五十六年丁酉

郎。

户部右侍郎。

。

。

书。六月乙未革。十月丙午，吞珠礼部尚

王懿

满丕

郝林

常泰

李华之二月壬午迁。周道新刑部右侍

刘相

艾芳曾卒。二月壬午，李华之刑部左

阿锡鼐

田从典

查弼纳

李先复

党阿赖五月迁。九月丙戌，查克旦兵

胡作梅卒。十一月戊寅，景日昣礼部

罗瞻

王思轼

萨哈布

王景曾十月丙午迁。李永绍户部右侍

敦稗

梁世勋十月丙午，王景曾户部左侍郎

傅尔笏纳

汤右曾

傅绅

李升旭

色尔图

王顼龄八月丙戌迁。陈元龙工部尚书

孙渣齐四月甲午迁。五月癸丑，徐元

张廷枢

赖都

范时崇

孙柱

陈诜

书。

吞珠八月甲午卒。十月丙午，贝和诺

赵申乔

穆和伦

张鹏翮

富宁安

康熙五十七年戊戌

	王懿
	满丕六
	郝林
	常泰六
郎。	周道新
	刘相
侍郎。	李华之
	阿锡鼐
	田从典
	查弼纳
	李先复
部左侍郎。	查克旦
右侍郎。	景日昣
	罗瞻
	王思栻
	萨哈布
郎。庚午迁。王企靖户部左侍郎。	王企靖
	敦稗十
。庚午，李永绍户部左侍郎。	李永绍
	傅尔笏
	汤右曾
	傅绅
	李升旭
	色尔图
。	陈元龙
梦工部尚书。	徐元梦
	张廷枢
	赖都
	范时崇
	孙柱
	陈诜十
礼部尚书。	贝和诺
	赵申乔
	孙渣齐
	张鹏翮
	富宁安
	康熙五

月丁丑迁。穆尔台工部右侍郎。

月革。丁巳，满丕工部左侍郎。

十二月迁。己卯，王度昭兵部右侍郎。

一月庚寅迁。赫成额户部右侍郎。

纳十一月辛未革。庚寅，敦柱户部左侍郎

三月乙未罢。四月癸丑，勒什布吏部左侍

一月丙子致仕。十二月壬寅，蔡升元礼部

十八年己亥

康熙五十九年庚子

富宁安

张鹏翮

孙渣齐

赵申乔 十月甲寅卒。十一月戊寅，

贝和诺

尚书。

蔡升元

孙柱

范时崇 十月甲寅予告。癸亥，白潢

赖都

张廷枢

徐元梦

陈元龙

郎。

勒什布

李升旭

傅绅

汤右曾

。

敦稗

李永绍

赫成额

王企靖 七月戊子迁。白潢户部右侍

萨哈布

王思栻

罗瞻

景日昣

查克旦

李先复

查弼纳

王度昭

阿锡鼐

李华之 五月己卯休致。戊子，张廷

刘相

周道新

满丕

郝林

穆尔台

王懿

玉刑部左侍郎。

郎。十月甲寅迁。十二月癸巳，张伯行户

兵部尚书。

田从典户部尚书。

康熙六十年辛丑
富宁安
张鹏翮闰月庚申，孙柱兼吏部
孙渣齐
田从典
贝和诺四月丁酉，赖都礼部尚
蔡升元闰月庚午假。十二月丁
孙柱
白潢
赖都四月丁酉迁。托赖刑部尚
张廷枢
徐元梦
陈元龙十二月迁。
勒什布
李升旭
傅绅六月乙未解。闰月丁巳，
汤右曾
敦稗
李永绍王景曾六月丁巳迁。
赫成额
部右侍郎。
张伯行
萨哈布
王思轼
罗瞻
景日昣
查克旦
李先复
查弼纳
王度昭
阿锡鼐
张廷玉六月迁。丁巳，王景曾
刘相
周道新
满丕
郝林
穆尔台闰月甲戌，长寿工部右
王懿

	王懿
侍郎。	长寿
	郝林
	满丕
	周道新十一月丙子
	刘相
刑部左侍郎。	王景曾
	阿锡鼐
	王度昭
	查弼纳十月迁。阿
	李先复迁。十一月
	查克旦
	景日昣
	罗瞻
	王思轼
	萨哈布
	张伯行
	赫成额
	李周望十二月甲寅
	敦稗十月丙寅，吴
	汤右曾
张廷玉吏部右侍郎。	傅绅
	李旭升
	勒什布
	李先复正月乙巳，
	徐元梦
	张廷枢
书。	托赖
	白潢
	孙柱
丑，陈元龙礼部尚书。	陈元龙十二月丙寅
书。	赖都五月壬辰降。
	田从典
	孙渣齐
尚书。	孙柱
	富宁安十二月甲子
	康熙六十一年壬寅

，黄叔琳刑部右侍郎。

克敦兵部右侍郎。

庚戌，励廷仪兵部左侍郎。

，户部左侍郎。

尔泰户部左侍郎。

工部尚书。

，张廷玉礼部尚书。

十一月庚戌，苏库礼部尚书。

迁。隆科多吏部尚书。

清史稿卷一八一

表第二二

部院大臣年表二下

康熙元年壬寅	理藩院尚书	理藩院左侍郎	理藩院右侍郎	都察院满左都御史	都察院汉左都御史	都察院满左副都御	都察院满左副都御	都察院汉左副都御	都察院汉左副都御
康熙二年癸卯	理藩院尚书	理藩院左侍郎	理藩院右侍郎	都察院满左都御史	都察院汉左都御史	都察院满左副都御	都察院满左副都御	都察院汉左副都御	都察院汉左副都御
康熙三年甲辰	理藩院尚书	理藩院左侍郎	理藩院右侍郎	都察院满左都御史	都察院汉左都御史	都察院满左副都御	都察院满左副都御	都察院汉左副都御	都察院汉左副都御

史	董笃行
史	董安国
史	觉罗硕博会
史	额赫里
	龚鼎孳
	觉罗雅布兰
	达哈塔
	绰克托
	博罗色冷

史	曹国柄十月迁。六月丁卯，董笃行左副
史	董安国
史	觉罗硕博会
史	图尔特六月迁。甲子，额赫里左副都御
	魏裔介五月迁。龚鼎孳六月戊申，左都
	觉罗雅布兰
	达哈塔
	绰克托
	博罗色冷

史	杨时荐五月迁。六月乙巳，曹国柄左副
史	董安国正月壬辰，左副都御史。
史	觉罗硕博会
史	图尔特
	魏裔介
	宁古里七月迁。八月丙辰，觉罗雅布兰
	达哈塔
	绰克托
	博罗色冷

	董笃行
	宋徵舆卒。八月甲子，左敬祖
	觉罗硕博会三月辛巳降。丁亥，莫
	额赫里正月己卯迁。丁酉，
	王熙
	尼满
	达哈塔
	绰克托
	喀兰图
	康熙六年丁未

都御史。	董笃行
	董安国十一月迁。己亥，宋徵
	觉罗硕博会
史。	额赫里
御史。	郝惟讷六月癸酉迁。七月庚辰
	觉罗雅布兰七月丁未卒。尼满
	达哈塔
	绰克托
	喀兰图
	康熙五年丙午

都御史。	董笃行
	董安国
	觉罗硕博会
	额赫里
	龚鼎孳正月壬辰，郝惟讷左都
左都御史。	觉罗雅布兰
	达哈塔
	绰克托
	博罗色冷
	康熙四年乙巳

左副都御史。

，纳布左副都御史。

洛左副都御史。

舆左副都御史。

，朱之弼左都御史。十月迁。十一月丁丑

左都御史。

御史。

马绍曾五月迁。丁卯，
王光裕
鄂善四月迁。五月丙寅
觉罗阿范
冯溥三月迁。癸酉，杜
明珠
阿穆瑚琅
达哈塔
喀兰图
康熙九月庚戌

马绍曾
王光裕正月甲寅，左副
阿思祜九月壬辰免。甲
哲库讷九月壬辰免。十
冯溥
，王熙左都御史。
尼满九月免。甲寅，明
达哈塔六月乙酉，阿穆
绰克托六月乙亥革。乙
喀兰图
康熙八年己酉

董笃行十一月癸亥休致
左敬祖四月癸酉病免。
纳布十二月迁。己丑，
莫洛正月戊申迁。丙辰
王熙九月甲辰迁。辛亥
尼满
达哈塔
绰克托
喀兰图
康熙七年戊申

高珩左副都御史。

，岳诺惠左副都御史。

笃祜左都御史。十一月免。癸酉，艾元徵

都御史。

寅，鄂善左副都御史。

二月，觉罗阿范左副都御史。

珠左都御史。

瑚琨理藩院右侍郎。

酉，达哈塔理藩院左侍郎。

。癸亥，马绍曾左副都御史。

癸未，金世德左副都御史。十二月己丑迁

阿恩祜左副都御史。

，哲库讷左副都御史。

，冯溥左都御史。

	陈一炳四月迁。五月壬午，徐
	任克溥二月壬子迁。四月甲寅
	岳诺惠
	觉罗阿范二月迁。丁卯，额星
左都御史。	杜笃祜二月壬寅乞休。辛亥，
	多诺
	博罗特
	达哈塔
	阿穆瑚琅
	康熙十二年癸丑
	黄道行二月辛巳迁。戊戌，李
	上官铉四月己卯，王秉仁左副
	岳诺惠
	觉罗阿范
	艾元徵三月己酉迁。庚申杜笃
	多诺
	博罗特
	达哈塔
	阿穆瑚琅
	康熙十一年壬子
	高珩二月丙午迁。杨永宁左副
。	王光裕二月乙丑迁。壬寅，佟
	岳诺惠
	觉罗阿范
	艾元徵
	明珠十一月迁。十二月戊寅，
	阿穆瑚琅五月迁。六月癸巳，
	达哈塔
	喀兰图五月庚申乞休。戊寅，
	康熙十年辛亥

继炜左副都御史。七月迁。丁酉，李赞元
，钱綖左副都御史。八月乙巳，严沆左副

格左副都御史。
吴正治左都御史。五月迁。六月乙巳，冀

之芳左副都御史。十月壬子，奉天府府尹
都御史。七月壬子迁。庚申，任克溥左副

祜左都御史。

都御史。五月壬戌迁。壬申，姚文然代。
宏器左副都御史。十一月迁。甲子，上官

多诺左都御史。
博罗特理藩院右侍郎。

阿穆瑚琅理藩院尚书。

左副都御史。
都御史。

如锡左都御史。九月迁。庚寅，刘鸿儒左

陈一炳代。
都御史。

十一月迁。辛未，黄道行代。
铉左副都御史。

	田六
	金俊
	莽色
	达哈
都御史降。王子，姚文然左都御史。	姚文
	介山
	博罗
	阿穆
	康熙
	田六
	金俊
	岳诺
	额星
	姚文
	多诺
	博罗
	达哈
	阿穆
	康熙
	李赞
	严沆
	岳诺
	额星
	姚文
	多诺
	博罗
	达哈
	阿穆
	康熙

善

塔

然 八月丙辰，陈敳永左都御使。

特

瑚 琨

十五年丙辰

善

惠 四月迁。庚戌，郭丕左副都御史。闰月

格 闰月戊戌迁。乙卯，达哈塔左副都御史

然 十二月庚申革。壬申，介山左都御史。

特

塔

瑚 琨

十四年乙卯

元 正月辛未迁。己卯，于可托左副都御史

十 月癸丑迁。十二月甲午，田六善左副都

惠

格

然

特

塔

瑚 琨

十三年甲寅

戊申迁。六月癸亥，莽色左副都御史。
。

。十一月甲子迁。癸酉，金俊左副都御史
御史。

朱裴正月迁。二月丁卯，冯汝骥左副都
杨雍建正月癸卯，左副都御史。二月迁
莽色
喀尔图四月戊子迁。五月己未，穆成左
魏象枢
觉罗舒恕四月，左都御史。
博罗特
达哈塔
阿穆瑚琅
康熙十八年己未

刘楗七月丁巳迁。八月己巳，朱裴左副
金鋐正月己丑，左副都御史。
莽色
硕甘二月迁。戊午，喀尔图左副都御史
宋德宜七月迁。壬戌，魏象枢左都御史
郭四海正月壬辰，左都御史。十二月迁
博罗特
达哈塔
阿穆瑚琅
康熙十七年戊午

田六善四月迁。甲戌，刘楗左副都御史。
金儁十二月己巳迁。
莽色
达哈塔五月迁。戊子，硕甘左副都御史
陈敳永四月迁。丙寅，宋德宜左都御史
介山四月迁。丁巳，喀代左都御史。十
博罗特
阿穆瑚琅
康熙十六年丁巳

御史。五月迁。六月甲子，施维翰代。八

。四月庚辰，焦毓瑞左副都御史。五月迁

副都御史。八月卒。科尔坤左副都御史。

都御史。

。

。

。

。

。

。

月迁。

月迁。十月丙寅，李仙根代。	宋文运五
。六月庚辰，郝浴左副都御史。	余国柱正
	塞克德正
	莽色
	徐元文
	达都二月
	明爱
	阿喇尼
	阿穆瑚琅
	康熙二十
	李仙根二
	刘汝汉正
	科尔坤四
	莽色
	徐元文
	折而肯三
	阿喇尼二
	达哈塔二
	阿穆瑚琅
	康熙二十
	李仙根
	郝浴十二
	莽色
	科尔坤
	魏象枢十
	觉罗舒恕
	阿喇尼九
	达哈塔
	阿穆瑚琅
	康熙十九

月迁。六月己卯，吴璵左副都御史。

月丙子，马世济左副都御史。

月戊辰，左副都御史。

庚辰，左都御史。七月卒。庚戌，杭爱左

一年壬戌

月迁。三月戊寅，宋文运左副都御史。

月癸未，左副都御史。四月迁。五月辛酉

月迁。五月乙丑，苏拜左副都御史。

月迁。五月癸亥，萨穆哈左都御史。

月迁。己亥，明爱理藩院右侍郎。

月乞休。阿喇尼理藩院左侍郎。

年辛酉

月迁。

一月迁。十二月壬辰，徐元文左都御史。

七月革。折尔肯左都御史。

月，理藩院右侍郎。

年庚申

都御史。十月迁。庚寅，喀尔图左都御史

，余国柱左副都御史。

张可前二月迁。丙午，赵之鼎左副都御
崔澄二月壬辰迁。己亥，胡升猷左副都
席尔达　党罗孙果
拉笃祜
陈廷敬
。达哈他九月己卯迁。十月甲辰，佛伦左
喇巴克
明爱
阿喇尼
康熙二十四年乙丑

赵士麟二月己酉迁。三月壬申，张可前
马世济四月壬戌迁。五月辛巳，张鹏左
塞克德正月丙寅免。二月丁未，席尔达
雅思哈五月己卯卒。丁丑，拉笃祜左副
徐元文降。正月丙戌，余国柱左都御史
科尔坤十二月迁。己酉，达哈他左都御
明爱八月迁。庚午，喇巴克理藩院右侍
阿喇尼八月迁。庚午，明爱理藩院左侍
阿穆瑚琅九月，阿喇尼署理藩院尚书。
康熙二十三年甲子

吴琠十月丙辰忧免。十一月丁丑，赵士
马世济
塞克德
莽色三月迁。乙丑，雅思哈左副都御史
徐元文
喀尔图二月迁。己卯，禧佛左都御史。
明爱
阿喇尼
阿穆瑚琅
康熙二十二年癸亥

史。
御史。

都御史。

左副都御史。
副都御史。八月辛巳迁。丙戌，崔澄左副
左副都御史。
都御史。八月丙寅，觉罗孙果左副都御史
。八月迁。癸酉，陈廷敬左都御史。
史。
郎。
郎。

麟左副都御史。

。

八月迁。癸亥，科尔坤左都御史。

	阿山
	郑重三月乙亥迁。己卯，王承祖
	董诰武三月乙未迁。壬寅，李廷
	凯音布二月辛酉迁。丁卯，噶尔
	徐乾学二月己巳迁。六月戊辰，
	葛思泰二月甲子迁。三月乙亥，
	吴拉岱二月壬子，文达理藩院右
	额尔黑图
	阿喇尼
	康熙二十七年戊辰

	席珠二月辛酉迁。庚午，觉罗舜
都御史。	郑重
	徐元珙卒。十月戊申，王遵训左
。	舒淑十月戊辰免。壬申，凯音布
	董讷三月己丑迁。癸巳，王鸿绪
	阿兰泰二月辛酉迁。廖旦左都御
	拉笃祜五月庚辰迁。吴拉岱理藩
	喇巴克十一月甲辰革。十二月乙
	阿喇尼
	康熙二十六年丁卯

	觉罗孙果五月迁。丙戌，席珠左
	赵之鼎十二月迁。癸亥，郑重左
	胡升猷闰月乙亥迁。五月乙酉，
	拉笃祜七月己丑迁。戊戌，舒淑
	陈廷敬九月丁未迁。庚戌，董讷
	佛伦六月乙亥迁。戊寅，阿兰泰
	喇巴克二月迁。庚子，穆称额理
	明爱二月甲午休致。庚子，喇巴
	阿喇尼
	康熙二十五年丙寅

左副都御史。十一月戊寅，王维珍左副都

松左副都御史。十二月癸卯迁。癸丑，卫

图左副都御史。六月壬寅迁。丁未，噶世

徐元文复为左都御史。十二月迁。

马齐左都御史。

侍郎。

拜左副都御史。三月迁。乙未，傅腊塔左

副都御史。十月乙亥迁。十一月庚辰，徐

左副都御史。

左都御史。九月丙申迁。徐乾学左都御史

史。九月戊子迁。葛思泰左都御史。

院右侍郎。

丑，额尔黑图理藩院左侍郎。

副都御史。

副都御史。

徐元珙左副都御史。

左副都御史。

左都御史。

左都御史。

藩院右侍郎。四月迁。五月丙戌，觉罗孙

克理藩院左侍郎。

	李回
御史。	胡升
执满代。	舒恕
图左副都御史。	朱都
	干成
	马齐
	文达
	额尔
	阿喇
	康熙

副都御史。七月迁。己亥，阿山代。	李回
	许三
诰武左副都御史。	舒恕
	单璧
。	陈廷
	马齐
	文达
	额尔
	阿喇
	康熙

	李回
	吴琠
	觉罗
	噶世
	郭琇
	马齐
果理藩院右侍郎。	吴拉
	额尔
	阿喇
	康熙

六月迁。七月己亥，卫既齐左副都御史。
猷正月迁。乙卯，李元振左副都御史。
十一月迁。十二月甲申，佛保左副都御史。
纳四月迁。七月己巳，尹泰左副都御史。
龙正月乙卯迁。六月癸亥，索诺和左都御史

黑图
尼正月免。乙卯，班迪理藩院尚书。
三十年辛未

礼三月迁。庚子，王士祯左副都御史。十
十月迁。十一月，庚寅，朱都纳左副都御
敬二月戊子，左都御史。七月己亥迁。于

黑图
尼二月辛未马齐署。
二十九年庚午

四月戊辰左副都御史。
三月丁酉，左副都御史。四月丁亥迁。王
舒恕闰月迁。戊申，左副都御史。
图七月迁。单壁左副都御史。
五月丁未，左都御史。十月降。

里
黑图
尼
二十八年己巳

黄斐	九月癸丑迁。戊辰，黄斐代。
严曾	
沙哈	。
颀罗	
董讷	。十一月迁。癸亥，萨海左都御史。
萨海	
西拉	
满丕	
班迪	
康熙	

黄斐	
严曾	月乙酉迁。十一月庚寅，胡升猷代。
佛保	
沈图	史。
董讷	成龙左都御史。
萨海	
满丕	
文达	
班迪	
康熙	

黄斐	
李元	辰，许三礼左副都御史。
佛保	
尹泰	
于成	
萨海	
文达	
额尔	
班迪	
康熙	

矩

里

三月休致。傅德左副都御史。六月迁。丙

三月乙未革。乙丑，范承勋左都御史。六

闰三月辛未予告。壬午，傅腊塔左都御史。

三十三年甲戌

矩

十月壬申迁。沙哈里左副都御史。

十一月庚子迁。十二月癸酉，硕罗左副都

四月丁酉迁。西拉理藩院右侍郎。

卒。四月丁酉，满丕理藩院左侍郎。

三十二年癸酉

振二月迁。甲午，徐潮左副都御史。十月

三月迁。戊寅，噶尔萨左副都御史。五月

龙十二月壬午迁。辛卯，董讷左都御史。

二月戊戌迁。满丕理藩院右侍郎。

黑图二月戊戌，文达理藩院左侍郎。

三十一年壬申

午，阿山左副都御史。

月丙辰迁。七月丁卯，蒋宏道左都御史。

御史。

庚子迁。十一月丙午，严曾矩代。

卒。戊申，法尔哈代。十月迁。癸巳，沈

年									
康熙三十四年乙亥	班迪	满丕	西拉	傅腊塔	蒋宏道	图代。阿山	沙哈里卒。三月丁卯，席密图左副	严曾矩	黄斐
康熙三十五年丙子	班迪	满丕	西拉	傅腊塔	蒋宏道六月己亥病免。壬子，吴琠	阿山六月迁。七月戊午，贝和讷左	席密图七月戊午迁。戊辰，努赫左	严曾矩	黄斐卒。十一月辛巳，熊一潇左副
康熙三十六年丁丑	班迪	满丕	西拉正月己巳，安布禄理藩院右侍	傅腊塔正月丁酉迁。辛丑，席尔达	吴琠五月壬寅迁。张鹏翮左都御史	贝和讷正月丙子迁。二月癸未，哈	努赫五月丙子迁。六月己酉，戴都	严曾矩五月迁。六月癸亥，刘元慧	熊一潇九月迁。丙午，钱三锡左副

都御史。
左副都御史。
里左副都御史。十一月丙午迁。寿鼐代。
雅尔图左副都御史。六月迁。癸亥，嘱礼
。
左都御史。九月乙巳迁。哈雅尔图左都御
郎。

都御史。
副都御史。
副都御史。
左都御史。

都御史。

左副都御史。八月乙丑迁。丙寅，扎赖左

史。

副都御史。十月己巳休致。壬戌，伦额特

代。

康熙三十九年庚辰
班迪九月丁巳，哈雅尔图理藩院尚书
满丕
安布禄十月乙丑迁。己巳，满笃理藩
哈雅尔图九月丁巳迁。十月乙丑，安
王泽宏六月己巳迁。李柟左都御史。
额伦特十一月壬辰迁。丁酉，扎赖左
寿鼐
梅鋗十月丁亥迁。十一月戊戌，励杜
王绅六月乙亥迁。庚寅，甘国枢左副

康熙三十八年己卯
班迪
满丕
安布禄
哈雅尔图二月降。五月丁亥，马尔汉
王士祯十一月己亥，王泽宏左都御史
额伦特
寿鼐
梅鋗
吴涵九月庚申迁。十月丙寅，王绅左

康熙三十七年戊寅
班迪
满丕
安布禄
哈雅尔图
张鹏翮七月迁。乙酉，王士祯左都御
额伦特
寿鼐
刘元慧六月壬申，金玺左副都御史。
钱三锡七月庚寅迁。丙申，吴涵左副

都御史。

讷左副都御史。

副都御史。

布禄左都御史。

院右侍郎。

。

副都御史。

。

左都御史。十一月迁。己亥，哈雅尔图复

都御史。

八月辛未迁。九月癸未，梅钥左副都御史

史。

	张睿
	励杜讷四月壬寅迁。五月己
	杜喀禅
	叶舒
	李楠
	温达
	伊道
	满笃
	哈雅尔图
	康熙四十二年癸未
	甘国枢六月迁。己未，张泰
	励杜讷
	常绶三月迁。戊子，杜喀禅
	叶舒
	李楠
为左都御史。	敦拜九月己巳迁。温达左都
	满笃三月迁。辛亥，伊道理
	满丕三月迁。辛亥，满笃理
	哈雅尔图
	康熙四十一年壬午
	甘国枢
。	励杜讷
	寿鼐十一月甲申休致。甲午
	扎赖正月辛亥，辛保左副都
	李楠
	安布禄十一月辛亥迁。辛未
	满笃
	满丕
	哈雅尔图
	康熙四十年辛巳

酉，陈论左副都御史。九月丁卯迁。己卯

交左副都御史。己卯迁。张睿左副都御史

左副都御史。

御史。

藩院右侍郎。

藩院左侍郎。

，常恕左副都御史。

御史。乙卯迁。二月己未，岳兰左副都御

，敦拜左都御史。

，姜楠左副都御史。

。

史。十一月甲申休致。甲午，叶舒左副都

	周清原四月迁。五月庚申，李旭升
	汪晋徵二月迁。甲寅，江蘩左副都
	赫申
	董国礼三月己未迁。郭琇左副都御
	吴涵三月致仕。四月乙未迁。梅鋗
	希福纳十月迁。戊戌，耿额左都御
	伊道
	满笃
	阿灵阿
	康熙四十五年丙戌
	陈诜十一月庚辰迁。十二月癸巳，
	傅作楫五月革。汪晋徵左副都御史
	赫申
	布尔赛十月丙申迁。丁巳，董国礼
	吴涵
	舒辂五月戊寅革。九月甲申，希福
	伊道
	满笃
	哈雅尔图正月庚申，常恕理藩院尚
	康熙四十四年乙酉
	张睿十二月己卯迁。乙酉，李斯义
	姜橚三月迁。四月乙亥，傅作楫左
	杜喀禅十二月壬申，赫申左副都御
御史。	叶舒十二月壬申，布尔赛左副都御
	李楠十月己巳致仕。己卯，吴涵左
	温达三月丙寅迁。四月壬申，舒辂
	伊道
	满笃
	哈雅尔图
	康熙四十三年甲申

左副都御史。
御史。

史。四月癸巳迁。辛丑，慕成额左副都御
左都御史。
史。

周清原左副都御史。
。

左副都御史。

纳左都御史。

书。十二月甲辰革。阿灵阿兼理藩院尚书

左副都御史。壬辰迁。丙申，陈诜左副都
副都御史。
史。
史。
都御史。
左都御史。

宋骏业九月	
张世爵三月	
温察十一月	
张额	史。十一月癸亥迁。张额代。
王九龄	
穆和伦四月	
荐良	
满笃十一月	
阿灵阿	
康熙四十八	
宋骏业	
江蘩十月壬	
温察	
张额	
王九龄	
富宁安五月	
荐良	
满笃	
阿灵阿	。
康熙四十七	
李旭升五月	御史。
江蘩	
赫申正月辛	
张额	
梅铜正月乙	
耿额六月壬	
伊道五月丙	
满笃	
阿灵阿	
康熙四十六	

迁。癸巳，王度昭左副都御史。
戊寅迁。乙酉，李先复左副都御史。七月
丙子休致。辛卯，苏尔德左副都御史。

甲辰迁。庚戌，穆丹左都御史。

辛卯迁。诸木齐岱理藩院左侍郎。

年己酉

子革。癸丑，劳之辨左副都御史。十一月

迁。辛卯，穆和伦左都御史。

年戊子

迁。六月壬午，阮尔询左副都御史。八月

巳迁。己丑，牛枯纳左副都御史。六月迁

亥革。辛巳，萧永藻左都御史。十月迁。
午迁。丁亥，巢可托左都御史。十二月迁
子迁。六月癸未，荐良理藩院右侍郎。

年丁亥

辛巳迁。丙申，支芳曾左副都御史。

辛巳革。十二月壬戌，张世爵左副都御史

迁。十月庚子，宋骏业左副都御史。

。温察左副都御史。

十二月己亥，王九龄代。

。庚戌，富宁安左都御史。

康熙四十九年庚寅
阿灵阿
诺木齐岱
荐良卒。七月庚辰，拉都浑理藩院右侍
穆丹
王九龄卒。正月癸巳，徐元左都御史。
张额七月迁。十月癸卯，瓦尔达左副都
苏尔德五月癸未迁。六月己丑，绰奇左
艾芳曾正月癸巳迁。二月壬辰，祖允图
王度昭正月迁。施世纶左副都御史。十

康熙五十年辛卯
阿灵阿
诺木齐岱
拉都浑九月丙午降。甲寅，博音岱理藩
穆丹三月壬寅，凯音布左都御史。十一
赵申乔
瓦尔达
绰奇
。祖允图十一月壬辰，廖腾煃左副都御史
左必蕃

康熙五十一年壬辰
阿灵阿
诺木齐岱
博音岱四月戊午迁。二郎保理藩院右侍
满笃四月戊午迁。丙子，穆丹左都御史
赵申乔
瓦尔达
绰奇十月甲戌迁。十一月乙酉，明安左
廖腾煃四月丙子迁。五月己丑，王企靖
左必蕃免。四月丙子，田从典左副都御

史。

左副都御史。

副都御史。

，卒。十月丙寅，揆叙左都御史。

郎。

。

月迁。壬辰，满笃左都御史。

院右侍郎。

月迁。丙子，左必蕃左副都御史。

左副都都御史。

副都御史。

御史。

十月癸卯迁。十二月辛巳，赵申乔左都御

郎。

李华之五月戊午迁。壬戌，郝林左副

董弘毅

明安十一月迁。十二月甲子，刘相左

阿锡赉

刘谦十月丁亥革。十一月甲午，范时

揆叙

拉都浑

诺木齐岱

阿灵阿

康熙五十四年乙未

李华之正月戊辰，左副都御史。

吕履恒十二月迁。董弘毅左副都御史

明安

阿锡赉正月戊辰，左副都御史。

刘谦

揆叙

拉都浑

诺木齐岱

阿灵阿

康熙五十三年甲午

田从典五月迁。辛丑，郝惟谔左副都

王企靖正月戊申迁。二月乙卯，崔徵

明安十一月丁巳，常泰左副都御史。

瓦尔达五月壬辰迁。乙巳，阿尔筏左。

史。

赵申乔十月丙子迁。刘谦左都御史。

揆叙

二郎保十二月辛丑，拉都浑理藩院右侍

诺木齐岱

阿灵阿

康熙五十二年癸巳

都御史。

副都御史。

崇左都御史。

。

御史。寻卒。九月庚戌，李涛左副都御史

璧左副都御史。十月迁。丁亥，吕履恒左

十二月迁。

副都御史。

郎。

	周道新二月迁。辛卯，景日
	江球
	杨柱
	觉罗苏库十月癸丑迁。赫成
	蔡升元
	徐元梦五月癸丑迁。戊辰，
	特古忒
	拉都浑
	赫寿
	康熙五十七年戊戌
	周道新
	余正健二月辛亥免。三月丁
	杨柱
	海寿正月己卯，左副都御史
	范时崇四月丙申迁。十月丁
	揆叙正月卒。壬午，徐元梦
	拉都浑四月戊戌迁。特古忒
	诺木齐岱四月戊戌，拉都浑
	赫寿四月丙申，理藩院尚书
	康熙五十六年丁酉
。十二月迁。	郝林十月迁。戊戌，周道新
副都御史。	董弘毅八月乙卯，降。十月王
	刘相五月迁。乙酉，杨柱左
	阿锡赉五月迁。十月王辰，
	范时崇
	揆叙
	拉都浑
	诺木齐岱
	阿灵阿十一月卒。
	康熙五十五年丙申

盼左副都御史。十一月戊寅迁。丙戌，署

额左副都御史。

觉阿赖左都御史。

卯，王景曾左副都御史。十月丁未迁。十

。十月乙酉迁。壬辰，觉罗苏库左副都御

未，蔡升元左都御史。

左都御史。

理藩院右侍郎。

理藩院左侍郎。

。

左副都御史。

辰，余正健左副都御史。

副都御史。

罗瞻左副都御史。十二月迁。

沂左副都御史。	李绂六月丙申革。十
	江球
	牛钮
	伊特海
	朱轼
	觉阿赖十一月辛丑乞
	特古忒
	拉都浑
	隆科多
	康熙六十年辛丑

	屠沂十一月戊寅迁。
一月戊午，江球代。	江球
	杨柱九月戊子迁。十
史。	伊特海
	田从典十一月戊寅迁
	觉阿赖
	特古忒
	拉都浑
	隆科多十一月庚寅，
	康熙五十九年庚子

	屠沂
	江球
	杨柱
	赫成额十一月庚寅迁
	蔡升元十二月壬寅迁
	觉阿赖
	特古忒
	拉都浑
	赫寿十一月卒。
	康熙五十八年己亥

二月丁丑，张大有左副都御史。	
休免。十二月，安泰左都御史。	
十二月癸巳，李绂左副都御史。	
月己酉，牛钮左副都御史。	
。朱轼左都御史。	
理藩院尚书。	
	张大
	江球
	牛钮
。十二月癸卯，伊特海左副都御史。	伊特
。己酉，田从典左都御史。	朱轼
	安泰
	特古
	拉都
	隆科
	康熙

有三月丙戌迁。己亥，金应鉴左副都御史

海十二月乙亥迁。

十一月迁。敦拜左都御史。

忒二月迁。长寿理藩院右侍郎。

浑二月，特古忒理藩院左侍郎。十二月，

多十二月迁。王允禩理藩院尚书。

六十一年壬寅

。

加尚书衔

清史稿卷一八二

表第二三

部院大臣年表三上

雍正元年癸卯	
吏部满尚书	隆科
吏部汉尚书	张鹏
户部满尚书	孙渣
户部汉尚书	田从
礼部满尚书	觉罗
礼部汉尚书	张廷
兵部满尚书	孙柱
兵部汉尚书	白潢
刑部满尚书	托赖
刑部汉尚书	张廷
工部满尚书	徐元
工部汉尚书	李先
吏部满左侍郎	勒什
吏部汉左侍郎	李旭
吏部满右侍郎	傅森
吏部汉右侍郎	王之
户部满左侍郎	吴尔
户部汉左侍郎	李周
户部满右侍郎	赖成
户部汉右侍郎	张伯
礼部满左侍郎	萨哈
礼部汉左侍郎	王思
礼部满右侍郎	罗瞻
礼部汉右侍郎	景日
兵部满左侍郎	查克
兵部汉左侍郎	励廷
兵部满右侍郎	阿克
兵部汉右侍郎	王度
刑部满左侍郎	阿锡
刑部汉左侍郎	王景
刑部满右侍郎	刘相
刑部汉右侍郎	黄叔
工部满左侍郎	满丕
工部汉左侍郎	郝林
工部满右侍郎	长寿
工部汉右侍郎	王懿

卒。十一月丁酉，金世扬工部右侍郎。

三月迁。庚寅，尹泰工部右侍郎。七月甲

正月迁。壬寅，登德工部左侍郎。七月甲

琳三月迁。庚寅，卢询刑部右侍郎。九月

九月癸卯革。噶什图刑部右侍郎。

曾九月壬午迁。涂天相刑部左侍郎。

鼐十月癸酉迁。马尔齐哈刑部左侍郎。

昭七月甲午乞休。李绂兵部右侍郎。

敦七月甲午免。牛钮兵部右侍郎。

仪二月辛亥迁。张圣佐兵部左侍郎。六月

旦三月庚寅差。长寿兵部左侍郎。七月癸

昣三月癸巳迁。蒋廷锡礼部右侍郎。

六月癸亥，三泰礼部右侍郎。

轼三月辛巳致仕。癸巳，景日昣礼部左侍

布七月甲午迁。登德礼部左侍郎。

行九月壬午迁。景日昣户部右侍郎。

额三月革。六月己未，托时户部右侍郎。

望

泰七月甲午迁。常寿户部左侍郎。

枢正月辛丑，吏部右侍郎。三月庚寅差。

升二月己未休。三月庚寅，黄叔琳吏部左

布三月壬寅，巴泰吏部左侍郎。

复

梦十月癸酉迁。孙渣齐工部尚书。

枢正月壬寅降。二月辛亥，励廷仪刑部尚

正月壬寅降。二月辛亥，佛格刑部尚书。

迁。九月壬午，卢询兵部尚书。

玉九月壬午迁。张伯行礼部尚书。

苏库九月庚寅休致。十月癸酉，阿尔松阿

典九月壬午迁。张廷玉户部尚书。

齐十月癸酉迁。徐元梦户部尚书。

鄂二月壬子迁。九月壬午，田从典吏部尚

多

午迁。萨尔纳工部右侍郎。

午迁。尹泰工部左侍郎。十月癸酉迁。阿

壬午迁。高其佩代。

丁卯，嵇曾筠兵部左侍郎。

巳迁。伊都立兵部左侍郎。

郎。九月壬午迁。王景曾礼部左侍郎。

壬寅，史贻直署吏部右侍郎。

侍郎。

书。

十二月免。阿尔松阿刑部尚书。

礼部尚书。十二月迁。

书。

	金世扬三月戊寅迁。李凤翥工部
	萨尔纳二月辛酉迁。绰尔岱工部
	郝林免。三月戊寅，金世扬工部
锡鼐代。	阿锡鼐二月辛酉革。萨尔纳工部
	高其佩
	喀什图二月壬戌迁。马喇刑部右
	涂天相六月癸未降。黄炳刑部左
	马尔齐哈
	李绂四月丁未迁。杨汝谷兵部右
	牛钮十二月甲戌迁。傅鼐兵部右
	嵇曾筠
	伊都立十一月壬寅迁。钦拜兵部
	蒋廷锡六月癸未调。景日昣礼部
	三泰
	王景曾
	登德十二月甲戌迁。牛钮礼部左
	景日昣六月癸未调。蒋廷锡户部
	托时
	李周望
	常寿
	史贻直二月丁卯迁。沈近思吏部
	傅森
	黄叔琳二月戊午迁。丁卯，史贻
	巴泰十一月壬子迁。查郎阿吏部
	李先复六月丙申致仕。七月己巳
	孙渣齐十月己丑革。绰奇工部尚
	卢询
	阿尔松阿十月免。丙申，塞尔图
	励廷仪
	孙柱
	张伯行
	阿尔松阿闰月庚子休。塞尔图礼
	张廷玉
	徐元梦
	田从典六月迁。朱轼兼吏部尚书
	隆科多
	雍正二年甲辰

右侍郎。

右侍郎。十一月壬子改额外。巴泰工部右

左侍郎。

左侍郎。

侍郎。十一月丁卯革。塞楞额刑部右侍郎

侍郎。

侍郎。

侍郎。

左侍郎。

右侍郎。

侍郎。

右侍郎。

右侍郎。

直吏部左侍郎。

左侍郎。

，李永绍工部尚书。

书。

刑部尚书。

部尚书。五月丙午迁。十二月辛卯，赖都

。

	李凤翥四月戊寅降。年希尧工
侍郎。	巴泰十月庚午，马进泰工部右
	金世扬二月王辰革。郝林工部
	萨尔纳
	高其佩
。	塞楞额
	黄炳
	马尔齐哈十月庚午，绰尔岱刑
	杨汝谷
	傅鼐十二月丁酉迁。莽鹄立兵
	嵇曾筠
	铁拜
	景日昣十二月甲申假免。魏方
	三泰
	王景曾免。四月王午，查嗣庭
	牛钮十二月丙戌降。阿克敦礼
	蒋廷锡三月王寅迁。吴士玉户
	托时五月丙辰迁。塞德户部右
	李周望二月丁酉迁。三月王寅
	长寿
	沈近思
	福敏四月王午，吏部右侍郎。
	史贻直十二月甲申迁。张令璜
	查郎阿
	李永绍
	绰奇
	励廷仪
	塞尔图
	卢询七月丙辰免。蔡珽兵部尚
	孙柱
	张伯行卒。二月丁酉，李周望
礼部尚书。	赖都
	张廷玉
	徐元梦
	朱轼九月甲寅迁。大学士仍兼
	隆科多七月王子差。癸丑，孙
	雍正三年乙巳

部右侍郎。十二月甲戌革。甲申，史贻直

侍郎。

左侍郎。

部左侍郎。

部右侍郎。

泰礼部右侍郎。

礼部左侍郎。

部左侍郎。

部右侍郎。

侍郎。

，蒋廷锡户部左侍郎。

吏部左侍郎。

书仍兼左都御史。

礼部尚书。

管吏部尚书。蔡珽吏部尚书仍管兵部尚书

杜兼理吏部尚书。

工部右侍郎。	史贻直十月迁。乙酉，刘师
	马进泰三月庚子革。迈柱工
	郝林十月丁卯迁。乙酉史贻
	萨尔纳二月戊寅革。常保工
	高其佩
	塞楞额二月庚寅迁。存柱刑
	黄炳
	绰尔岱二月甲子迁。海寿刑
	杨汝谷
	莽鹄立十月丁丑迁。图理琛
	嵇曾筠
	钦拜二月庚寅革。塞楞额兵
	魏方泰十二月戊寅休致。王
	三泰四月辛巳迁。塞楞额礼
	查嗣庭九月革逮。十月丁卯
	阿克敦四月辛巳迁。三泰礼
	吴士玉
	塞德十月丁丑革。塞楞额户
	蒋廷锡二月辛卯迁。裴倖度
	长寿
	沈近思三月迁。张令瑛吏部
	福敏二月甲子迁。绰尔岱吏
	张令瑛三月改。沈近思吏部
	查郎阿
	李永绍
	绰奇
	励廷仪
	塞尔图
	蔡珽十月降。壬午，蒋廷锡
	孙柱二月甲子迁。法海兵部
	李周望
	赖都
	张廷玉二月辛卯迁。大学士
	徐元梦八月己巳革。
、左都御史。	蔡珽七月辛亥解。杨名时吏
	隆科多正月辛酉革。二月甲
	雍正四年丙午

恕工部右侍郎。十二月壬午迁。李绂工部
部右侍郎。七月甲寅迁。明图工部右侍郎
直工部左侍郎。
部左侍郎。七月甲寅迁。明图工部左侍郎

部右侍郎。十一月庚戌降。莽鹄立刑部右

部左侍郎。

兵部右侍郎。

部左侍郎。四月辛巳迁。阿克敦兵部左侍
午，刘师恕礼部右侍郎。
部右侍郎。十月丁丑迁。莽鹄立署礼部右
，郝林礼部左侍郎。十一月庚戌致仕。癸
部左侍郎。

部右侍郎。
户部左侍郎。

右侍郎。七月戊戌降。王沛憻吏部右侍郎
部右侍郎。七月戊戌，迈柱吏部右侍郎。
左侍郎。

兼兵部尚书。
尚书。

仍管户部尚书。蒋廷锡户部尚书。

部尚书，未任。九月，朱轼仍兼吏部。
子，孙柱吏部尚书。七月辛亥解。查弼纳

右侍郎。	李绂八
。甲寅迁。哲先代。	哲先七
	史贻直
。九月辛丑降。壬寅，鄂尔奇代。	鄂尔奇
	高其佩
侍郎。	莽鹄立
	黄炳
	海寿
	杨汝谷
	图理琛
	嵇曾筠
郎。	阿克敦
	刘师恕
侍郎。	永寿正
亥，唐执玉吏部左侍郎。	唐执玉
	三泰
	塞楞额
	吴士玉
	长寿八
。	王沛憻
	迈柱闰
	沈近思
	查郎阿
	李永绍
	绰奇
	励廷仪
	塞尔图
	何天培
	法海八
	李周望
	赖都八
	蒋廷锡
	朱轼
	杨名时
吏部尚书。	查弼纳
	雍正五

月丁亥革。申大成工部右侍郎。
月癸酉革。法保工部右侍郎。
八月丁亥迁。吴士玉工部左侍郎。

七月丙子免。单畴书刑部右侍郎。
四月壬寅迁。塞尔臣刑部右侍郎。六月戊

三月庚戌迁。胡煦兵部右侍郎。
四月壬寅迁。永寿兵部右侍郎。六月甲寅
迁。三月庚戌，杨汝谷兵部左侍郎。
四月壬寅迁。图理琛兵部左侍郎。六月甲
十二月壬寅迁。钱以垲礼部右侍郎。
月甲寅，礼部右侍郎。四月壬寅迁。蒋鸽
十二月迁。

四月己亥迁。布兰泰户部右侍郎。五月癸
迁。八月丁亥，史贻直户部左侍郎。
月庚寅迁。西琳户部左侍郎。十一月丁巳
三月甲辰，加左都御史衔致仕。庚戌稽曾
月迁。四月壬寅，岳尔岱吏部右侍郎，六
正月丙辰迁。左都御史仍兼吏部左侍郎。
四月己丑迁。壬寅，阿克敦吏部左侍郎。
七月戊午降。己未，黄国材工部尚书。

六月乙巳革。德明刑部尚书。
四月己丑，黄国材署兵部尚书。
月革。查弼纳署兵部尚书。九月丙寅补。
月庚寅乞休。长寿吏部尚书。

免。闰月戊辰，宜兆熊吏部尚书。
四月降。福敏吏部尚书。
年丁未

戌，西琳刑部右侍郎。八月庚寅迁。张保

迁。那苏图兵部右侍郎。十二月壬午迁。

寅迁。永寿兵部左侍郎。

立礼部右侍郎。十一月庚辰迁。孙卓代。

酉迁。甲戌，傅泰户部左侍郎。

迁。常德寿署户部左侍郎。

筠吏部右侍郎。十二月迁。刘师恕代。

月戊申迁。甲寅，图理琛吏部右侍郎。十

申大成八月戊寅	
法保	
吴士玉八月戊寅	
鄂尔奇六月己丑	
单畴书七月甲寅	
张保十月癸巳迁	代。
黄炳八月乙酉革	
海寿十月癸巳调	
胡煦	
图理琛二月庚戌	图理琛兵部右侍郎。
杨汝谷	
永寿	
钱以垲正月丙子	
孙卓	
钱以垲正月丙子	
三泰四月迁。通	
单畴书七月甲寅	
傅泰	
史贻直八月辛卯	
常德寿	
刘师恕四月降。	
舒楞额	二月庚子迁。舒楞额代。
嵇曾筠二月丁未	
阿克敦革。九月	
黄国材	
绰奇	
励廷仪十月戊辰	
德明	
何天培二月丁未	
查弼纳十一月戊	
李周望忧。免。	
长寿	
蒋廷锡三月戊午	
范时绎三月戊午	
宜兆熊降。四月	
福敏四月癸卯革	
雍正六年戊申	

革。甲午，王承烈工部右侍郎。

革。甲午，缪沅工部左侍郎。九月迁。十
迁。塞楞额工部左侍郎。十月癸巳革。张
迁。彭维新刑部右侍郎。
。海寿刑部右侍郎。
。九月丙寅，缪沅刑部左侍郎。
。杭奕禄刑部左侍郎。

革。三泰兵部右侍郎。四月迁。六月，通

迁。石文焯礼部右侍郎。三月辛未迁。彭

，礼部左侍郎。
智，礼部左侍郎。六月己丑迁。鄂尔奇礼部
，户部右侍郎。

迁。王玑户部左侍郎。

迁。何世璂吏部左侍郎。
甲寅，宗室普泰吏部左侍郎。

，加太子少傅。

降。嵇曾筠兵部尚书，未任。三月辛酉，
子，稽查陕西军需。庚子，三泰署兵部尚
十月癸巳，石文焯礼部尚书。

迁。大学士仍兼管户部尚书。
，户部尚书，未任吏部。
乙巳，嵇曾筠吏部尚书，仍办河工。十月丁
。查郎阿吏部尚书，未任。傅尔丹署。十

月丁酉，汪瀊工部左侍郎。
保工部左侍郎。

智兵部右侍郎。

维新礼部右侍郎。七月甲寅迁。蔡世远礼
左侍郎。

何天培署。五月辛未革。石文焯兵部尚书
书。

酉，张廷玉署吏部尚书。
月丁酉，杭奕禄署吏部尚书。

	王承烈
	法保革
	汪漋十
	张保九
	彭维新
	海寿
	缪沅
	杭奕禄
	胡煦
	通智
	杨汝谷
	永寿
部右侍郎。	蔡世远
	孙卓
	钱以垲
	鄂尔奇
	单畴书
	傅泰
	王玑七
	常德寿
	刘师恕
	舒楞额
	史贻直
	宗室普
	黄国材
	镇奇
	励廷仪
	德明
。十月癸巳迁。路振扬兵部尚书。	路振扬
	查弼纳
	石文焯
	长寿
	蒋廷锡
	范时绎
	嵇曾筠
	查郎阿
	雍正七

二月戊戌迁。张大有工部右侍郎。十二月
。七月甲午，宗室塞尔赫署工部右侍郎。
一月戊子迁。王廷扬工部左侍郎。
月甲戌革。马兰泰工部左侍郎。
二月戊戌迁。王承烈刑部右侍郎。十二月

卒。十一月戊子，汪灏户部右侍郎。

月丙午革。刘声芳户部左侍郎。

二月戊戌，彭维新吏部右侍郎。

泰

四月戊戌革。李永升工部尚书。

十一月丙子迁。马会伯兵部尚书。

年己酉

已未迁。何国宗工部右侍郎。	何国宗
十一月丁酉补。	宗室塞尔赫
	王廷扬六月
	马兰泰
已未，张大有刑部右侍郎。	张大有二月
	海寿五月癸
	缪沅卒。二
	杭奕禄四月
	胡煦
	通智
	杨汝谷
	永寿
	蔡世远七月
	孙卓
	钱以垲六月
	鄂尔奇四月
	汪漋六月己
	傅泰五月，
	刘声芳
	常德寿九月
	刘师恕
	舒楞额
	史贻直六月
	宗室普泰
	李永升六月
	绰奇
	励廷仪
	德明五月癸
	马会伯六月
	查弼纳七月
	石文焯六月
	长寿
	蒋廷锡
	范时绎五月
	嵇曾筠
	查郎阿
	雍正八年庚

四月癸丑迁。鄂尔奇工部右侍郎。
癸亥，孙嘉淦工部左侍郎。

甲寅迁。王国栋刑部右侍郎。
酉迁。常赉刑部右侍郎。
月甲寅，张大有刑部左侍郎。六月己亥迁。
癸丑迁。牧可登刑部左侍郎。

丁丑迁。吴士玉礼部右侍郎。八月壬戌迁。

癸亥迁。七月丁丑，蔡世远礼部左侍郎。
癸丑迁。杭奕禄礼部左侍郎。
亥革。俞兆晟户部右侍郎。
噶尔泰户部右侍郎。

卒。傅泰户部左侍郎。

癸亥迁。刘於义吏部左侍郎。十二月迁。

己亥革。张大有工部尚书。

酉迁。海寿刑部尚书。
癸亥革。唐执玉兵部尚书。未任。十二月
癸丑，孙柱兼理兵部尚书。
癸亥革。钱以垲礼部尚书。

己巳免。癸酉，德明户部尚书。

戌

	何国宗四月己
	鄂尔奇三月迁
	孙嘉淦
	马兰泰
	王国栋
	常赉差。十一
。王朝恩刑部左侍郎。	王朝恩
	牧可登十二月
	胡煦正月辛未
	通智
	杨汝谷
	永寿卒。二月
。王图炳代。	王图炳六月乙
	孙卓
八月壬戌革。吴士玉代。	吴士玉正月辛
	杭奕禄
	俞兆晟十一月
	刘声芳正月乙
	傅泰十月甲戌
	彭维新正月辛
	舒楞额
	彭维新正月辛
	宗室普泰
	张大有
	缉奇十二月辛
	励廷仪九月，
	海寿
癸丑，朱轼兼理兵部尚书。	唐执玉九月丁
	查弼纳六月阵
	钱以垲九月丙
	常寿三月乙酉
	蒋廷锡
	德明
	嵇曾筠
	查郎阿
	雍正九年辛亥

巳。革。赵殿最工部右侍郎。

。左都御史仍兼工部右侍郎。

月丙子，塔林署刑部右侍郎。

辛卯革。武格刑部左侍郎。

迁。任兰枝兵部右侍郎。十二月迁。诺尔

乙未，喀尔吉善兵部左侍郎。

卯迁。吴襄礼部右侍郎。

卯迁。胡煦礼部左侍郎。

己卯迁。韩光基户部右侍郎。

亥革。十一月己卯，俞兆晟户部左侍郎。

迁。海望户部左侍郎。十二月壬辰迁。任

卯迁。吴士玉吏部右侍郎。

卯，吏部左侍郎。十一月己卯迁。十二月

卯，玛喇工部尚书。

改吏部。仍专管刑部。刘於义刑部尚书，未

亥病免。十一月辛丑，史贻直兵部尚书。

亡。九月丁亥，鄂尔奇兵部尚书。

戌乞休。十月戊申，魏廷珍礼部尚书。

卒。三泰礼部尚书。

	赵殿最
	孙嘉淦二月壬辰迁。陈
	马兰泰
	王国栋
	常赉三月癸亥迁。甲子
	王朝恩二月壬辰迁。孙
	武格七月丙戌迁。托时
浑兵部右侍郎。	诺尔浑
	通智
	杨汝谷
	喀尔吉善
	吴襄
	孙卓五月革。己巳，舒
	胡煦
	杭奕禄
	韩光基
	长有七月乙酉，户部右
	俞兆晟
兰枝户部左侍郎。	海望
	任兰枝十月庚辰迁。孔
	舒楞额降亡。二月壬辰
壬辰，吴士玉代。	吴士玉十月戊午迁。任
	宗室普泰
	张大有四月丙午迁。范
	玛喇七月乙酉革。丙戌
任。	励廷仪五月戊午假。彭
	海寿四月乙巳迁。性桂
	史贻直未任。七月癸丑
	鄂尔奇七月迁。性桂兵
	魏廷珍二月乙未迁。四
	三泰
	蒋廷锡闰月癸丑假，彭
	德明四月癸卯卒。乙巳
	嵇曾筠
	查郎阿
	雍正十年壬子

树萱工部左侍郎。

，托时刑部右侍郎。七月丙子迁。觉和托
嘉淦刑部左侍郎。十二月乙卯革。丁卯，
刑部左侍郎。

喜礼部右侍郎。

侍郎。

毓璞吏部右侍郎。
，塔林吏部右侍郎。六月，阿山吏部右侍
兰枝吏部左侍郎。

时绛工部尚书。
，武格工部尚书。十二月革。
维新署刑部尚书。五月癸丑迁。李卫署刑
刑部尚书。七月迁。海寿刑部尚书。
，范时绛兼理兵部尚书。
部尚书。
月丙午，张大有礼部尚书。十二月卒。

维新兼署户部尚书。
，海寿户部尚书。七月迁。鄂尔奇户部尚

	赵殿最十二月己未迁。
	托时五月辛巳，工部右。
	陈树萱十二月己未迁。
	马兰泰
	王国栋
刑部右侍郎。	觉和托
张照刑部左侍郎。	张照四月乙卯迁。冯景
	托时五月辛巳迁。盛安
	高起四月乙卯，兵部右
	通智
	杨汝谷
	喀尔吉善
	吴襄四月乙卯迁。邓钟
	舒喜七月庚子迁。留保
	邓钟岳六月丁巳，礼部，
	杭奕禄七月革。庚子，
	韩光基十二月己未迁。
	长有十月己巳迁。托时。
	俞兆晟十二月己未免。
	海望
	孔毓璞
郎。	阿山
	任兰枝
	宗室普泰
	范时绎
	庆复二月己未，工部尚
部尚书。	涂天相四月乙卯，刑部
	海寿四月迁。庆复署刑
	史贻直十二月己未迁。
	性桂
	吴士玉二月庚申，礼部
	三泰
	彭维新十二月己未免。
书。	鄂尔奇九月革。十月，
	嵇曾筠四月迁。刘於义
	查郎阿
	雍正十一年癸丑

庚申，谢旻工部右侍郎。
侍郎。十月己巳迁。长有工部右侍郎。
韩光基工部左侍郎。

夏刑部左侍郎。十二月丁卯病免。乔世臣
刑部左侍郎。
侍郎。

岳礼部右侍郎。六月丁巳迁。张廷璐礼部
礼部右侍郎。十二月庚申迁。钟保礼部右
左侍郎。九月辛巳革。张廷璐礼部左侍郎
舒喜礼部左侍郎。十二月卒。庚申，留保
赵殿最户部右侍郎。
户部右侍郎。
陈树萱户部左侍郎。

书。十月迁。宪德工部尚书。
尚书。十二月迁。张照刑部尚书。
部尚书。十月，改。马里善署。十一月，福
涂天相兵部尚书。

尚书。三月卒。四月乙卯，吴襄礼部尚书

史贻直户部尚书。
庆复户部尚书。
吏部尚书。

刑部左侍郎。

右侍郎。九月辛巳迁。史在甲礼部右侍郎
侍郎。
。
礼部左侍郎。

敏署刑部尚书。

。

谢旻八月壬申革。十月己未乔世臣工部
长有四月己卯降。傅德工部右侍郎。
韩光基十月丁未革。顾祖镇工部左侍郎
马兰泰
王国栋十月庚戌革。杨超宗刑部右侍郎
觉和托三月壬午，葛森刑部右侍郎。十
乔世臣十月己未迁。王纮刑部左侍郎。
盛安
高起
通智
杨汝谷
喀尔吉善
。史在甲三月戊寅乞休。癸酉，甘汝来礼
钟保
张廷璐
留保
赵殿最
托时
陈树萱
海望
孔毓璞三月迁。丁亥，吕耀曾吏部右侍
阿山
任兰枝
宗室普泰
范时绎三月丁丑革。戊戌，徐本工部尚
宪德七月甲戌迁。海寿工部尚书。九月
张照
海寿七月甲戌迁。宪德刑部尚书。
涂天相十二月丁巳，魏廷珍兵部尚书。
性桂
吴襄
三泰
史贻直
庆复
刘於义
查郎阿
雍正十二年甲寅

右侍郎。

。

。

二月辛酉迁。申珠珲刑部右侍郎。

部右侍郎。

郎。九月癸巳迁。十一月壬申，部基吏部

书。

辛卯免。宪德兼工部尚书。十月己未，巴

	乔世臣二月甲戌，王钧工部右侍
	傅德
	顾祖镇十月己巳，王钧工部左侍
	马兰泰
	杨超宗
	申珠珲十月丙戌迁。徐元梦刑部
	王纮
	盛安十月丙戌，申珠珲刑部左侍
	高起二月庚戌迁。癸亥，吴应棻
	通智八月迁。希德慎兵部右侍郎
	杨汝谷
	喀尔吉善八月革。通智兵部左侍
	甘汝来九月丁酉迁。庚戌，励宗
	钟保十月庚午迁。木和林礼部右
	张廷璐
	留保十月庚午，钟保礼部左侍郎
	赵殿最
	托时九月辛亥迁。顾鲁署户部右
	陈树萱十月乙亥，李绂户部左侍
	海望九月升署。辛亥，托时署户部
右侍郎。	邵基十月辛未迁。孙嘉淦吏部右
	阿山十二月戊午，木和林吏部右
	任兰枝十月辛未迁。王申，部基
	宗室普泰
	徐本十月癸酉迁。涂天相工部尚
泰代。	巴泰五月革。六月癸未，查克旦
	张照五月差。徐本署刑部尚书。
	宪德九月丁酉免。庚戌，傅鼐署
	魏廷珍二月庚戌迁。高起兵部尚
	性桂八月乙酉迁。通智兵部尚书
	吴襄
	三泰
	史贻直
	庆复九月差。辛亥，海望署户部
	刘於义
	查郎阿七月辛酉迁。八月乙酉，
	雍正十三年乙卯

郎。十月己巳迁。张廷瑑工部右侍郎。

郎。

右侍郎。丁亥迁。木和林刑部右侍郎。十

郎。十一月己亥，木和林刑部左侍郎。十
兵部右侍郎。
。

郎。乙酉迁。德沛兵部左侍郎。
万礼部右侍郎。
侍郎。辛未迁。徐元梦礼部右侍郎。十二

。十一月迁。十二月，徐元梦礼部左侍郎

侍郎。丙戌，申珠珲户部右侍郎。
郎。
左侍郎。
侍郎。十一月迁。左都御史仍兼吏部右侍
侍郎。
吏部左侍郎。

书。
工部尚书。

。十二月补。
书。九月丁酉免。甘汝来兵部尚书。
。

尚书。十月甲申补。

性桂吏部尚书。

一月己亥迁。纳延泰刑部右侍郎。

一月戊午迁。法敏代。

月迁。木和林代。

。

郎。

清史稿卷一八三
表第二四

部院大臣年表三下

雍正元年癸卯	理藩院尚书	理藩院左侍郎	理藩院右侍郎	都察院满左都御史	都察院汉左都御史	都察院满左副都御史	都察院满左副都御史	都察院汉左副都御史	都察院汉左副都御史	雍正二年甲辰	理藩院尚书	理藩院左侍郎	理藩院右侍郎	都察院满左都御史	都察院汉左都御史	都察院满左副都御史	都察院满左副都御史	都察院汉左副都御史	都察院汉左副都御史	雍正三年乙巳	理藩院尚书	理藩院左侍郎	理藩院右侍郎	都察院满左都御史	都察院汉左都御史	都察院满左副都御史	都察院满左副都御史	都察院汉左副都御史	都察院汉左副都御史

史	谢赐履三月戊申降。梁文科左副都御史
史	江球五月癸卯假免。王之麟左副都御史
史	永福五月丁巳，能泰左副都御史。乙丑
史	觉罗塞德五月丙辰迁。杭奕禄左副都御
	朱轼正月壬戌，蔡珽左都御史。
	尹泰五月癸亥迁。能泰左都御史。十一
	本锡
	隆科多免。特古忒理藩院尚书。

史	杨汝谷四月迁。五月癸未，谢锡履左副
史	江球
史	永福
史	岳色三月甲午，觉罗塞德左副都御史。
	朱轼
	尹泰
	本锡
	特古忒
	隆科多

史	金应璧九月癸卯免。杨汝谷左副都御史
史	江球
史	牛钮七月甲午迁。九月丙午，永福左副
史	巴泰正月癸卯，左副都御史。三月壬寅
	朱轼
	敦拜十月癸酉，尹泰左都御史。
	特古忒
	隆科多

。

。

迁。觉罗常泰左副都御史。

史。

月革。甲子，法海左都御史。

都御史。

。

都御史。

迁。五月己卯，萨尔纳左副都御史。七月

甘汝来十二月甲午革
王承烈正月丙子，左
觉罗常泰八月庚辰，
杭奕禄十月迁。戊子
唐执玉
查郎阿四月癸卯迁。
众佛保
顾鲁
特古忒
雍正六年戊申

甘汝来二月戊寅，左
王之麟三月壬辰降。
觉罗常泰
杭奕禄
裴倖度正月乙巳革。
查郎阿
班第四月癸巳，理藩
众佛保四月癸巳，理
特古忒
雍正五年丁未

梁文科正月己巳革。
王之麟
觉罗常泰
迁。甲辰，岳色代。
杭奕禄
蔡珽四月解。五月丁
法海迁。二月甲子，
众佛保五月，兼理藩
本锡
特古忒
雍正四年丙午

。陈良弼左副都御史。

副都御史。八月甲午迁。九月甲戌，谢王

宗室塞尔赫左副都御史。

，性桂左副都御史。

三泰左都御史。

副都御史。

钱以垲左副都御史。十二月壬寅迁。

丙辰，沈近思左都御史。十二月戊戌卒。

院右侍郎。十月庚寅迁。众佛保理藩院右

藩院左侍郎。十月庚寅调。顾鲁代。

王沛憻左副都御史。七月戊戌迁。刘师恕

酉，裴倖度左都御史。

福敏左都御史。九月丙午迁。马齐暂署。

院右侍郎。

宪左副都御史。

壬寅，唐执玉代。

侍郎。

左副都御史。十月迁。乙卯，郑仁钥左副

癸丑，查郎阿署。

雍正七年己酉
特古忒
顾鲁
众佛保
三泰
唐执玉
性桂二月戊戌迁。四月乙未，申
宗室塞尔赫十一月丁酉迁。二格
谢王宠
陈良弼十二月庚戌革。王图炳左都御史。

雍正八年庚戌
特古忒
顾鲁
众佛保
三泰
唐执玉六月癸亥迁。史贻直左都
申珠浑
二格
谢王宠六月癸亥迁。冀栋左副都
王图炳八月壬戌迁。九月己丑，

雍正九年辛亥
特古忒
顾鲁
众佛保
三泰二月乙酉迁。壬辰，鄂尔奇
史贻直十一月辛丑迁。彭维新左
申珠浑九月丁卯迁。戊子，阿兰
二格
冀栋正月乙亥革。二月己亥，孔
沈廷正

毓璞左副都御史。

泰左副都御史。十二月丁未降。阿成阿代

都御史。

左都御史。九月丁卯迁。福敏左都御史。

沈廷正左副都御史。

御史。

御史。

副都御史。

左副都御史。

珠辉左副都御史。

雍正十年壬子
特古忒
顾鲁二月丙戌迁。乙未，众佛保理藩院
众佛保二月乙未迁。纳延泰理藩院右侍
福敏
彭维新九月丁未迁。十月戊午，吴士玉
阿成阿
二格
孔毓璞十月庚辰迁。癸巳，冯景夏左副
沈廷正迁。六月丙寅，史在甲左副都御

雍正十一年癸丑
特古忒十二月，僧格理藩院尚书。
纳延泰
班第
福敏
吴士玉二月庚申迁。涂天相左都御史。
阿成阿四月甲子迁。鄂尔赛左副都御史
二格
冯景夏四月乙卯迁。壬申，孙国玺左副
史在甲九月迁。十月壬戌，乔世臣左副

雍正十二年甲寅
僧格
纳延泰十二月迁。顾鲁理藩院左侍郎。
班第
福敏
徐本三月戊戌迁。四月丁卯，孔毓璞左
。鄂尔赛
二格
孙国玺
吕耀曾二月丙辰，左副都御史。四月丁

亥迁。六月丙午，邵基左副都御史。十一

副都御史。

都御史。十二月丁卯迁。

都御史。

。

四月乙卯迁。张照左都御史。十二月己未

史。

都御史。

左都御史。

郎。十二月庚午迁。班第理藩院右侍郎。

左侍郎。十二月庚午革。纳延泰理藩院左

月迁。丁亥，陈世倌代。	
迁。徐本代。	
	陈世倌十月戊寅
	孙国玺
	二格
	鄂尔赛
	孔毓璞十月丁丑
	福敏
	班第
侍郎。	顾鲁
	僧格
	雍正十三年乙卯

差。陈世倌署左副都御史。十二月庚辰补

革。戊寅，彭维新署左都御史。十一月庚

。

戌，孙嘉淦左都御史。

清史稿卷一八四
表第二五

部院大臣年表四上

乾隆元年丙辰	吏部满尚书	吏部汉尚书	户部满尚书	户部汉尚书	礼部满尚书	礼部汉尚书	兵部满尚书	兵部汉尚书	刑部满尚书	刑部汉尚书	工部满尚书	工部汉尚书	吏部满左侍郎	吏部汉左侍郎	吏部满右侍郎	吏部汉右侍郎	户部满左侍郎	户部汉左侍郎	户部满右侍郎	户部汉右侍郎	礼部满左侍郎	礼部汉左侍郎	礼部满右侍郎	礼部汉右侍郎	兵部满左侍郎	兵部汉左侍郎	兵部满右侍郎	兵部汉右侍郎	刑部满左侍郎	刑部汉左侍郎	刑部满右侍郎	刑部汉右侍郎	工部满左侍郎	工部汉左侍郎	工部满右侍郎	工部汉右侍郎
	性桂	刘於	海望	史贻	三泰	任兰	通智	甘汝	傅鼐	徐本	查克	涂天	宗室	邵基	阿山	孙嘉	托时	李绂	申珠	赵殿	徐元	张廷	木和	励宗	德沛	杨汝	希德	吴应	纳延	励宗	法敏	杨超	马尔	王钧	图理	张廷

瑑
琛三月癸亥降。杭奕禄工部右侍郎。十二

泰十一月甲辰迁。十二月，杭奕禄工部左
曾十一月癸巳迁。王兰生刑部右侍郎。
十月癸巳迁。十一月，柏修刑部右侍郎。
万十月丙戌革。十一月癸巳，杨超宗刑部。
泰
綦
慎迁。二月乙酉，二格兵部右侍郎。
谷六月甲子迁。姚三辰兵部左侍郎。十一
七月迁。免。癸卯，宗室普泰兵部左侍郎。十
万六月免。程元章署。十一月甲辰，王兰
林八月乙亥迁。满色礼部右侍郎。
璐
梦八月丙寅致仕。乙亥，木和林礼部左侍
最十一月迁。乙巳，吕耀曾户部右侍郎。
珲
降。六月甲子，杨汝谷户部左侍郎。十二

淦十一月迁。姚三辰吏部右侍郎。

十月壬戌迁。庚午，俞兆岳吏部左侍郎。
普泰七月癸卯迁。戊午，鄂善吏部左侍郎。
相
旦
十一月甲午迁。孙嘉淦刑部尚书。
庚午革。九月戊戌，庆复署刑部尚书。
来
八月丁亥免。那苏图兵部尚书。
枝

直

义

	张廷瑑
月迁。柏修工部右侍郎。	柏修八月
	王钧六月
侍郎。	杭奕禄
	王兰生三
甲辰，马尔泰代。	马尔泰
左侍郎。	杨超曾二
	纳延泰
	吴应棻
	二格
月甲午迁。孙国玺兵部左侍郎。	孙国玺
	宗室普泰
生礼部右侍郎。	王兰生五
	满色
	张廷璐
郎。	木和林
	吕耀曾十
	申珠珲
月甲午迁。乙巳，赵殿最代。	赵殿最十
	托时
	姚三辰六
	阿山
	俞兆岳六
。	鄂善
	涂天相三
	查克旦十
	孙嘉淦
	庆复正月
	甘汝来
	那苏图正
	任兰枝
	三泰
	史贻直
	海望
	刘於义
	性桂
	乾隆二年

迁。九月癸卯，钟保工部右侍郎。

辛巳迁。王纮工部左侍郎。

月辛卯，程元章刑部右侍郎。六月辛巳迁

月迁。乙卯，刘统勋刑部左侍郎。乙巳，

月卒。六月辛巳，方苞礼部右侍郎。十二

一月己未迁。王钧户部右侍郎。

月乙巳迁。十一月己未，吕耀曾户部左侍

月病免。七月癸卯，崔纪吏部右侍郎。十

月庚辰革。辛巳，程元章吏部左侍郎。

月甲辰免。赵弘恩工部尚书。

二月甲辰迁。来保工部尚书。

庚子迁。那苏图刑部尚书。闰月丁卯迁。

月庚子迁。讷亲兵部尚书。

丁巳

。王钧刑部右侍郎。十一月己未迁。陈德

金鋐刑部左侍郎。三月乙卯，刘统勋刑部

月戊戌病免。吴家骐礼部右侍郎。

郎。

月丙申迁。乙巳，赵殿最吏部右侍郎。

尹继善刑部尚书。

	乾隆三年戊午
	性桂十一月乙亥致仕。十
	刘於义
	海望
	史贻直七月甲子迁。高其
	三泰
	任兰枝十月丙申迁。赵国
	讷亲十二月己卯迁。鄂善
	甘汝来十月乙巳迁。杨汝
	尹继善
	孙嘉淦四月己丑迁。赵国
	来保
	赵弘恩七月甲子革。史贻
	鄂善十二月己卯迁。喀尔
	程元章
	阿山
	赵殿最十月丙申迁。杨永
	托时七月丁卯迁。辛未，
	吕耀曾十一月乙巳迁。陈世
	申珠浑十二月癸未迁。留
	王钧
	木和林
	张廷璐
	满色
	吴家骐
	宗室普泰
	孙国玺四月己丑迁。戊申
	二格四月辛丑迁。班第
	吴应棻四月戊申迁。凌如
	纳延泰四月迁。壬寅，岱
左侍郎。	刘统勋
	马尔泰正月乙卯迁。二月
华刑部右侍郎。	陈德华
	杭奕禄
	王纮
	钟保四月迁。辛丑，二格
	张廷瑑

工部右侍郎。十月迁。十一月丙辰，阿克

癸巳，岱奇刑部右侍郎。四月戊申迁。钟

奇刑部左侍郎。

焕兵部右侍郎。

部右侍郎。

，吴应棻兵部左侍郎。

保户部右侍郎。

信户部左侍郎。

喀尔吉善户部左侍郎。十二月迁。癸未，

斌吏部右侍郎。

吉善吏部左侍郎。

直工部尚书。十月丙申迁。赵殿最工部尚

麟刑部尚书。十月丙申迁。史贻直刑部尚

来兵部尚书。

兵部尚书。

麟礼部尚书。

倬户部尚书。十月甲午卒。丙申，任兰枝

二月己卯，讷亲吏部尚书。

	乾隆四年己未
	讷亲
	甘汝来七月丙寅卒。
	海望
户部尚书。	任兰枝正月壬申迁。
	三泰
	赵国麟正月壬申，任
	鄂善
	杨超曾
	尹继善
书。	史贻直
	来保
书。	赵殿最
	喀尔吉善
	程元章
	阿山
	杨永斌三月壬申，陈
申珠珲户部左侍郎。	申珠珲六月壬午革。
	陈世倌四月乙未迁。
	留保
	王钧五月辛亥迁。梁
	木和林
	张廷璐
	满色
	吴家麟
	宗室普泰十二月己卯
	吴应
	班第七月丙寅迁。雅
	凌如焕
	岱奇六月乙酉迁。杭
	刘统勋忧免。六月辛
保刑部右侍郎。	钟保
	陈德华正月壬申迁。
	杭奕禄六月迁。七月
	王纮正月庚申休致。
敦工部右侍郎。	阿克敦七月丙午迁。
	张廷瑑正月甲子迁。

韩光基工部右侍郎。六月辛丑迁。七月乙

索柱工部右侍郎。

张廷瑑工部左侍郎。

丙午，阿克敦工部左侍郎。

梁诗正刑部右侍郎。五月辛亥迁。田懋刑

丑，田懋刑部左侍郎。十一月庚申迁。王

奕禄刑部左侍郎。

尔图兵部右侍郎。十一月庚戌迁。十二月

革。舒赫德兵部左侍郎。

诗正户部右侍郎。

五月辛亥，王钧户部左侍郎。

乙酉，岱奇户部左侍郎。

大受吏部右侍郎。十一月壬子迁。庚申，

兰枝礼部尚书。

陈德华户部尚书。

郝玉麟吏部尚书。十一月戊申迁。杨超曾

卯，许希孔工部右侍郎。

部右侍郎。六月迁。辛丑，韩光基刑部右

安国刑部左侍郎。

庚寅，阿里衮兵部右侍郎。

田懋吏部右侍郎。

署吏部尚书。

侍郎。

许希孔

索柱

张廷瑑

阿克敦三月乙巳迁。德龄工部左侍

韩光基二月戊戌迁。三月己未，杨

钟保十月迁。托时刑部右侍郎。

王安国九月迁。十月壬子，张照刑

杭奕禄三月己巳迁。阿克敦刑部左

凌如焕四月壬辰迁。王承尧兵部右

阿里衮十月丙午迁。鄂弥达兵部右

吴应棻四月壬辰，凌如焕兵部左侍

舒赫德

吴家麟

满色

张廷璐

木和林

梁诗正十一月丁丑迁。归宣光户部

留保闰六月迁。十月己巳，阿里衮

王钧卒。十一月丁丑，梁诗正户部

岱奇

田懋五月忧免。甲子，杨嗣璟吏部

阿山五月甲寅迁。阿克敦吏部右侍

程元章四月甲戌革。蒋溥吏部左侍

喀尔吉善闰月迁。甲子，阿克敦吏

赵殿最二月戊戌，韩光基工部尚书

来保十一月己巳迁。哈达哈工部尚

史贻直九月癸丑迁。韩光基刑部尚

尹继善三月庚戌迁。四月己丑，那

杨超曾九月癸酉迁。史贻直兵部尚

鄂善

任兰枝

三泰

陈德华

海望

杨超曾

讷亲

乾隆五年庚申

郎。

嗣璟刑部右侍郎。五月壬子迁。张照刑部

部左侍郎。

侍郎。五月丙寅迁。常安刑部左侍郎。十

侍郎。

侍郎。

郎。

右侍郎。

署户部右侍郎。

左侍郎。

右侍郎。

郎。闰月甲子迁。留保吏部右侍郎。

郎。

部左侍郎。

。九月己丑迁。陈世倌工部尚书。

书。

书。

苏图刑部尚书。十一月迁。己巳，来保刑

书。

右侍郎。十月壬子迁。郝玉麟刑部右侍郎

月戊戌迁。钟保刑部左侍郎。

部尚书。

乾隆六年辛酉

讷亲

杨超曾

海望

陈德华

三泰

任兰枝

鄂善

史贻直

来保

韩光基 九月己卯迁。刘吴龙刑部尚书。

哈达哈

陈世倌 七月丙子迁。九月己卯，韩光基

阿克敦

蒋溥

留保

杨嗣璟 十一月癸亥忧免。梁诗正兼吏部左

岱奇 六月丙申迁。癸卯，三和署户部左

梁诗正

阿里衮

归宣光 免。三月癸未，周学健户部右侍

木和林

张廷璐

满色

吴家骐 五月甲子革。戊子，汪由敦礼部

舒赫德

凌如焕 九月庚寅告养免。汪由敦兵部左

鄂弥达 八月迁。辛亥，马尔泰署兵部右

王承尧

钟保

张照

托时

。郝玉麟 六月壬寅休致。刘统勋刑部右侍

张廷瑑

德龄

索柱

许希孔

郎。九月丁亥迁。十月甲午，周学健刑部

侍郎。

侍郎。

右侍郎。九月庚寅迁。赵国麟礼部右侍郎

郎。十月甲午迁。彭维新户部右侍郎。

侍郎。

右侍郎。

工部尚书。

	许希孔
	索柱
	张廷瑑
	德龄
右侍郎。	周学健
	托时
	张照四月丁巳迁。赵宏恩刑部左
	钟保四月丙午休致。盛安刑部左
	王承尧
	马尔泰九月迁。庚辰，纪山兵部
	汪由敦
	舒赫德
。	赵国麟正月壬戌迁。二月戊申，
	满色
	张廷璐
	木和林
	彭维新
	阿里衮
	梁诗正
	三和十月乙巳，补户部左侍郎。
	梁诗正免兼。十月壬寅，田懋吏
	留保
	蒋溥
	阿克敦
	韩光基
	哈达哈
	刘吴龙四月丙辰卒。丁巳，张照
	来保
	史贻直正月壬戌迁。任兰枝兵部
	鄂善三月庚寅革。班第兵部尚书
	任兰枝正月壬戌迁。赵国麟礼部
	三泰
	陈德华七月乙丑迁。徐本兼户部
	海望
	杨超曾正月壬戌忧免。史贻直吏
	讷亲
	乾隆七年壬戌

侍郎。五月壬申免。壬午，钱陈群刑部左

侍郎。

右侍郎。

邓钟岳礼部右侍郎。

部右侍郎。

刑部尚书。

尚书。七月乙丑迁。陈德华兵部尚书。

尚书。七月乙丑革。任兰枝礼部尚书。

尚书。

部尚书。

乾隆八年癸亥
讷亲
史贻直
海望
徐本 十月己巳，仍兼管户部。刘於
三泰
任兰枝
班第
陈德华
来保
张照
哈达哈
韩光基
阿克敦
蒋溥 十月己巳迁。归宣光吏部左侍
留保 六月己酉迁。宗室德沛吏部右
田懋
三和
梁诗正
阿里衮 十月己巳迁。傅恒户部右侍
彭维新
木和林
张廷璐
满色 六月丁卯休致。勒尔森礼部右
邓钟岳
舒赫德
汪由敦
纪山 五月丙午迁。六月壬戌，开泰
王承尧
盛安
钱陈群
托时
周学健 十月己巳迁。彭启丰刑部右
德龄
张廷瑑
索柱
许希孔

侍郎。

	吕炽四月癸酉，工部右侍郎
	索柱
	张廷瑑五月癸卯迁。赵宏恩
	德龄
侍郎。	彭启丰假。十二月辛未，励
	托时十一月壬寅迁。兆惠，刑
	钱陈群
	盛安
	王承尧
兵部右侍郎。	开泰
	汪由敦三月癸未迁。丁丑，
	舒赫德
	邓钟岳三月迁。辛丑，杨锡
侍郎。	勒尔森
	张廷璐三月休致。李清植礼
	木和林
	彭维新正月庚子迁。宴斯盛
郎。	傅恒
	梁诗正
	三和
	田懋
侍郎。	宗室德沛
郎。	归宣光
	阿克敦
	韩光基三月癸未，汪由敦工
	哈达哈
	张照十二月戊辰忧。汪由敦
	来保
	陈德华正月辛巳革。王安国
	班第
	任兰枝
	三泰
义户部尚书。	刘於义正月辛巳迁。张楷户
	海望
	史贻直正月辛巳迁。刘於义
	讷亲
	乾隆九年甲子

。

工部左侍郎。十二月迁。励宗万工部左侍

宗万代。

部右侍郎。

陈德华兵部左侍郎。

绂礼部右侍郎。

部左侍郎。邓钟岳代。

户部右侍郎。三月癸未，李元亮户部右侍

部尚书。十二月戊辰迁。赵宏恩工部尚书

刑部尚书。

兵部尚书。庚子忧免。彭维新兵部尚书。

部尚书。二月丁丑卒。阿尔赛户部尚书。

吏部尚书。

乾隆十年乙丑
讷亲五月戊子迁。辛卯，高斌吏部尚
刘於义
海望
阿尔赛五月辛卯卒。梁诗正户部尚书
三泰三月己丑乞休。来保礼部尚书。
任兰枝十月戊午乞休。十一月壬申，
班第
彭维新
来保三月己丑迁。盛安刑部尚书。
汪由敦
哈达哈
赵宏恩
。
阿克敦
归宣光四月庚申迁。田懋吏部左侍郎
宗室德沛
田懋四月迁。蒋溥吏部右侍郎。
三和
梁诗正五月辛卯迁。李元亮户部左侍
傅恒
李元亮迁。五月，吕炽户部右侍郎。
郎。
木和林
邓钟岳
勒尔森
杨锡绂四月庚申迁。五月甲申，秦蕙
舒赫德
陈德华
开泰十一月戊寅迁。鄂容安兵部右侍
王承尧四月戊申休致。庚申，归宣光
盛安三月己丑迁。雅尔图刑部左侍郎
钱陈群
兆惠
彭启丰忧免。十二月乙卯，励宗万刑
德龄十二月乙卯，涂逢震工部左侍郎
励宗万十二月乙卯迁。涂逢震工部左
郎。
索柱
吕炽五月己亥迁。范灿工部右侍郎。

	范灿三月癸未乞休。乙
	索柱
侍郎。	涂逢震
。	德龄七月庚戌迁。三和
部右侍郎。	励宗万五月甲辰革。魏
	兆惠
	钱陈群
。	雅尔图五月丙申迁。勒
兵部右侍郎。	归宣光三月乙酉迁。王
郎。	鄂容安
	陈德华
	舒赫德
田礼部侍郎。	秦蕙田
	勒尔森五月丙申迁。伍
	邓钟岳
	木和林
	吕炽
	傅恒七月迁。雅尔图户
郎。	李元亮
	三和七月庚戌迁。傅恒
	蒋溥三月乙酉迁。归宣
	宗室德沛
。	田懋三月癸未罢。乙酉
	阿克敦闰月癸丑迁。五
	赵宏恩
	哈达哈
	汪由敦
	盛安五月丙申迁。阿克
	彭维新
	班第
王安国礼部尚书。	王安国
	来保
。	梁诗正
	海望
	刘於义
书。	高斌
	乾隆十一年丙寅

西，尹会一工部右侍郎。

工部左侍郎。

定国刑部右侍郎。

尔森刑部左侍郎。

会汾兵部右侍郎。

灵安礼部右侍郎。

部右侍郎。

户部左侍郎。

光吏部右侍郎。

，蒋溥吏部左侍郎。

月丙申，雅尔图吏部左侍郎。七月庚戌迁

敦刑部尚书。

尹会一
索柱
涂逢震
三和
魏定国
兆惠
钱陈群
勒尔森
王会汾十月壬申迁。
鄂容安五月壬寅迁。
陈德华九月戊申革。
舒赫德五月戊戌迁。
秦蕙田忧免。四月丁
伍灵安
邓钟岳
木和林
吕炽
雅尔图五月戊戌病免
李元亮
傅恒迁。三月丙午，
归宣光
宗室德沛十二月迁。
蒋溥
。德龄吏部左侍郎。德龄
赵宏恩
哈达哈
汪由敦
阿克敦
彭维新革。九月丁巳
班第
王安国
来保三月丙午迁。海
梁诗正
海望三月丙午迁。傅
刘於义
高斌三月丙午迁。来
乾隆十二年丁卯

庄有恭兵部右侍郎。

蕴著兵部右侍郎。九月王子迁。十月王申

十月王申，王会汾兵部左侍郎。

王寅，鄂容安兵部左侍郎。

亥，杨嗣璟礼部右侍郎。六月甲戌，沈德

。舒赫德户部右侍郎。

德尔敏户部左侍郎。

，

，陈大受兵部尚书。

望礼部尚书。

恒户部尚书。

保吏部尚书。十二月庚辰迁。德沛吏部尚

，塞尔赫兵部右侍郎。寻卒。十一月辛卯

潜礼部右侍郎。

书。

	尹会一四月乙丑迁。
	索柱五月戊戌降。
、	涂逢震五月辛丑降。
	三和十月辛卯迁。
	魏定国闰月庚申迁。
	兆惠
	钱陈群
	勒尔森
	庄有恭
，雅尔图兵部右侍郎。	雅尔图
	王会汾十二月壬寅
	鄂容安十月乙酉迁
	沈德潜闰月庚申免
	伍灵安
	邓钟岳四月乙丑休
	木和林
	吕炽
	舒赫德十月丙戌迁
	李元亮
	德尔敏
	归宣光四月迁。尹
	德通二月丙辰，吏
	蒋溥四月迁。归宣
	德龄
	赵宏恩
	哈达哈
	汪由敦
	阿克敦四月癸酉革
	陈大受四月乙卯迁
	班第十月丙戌降。
	王安国
	海望
	梁诗正四月乙丑迁
	傅恒十月丁亥迁。
	刘於义三月乙未卒
	德沛七月戊戌病免
	乾隆十三年戊辰

。何国宗工部右侍郎。六月丙辰迁。嵇璜
阿克敦署。闰月癸丑迁。宗室恒禄工部右
。六月丙辰，何国宗工部左侍郎。
班第工部左侍郎。
。梅谷成刑部右侍郎。

降。蒋炳兵部左侍郎。
。马灵阿署兵部左侍郎。
。齐召南礼部右侍郎。

。秦蕙田礼部左侍郎。

。辛卯，三和户部右侍郎。

会一吏部右侍郎。闰月庚申，魏定国吏部
部右侍郎。闰月癸丑迁。介福吏部右侍郎
光吏部左侍郎。

。达尔党阿刑部尚书。七月戊戌迁。盛安
。乙丑，梁诗正兵部尚书。
舒赫德兵部尚书。十一月庚辰迁。瑚宝兵

。蒋溥户部尚书。
庚寅，尹继善户部尚书。十一月庚辰迁。
。四月乙卯，陈大受吏部尚书。
。达尔党阿吏部尚书。

工部右侍郎。
侍郎。

右侍郎。十二月壬寅休致。王会汾吏部右
。

刑部尚书。庚戌迁。闰月癸丑，阿克敦署
部尚书。

舒赫德户部尚书。

	乾隆十四年己巳
	达尔党阿
	陈大受
	舒赫德十二月辛卯迁。海望户
	蒋溥
	海望十二月辛卯迁。木和林礼
	王安国
	瑚宝四月戊戌迁。哈达哈兵部
	梁诗正
刑部尚书。	阿克敦
	汪由敦
	哈达哈四月戊戌迁。三和工部
	赵弘恩十二月庚戌迁。刘统勋
	德龄十二月辛巳降。癸未，介
	归宣光
	介福十二月癸未迁。同宁吏部
侍郎。	王会汾十一月辛未降。田懋吏
	德尔敏十二月迁。癸未，纳穆
	李元亮
	三和四月戊戌迁。纳穆扎尔户
	吕炽十二月免。辛巳，嵇璜户
	木和林十二月辛卯迁。马灵阿
	秦蕙田
	伍灵安十二月辛巳迁。嵩寿礼
	齐召南十一月丁未休致。刘纶
	马灵阿十二月辛卯迁。雅尔图
	蒋炳
	雅尔图十二月迁。观保兵部右
	庄有恭
	勒尔森
	钱陈群
	兆惠
	梅谷成
	班第正月丁巳革。壬申，拉布
	何国宗
	宗室恒禄四月免。纳敏工部右
	嵇璜十二月辛巳，刘纶工部右

侍郎。
侍郎。七月卒。八月己卯，众佛保工部右
敦工部左侍郎。

侍郎。
。
兵部左侍郎
礼部右侍郎。十二月辛巳。张泰开礼部右
部右侍郎。

署礼部左侍郎。
部右侍郎。
部右侍郎。十二月辛巳迁。伍灵安户部右

扎尔户部左侍郎。
部右侍郎。
右侍郎。

福吏部左侍郎。
工部尚书。
尚书。十二月辛卯降。哈达哈复为工部尚

尚书。十二月辛卯迁。舒赫德兵部尚书。
部尚书。
部尚书。

	刘纶
侍郎。十二月辛卯免。三和代。	三和
	何国宗
	拉布敦九
	梅谷成九
	兆惠十一
	钱陈群
	勒尔森
	庄有恭
	观保
	蒋炳
	雅尔图
侍郎。	张泰开八
	嵩寿
	秦蕙田十
	马灵阿二
	嵇璜正月
侍郎。	伍灵安十
	李元亮正
	纳穆扎尔
	田懋迁。
	同宁四月
	归宣光五
	介福正月
	刘统勋七
书。	哈达哈
	汪由敦七
	阿克敦
	梁诗正正
	舒赫德
	王安国
	木和林十
	蒋溥
	海望
	陈大受正
	达尔党阿
	乾隆十五

月辛亥迁。庚申，纳穆扎尔工部左侍郎。

月庚子迁。杨锡绂刑部右侍郎。十月甲申

月迁。己酉，书山刑部右侍郎。

月乙亥迁。吕炽礼部右侍郎。十一月丁未

月甲申迁。田懋礼部左侍郎。十一月免。

月庚辰降。介福礼部左侍郎。

迁。癸丑，庄有恭户部右侍郎。

一月丙辰迁。雅尔哈善户部右侍郎。

月迁。嵇璜户部左侍郎。

九月庚申迁。德保户部左侍郎。十一月戊

归宣光吏部右侍郎。五月，彭启丰吏部右

革。己亥，慧中吏部右侍郎。

月壬子降。彭启丰吏部左侍郎。是月，田

癸酉降。鄂弥达吏部左侍郎。

月庚申迁。孙嘉淦工部尚书。

月庚申降。刘统勋刑部尚书。

月丁未迁。李元亮兵部尚书。

一月丙辰迁。伍灵安礼部尚书。

月丁未迁。梁诗正吏部尚书。

年庚午

刘纶	
三和	
何国	
纳穆	
秦蕙	迁。秦蕙田刑部右侍郎。
书山	
钱陈	
勒尔	
庄有	
观保	
蒋炳	
雅尔	
陈邦	迁。陈邦彦礼部右侍郎。
嵩寿	
吕炽	丁未，吕炽礼部左侍郎。
介福	
庄有	
雅尔	
嵇璜	
兆惠	申降。己酉，兆惠户部左侍郎。
归宣	侍郎。
慧中	
彭启	懋吏部左侍郎。十月迁。归宣光代。
鄂弥	
孙嘉	
哈达	
刘统	
阿克	
李元	
舒赫	
王安	
伍灵	
蒋溥	
海望	
梁诗	
达尔	
乾隆	

九月壬申忧。张开泰工部右侍郎。

宗

扎尔

田

群

森

恭八月辛酉迁。壬戌，裘日修兵部右侍郎

图

彦十二月壬寅革。丙午，董邦达礼部右侍

恭八月辛酉迁。壬戌，汪由敦户部右侍郎。

哈善十二月壬寅迁。丙午，钟音户部右侍

光

丰

达

溢

哈

勋

敦

亮

德

国

安

正

党阿

十六年辛

	张开泰	
	三和	二月乙未迁。德保工部右侍郎。
	何国宗	
	纳穆扎尔	十月壬子免。德保工部左侍
	秦蕙田	迁。六月，王淳刑部右侍郎。
	书山	
	钱陈群	六月壬辰病免。秦蕙田刑部左
	勒尔森	
。	裘日修	
	观保	
	蒋炳	三月戊寅迁。胡宝瑔兵部左侍郎
	雅尔图	
郎。	董邦达	十二月迁。邹一桂礼部右侍郎
	嵩寿	
	吕炽	十二月戊申乞养免。邹一桂礼部
	介福	
	汪由敦	九月庚辰迁。辛巳，王淳户部
郎。	钟音	二月乙未迁。三和户部右侍郎。
	嵇璜	
	兆惠	
	归宣光	
	慧中	
	彭启丰	
	鄂弥达	
	孙嘉淦	九月庚辰迁。汪由敦工部尚书
	哈达哈	
	刘统勋	
	阿克敦	
	李元亮	
	舒赫德	
	王安国	
	伍灵安	
	蒋溥	
	海望	
	梁诗正	九月庚辰乞养免。孙嘉淦吏部
	达尔党阿	
	乾隆十七年壬申	

张泰	
德尔	十月迁。德尔敏工部右侍郎。
何国	
德保	郎。
蔡新	九月辛巳迁。蔡新刑部右侍郎。
书山	
秦蕙	侍郎。
勒尔	
裘日	
观保	
胡宝	。
雅尔	
邹一	。
嵩寿	
董邦	左侍郎，寻迁。董邦达礼部左侍郎。
介福	
王淳	右侍郎。
三和	
嵇璜	
兆惠	
彭启	
慧中	
归宣	
鄂弥	
汪由	。
哈达	
刘统	
阿克	
李元	
舒赫	
王安	
伍灵	
蒋溥	
海望	
孙家	尚书。
达尔	
乾隆	

开九月戊辰迁。董邦达工部右侍郎。
敏九月迁。壬申，三和工部右侍郎。
宗
九月革。德尔敏工部左侍郎。
三月壬午假。李因培署刑部右侍郎。

田
森
修九月戊寅迁。李因培兵部右侍郎。
十月迁。吴达善兵部右侍郎。
璟九月迁。戊寅，彭启丰兵部左侍郎。
图十月病免。观保兵部左侍郎。
桂九月戊辰迁。张泰开礼部右侍郎。

达九月戊辰迁。邹一桂礼部左侍郎。

八月，刘纶户部右侍郎。
九月壬申迁。阿里衮户部右侍郎。
二月丁未差。梦麟署户部左侍郎。
丰九月戊寅迁。裘曰修吏部右侍郎。

光
达
敦
哈
勋
敦
亮
德六月癸巳差。策楞署兵部尚书。
国
安

溢十二月丁亥卒。庚寅，黄廷桂吏部尚书
党阿
十八年癸酉

董邦达
三和十月迁。戊辰，吴达善工部右侍郎
何国宗
德尔敏十月差。戊辰，三和工部左侍郎
蔡新
书山
秦蕙田
勒尔森
李因培正月免。二月癸未，于敏中兵部
吴达善十月迁。雅尔哈善兵部右侍郎。
彭启丰
观保
张泰开二月辛丑革。三月壬子，徐以煊
嵩寿
邹一桂
介福
刘纶十月辛未迁。裘日修户部侍郎。
阿里衮
嵇璜十月戊辰迁。辛未，刘纶户部左侍
兆惠五月辛丑差。六月壬申，雅尔哈善
裘日修十月迁。嵇璜吏部右侍郎。
慧中三月癸亥休致。苏昌吏部右侍郎。
归宣光
鄂弥达
汪由敦
哈达哈
刘统勋
阿克敦
李元亮
舒赫德七月甲辰革。班第兵部尚书。
王安国
伍灵安
蒋溥
海望
。
黄廷桂
达尔党阿
乾隆十九年甲戌

	董邦达
。	吴达善五月辛卯迁。己亥
	何国宗五月辛卯迁。李侍
。	三和
	蔡新
	书山
	秦蕙田
	勒尔森
右侍郎。	于敏中二月癸丑迁。李清
	雅尔哈善
	彭启丰二月丁巳告养免。
	观保
礼部右侍郎。	徐以烜
	嵩寿六月庚戌卒。多纶礼
	邹一桂
	介福
	裘日修五月丁酉革。六月
	阿里衮十月甲辰迁。纳穆
郎。	刘纶
署户部左侍郎。	兆惠
	嵇璜十二月假免。己未，
	苏昌
	归宣光
	鄂弥达九月丙申迁。十月
	汪由敦九月丁酉迁。十月
	哈达哈
	刘统勋九月丙申革。丁酉
	阿克敦六月癸丑致仕。鄂
	李元亮
	班第十二月戊申遇害。庚
	王安国五月辛卯迁。杨锡
	伍灵安
	蒋溥
	海望九月己亥卒。十月甲
	黄廷桂五月辛卯迁。王安
	达尔党阿
	乾隆二十年乙亥

，梦麟工部右侍郎。
尧工部左侍郎。六月庚戌迁。王际华工部

芳兵部右侍郎。

癸丑，于敏中兵部左侍郎。

部右侍郎。

庚戌，李侍尧户部右侍郎。十一月，五福
扎尔户部右侍郎。

裘日修吏部右侍郎。

甲辰，舒明吏部左侍郎。
甲辰，卫哲治工部尚书。

，汪由敦刑部尚书。
弥达刑部尚书。

戊，傅森兵部尚书。
绂礼部尚书。

辰，阿里衮户部尚书。
国吏部尚书。

董邦达

梦麟

左侍郎。 王际华

三和

蔡新

书山

泰惠田

勒尔森

李清芳迁。二月，张师载

雅尔哈善

于敏中忧免。李清芳兵部

观保

徐以烜迁。二月甲子，金

多纶

邹一桂二月甲子休。徐以

介福

署户部右侍郎。 五福改署满侍郎。十一月

纳穆扎尔

刘纶

兆惠

裘日修

苏昌

归宣光

舒明

卫哲治二月甲子病免。赵

哈达哈

汪由敦六月癸丑迁。刘统

鄂弥达

李元亮

傅森

杨锡绂

伍灵安

蒋溥

阿里衮

王安国十一月壬戌病免。

达尔党阿

乾隆二十一年丙子

兵部右侍郎。

左侍郎。

德瑛礼部右尚书。

烜礼部左侍郎。

辛亥，范时绶署户部右侍郎。

宏恩工部尚书。六月癸丑迁。汪由敦工部

勋刑部尚书。

汪由敦署吏部尚书。

尚书。十一月壬戌迁。赵宏恩署工部尚书

乾隆二十二年丁丑
达尔党阿 二月乙酉革。傅森吏部尚书。
汪由敦
阿里衮 二月乙酉降。兆惠户部尚书。
蒋溥
伍灵安
杨锡绂 正月甲辰迁。何国宗礼部尚书。
傅森 二月乙酉迁。舒赫德兵部尚书。三
李元亮
鄂弥达
刘统勋
哈达哈 二月乙酉革。纳穆扎尔工部尚书。
。赵宏恩 正月甲辰迁。秦蕙田工部尚书。
舒明 十月乙丑迁。甲戌三泰吏部左侍郎。
归宣光 四月迁。裘日修吏部左侍郎。未
苏昌
裘日修 迁。王兴吾吏部右侍郎。九月王
兆惠 二月乙酉迁。阿里衮户部左侍郎。
刘纶
纳穆扎尔 二月乙酉迁。雅尔哈善户部右
范时绶 十月甲戌病免。裘日修户部右侍
介福
徐以烜 免。六月庚午，彭树葵礼部左侍
多纶
金德瑛
观保
李清芳
雅尔哈善 二月迁。甲辰，哈达哈兵部右
程景伊
勒尔森
秦蕙田 正月甲辰迁。王际华刑部左侍郎
书山
蔡新 正月迁。王际华刑部右侍郎。
三和
王际华 正月甲辰迁。钱维城工部左侍郎
梦麟 九月壬寅迁。阿桂工部右侍郎。部
董邦达 九月壬寅迁。陈德华工部右侍

。

。

，寻迁。蔡新刑部左侍郎。六月戊辰告养

侍郎。三月己酉迁。丁巳，舒赫德兵部右

郎。

郎。

侍郎。九月庚子迁。壬寅，梦麟户部右侍

寅卒。董邦达吏部右侍郎。

任。五月，归宣光仍兼管。十月，裘曰修

。

。

月辛亥迁。哈达哈兵部尚书。八月丁亥革

四月己丑革。归宣光礼部尚书。

陈德	
阿桂	
钱维	
三和	
于敏	
书山	
王际	免。于敏中署刑部左侍郎。
勒尔	
程景	
宗室	侍郎。十二月庚辰革。宗室如松代。
李清	
观保	
金德	
多纶	
彭树	
介福	
裘日	
梦麟	郎。
刘纶	
阿里	
董邦	
苏昌	
五福	迁。五福吏部左侍郎。
三泰	
泰蕙	
纳穆	
刘统	
鄂弥	
李元	
雅尔	。九月庚子，雅尔哈善兵部尚书。
归宣	
伍灵	
蒋溥	
兆惠	
汪由	
傅森	
乾隆	

华
四月甲戌差。梦麟工部右侍郎。八月丁丑
城

中
八月壬午迁。永贵刑部右侍郎。
华
森十二月戊午迁。伊禄刑部左侍郎。
伊
如松
芳

瑛迁。四月壬申，庄存与礼部右侍郎。
裘四月降。金德瑛礼部左侍郎。

修
四月甲戌迁。吉庆户部右侍郎。

衮四月革。三泰户部左侍郎。十一月丁未
达

四月壬申迁。石柱吏部左侍郎。十一月庚
田正月壬子迁。嵇璜工部尚书。九月戊戌。
扎尔十一月丁未，殉难。舒赫德工部尚书。
勋正月壬子迁。秦蕙田刑部尚书。
达
亮
哈善八月甲子革。甲戌，都赉兵部尚书。
光九月戊戌迁。嵇璜礼部尚书。
安

敦正月己酉卒。壬子，刘统勋吏部尚书。

二十三年戊寅

卒。阿桂工部右侍郎。

殉难。明瑞户部左侍郎。

子卒。舒赫德吏部左侍郎。丁未迁。阿里
迁。梁诗正署工部尚书。

十二月丁巳革。阿里衮兵部尚书。

衮吏部左侍郎。十二月戊午迁。勒尔森补

乾隆二十四年己卯
傅恒
刘统勋
兆惠
蒋溥 正月癸卯迁。李元亮户部尚书。
伍灵安
嵇璜 闰月乙酉乞养。陈德华礼部尚书。
阿里衮
李元亮 正月癸卯迁。梁诗正兵部尚书。
鄂弥达
秦蕙田
舒赫德
梁诗正 正月癸卯迁。归宣光工部尚书。
。
勒尔森
五福
苏昌 九月庚午迁。海明吏部右侍郎。
董邦达
明瑞
刘纶 六月丁未迁。裘日修户部左侍郎。
吉庆
裘日修 六月迁。于敏中户部右侍郎。
介福
金德瑛
多纶 三月丙午休。己酉，五吉礼部右侍
庄存与 忧免。六月丁未，程景伊礼部右
观保
李清芳 三月丙午休致。己酉，钱汝诚兵
宗室松如
程景伊 六月丁未迁。钱汝诚兵部右侍郎
伊禄
王际华 六月，补刑部左侍郎，寻迁。王
永贵
于敏中 迁。六月丁未，谢溶生刑部右侍
三和
钱维城
阿桂
陈德华 正月癸卯迁。二月壬子，曹瑛工

部右侍郎。	曹瑛
	阿桂
	三和
	钱维诚
郎。	谢溶生十月
	永贵十二月
际华刑部左侍郎。	王际华四月
	伊禄
，寻迁。熊学鹏兵部右侍郎。	熊学鹏十月
	宗室如松
部左侍郎。	钱汝诚四月
	观保
侍郎。	程景伊
郎。	五吉
	金德瑛
	介福
	于敏中
	吉庆
	裘曰修
	明瑞
	董邦达
	海明
	五福
	勒尔森
	归宣光
	舒赫德
	秦蕙田
	鄂弥达
	梁诗正
	阿里衮
	陈德华
	伍灵安
	李元亮
	兆惠
	刘统勋
	傅森
	乾隆二十五

	曹瑛十月己
	阿贵七月辛
	钱维城三月
	三和
戊寅迁。熊学鹏刑部右侍郎。	熊学鹏三月
丙申迁。	官保正月癸
丁亥调。钱汝诚刑部左侍郎。	钱汝诚十一
	伊禄卒。五
戊寅迁。谢溶生兵部右侍郎。	谢溶生五月
	定长五月戊
丁亥迁。王际华兵部左侍郎。	王际华
	观保
	程景伊十月
	五吉
	金德瑛五月
	介福
	于敏中迁。
	吉庆十一月
	裘曰修迁。
	明瑞
	董邦达
	海明
	五福十月己
	勒尔森十一
	归宣光
	舒赫德七月
	秦蕙田
	鄂弥达七月
	梁诗正五月
	阿里衮
	陈德华
	伍灵安十一
	李元亮四月
	兆惠
	刘统勋五月
	傅森
年庚辰	乾隆二十六

卯，五福工部右侍郎。
丑迁。己酉，纳世通工部右侍郎。
甲寅，范时纪工部左侍郎。

戊申迁。钱维城刑部右侍郎。十一月迁。
亥，刑部右侍郎。
月辛酉迁。钱维城刑部左侍郎。
月戊申，安泰刑部左侍郎。十一月丙申迁。
午迁。张映辰兵部右侍郎。
午迁。永宁兵部右侍郎。

丙子迁。何国宗礼部右侍郎。

丁未迁。辛酉，谢溶生礼部左侍郎。九月

十一月辛酉，钱汝诚户部右侍郎。
丙申革。安泰户部右侍郎。
十一月，于敏中户部左侍郎。

卯迁。彭启丰署吏部左侍郎。
月丙辰迁。德保吏部左侍郎。

辛丑迁。阿桂工部尚书。

辛丑卒。舒赫德刑部尚书。
丁未迁。刘纶兵部尚书。

月癸丑革。甲寅，永贵礼部尚书。
壬辰病免。李侍尧户部尚书。

丁未迁。梁诗正吏部尚书。

年辛巳

张泰开刑部右侍郎。

。阿永阿刑部左侍郎。

丙午降。十月丙子，程景伊礼部左侍郎。

五福

纳世通

范时纪

三和

张泰开四月辛巳迁。叶存仁刑部右侍郎。

官保

钱维城

阿永阿

张映辰四月辛卯革。五月丙午，蔡长沄兵

永宁

王际华

观保五月戊申迁。钟音兵部左侍郎。

何国宗三月庚申休。四月辛巳，张泰开礼

五吉

程景伊

介福卒。四月丙子，伍灵安礼部左侍郎。

钱汝诚

安泰

于敏中

明瑞迁。九月己丑，英廉户部左侍郎。

董邦达正月戊申迁。程岩吏部右侍郎。

海明五月戊申迁。观保吏部右侍郎。

彭启丰四月，吏部左侍郎。十二月丁未迁。

德保四月降，仍留。

归宣光十二月丁未卒。董邦达工部尚书。

阿桂

秦蕙田

舒赫德

刘纶

阿里衮

陈德华

永贵

李侍尧

兆惠

梁诗正

傅森

乾隆二十七年壬午

乾隆二十八年癸未	
傅森	
梁诗正六月壬寅迁	
兆惠	
李侍尧五月甲戌迁	
永贵	
陈德华	
阿里衮	
刘纶五月甲戌迁。	
舒赫德	
秦蕙田	
阿桂	
董邦达	
德保	
梁国治	。梁国治吏部左侍郎。
观保	
程岩	
英廉	
于敏中	
安泰	
钱汝诚	
伍灵安五月，五吉	
程景伊	
五吉五月迁。双庆	
张泰开六月壬寅迁	部右侍郎。
钟音	
王际华	
永宁二月甲辰迁。	
蔡长沄卒。十二月	部右侍郎。
阿永阿	
钱维城	
官保	
叶存仁正月壬午迁	
三和	
范时纪	
纳世通	
五福	

。蔡鸿业刑部右侍郎。

乙未，蒋檙兵部右侍郎。

旌额里兵部右侍郎。

。李因培礼部右侍郎。

礼部右侍郎。

礼部左侍郎。

陈宏谋兵部尚书。六月壬寅，彭启丰兵部

。刘纶户部尚书。

。陈宏谋吏部尚书。

	五福
	纳世通
	范时纪
	三和
	蔡鸿业
	官保
	钱维城
	阿永阿
	蒋檙
	旌额里二月己丑调。观保兵部右侍
	王际华
	钟音
	李因培十二月丁酉迁。李宗文礼部
	双庆十一月丁卯迁。鄂宁礼部右侍部
	程景伊十一月丁卯迁。双庆礼部左侍
	钱汝诚
	安泰
	于敏中
	英廉
	程岩
	观保二月己巳迁。旌额里吏部右侍
	梁国治
	德保
	董邦达十二月甲午迁。杨廷璋工部
	阿桂
	秦蕙田八月丙寅卒。庄有恭刑部尚
	舒赫德
尚书。	彭启丰
	阿里衮十一月丁卯迁。托恩多兵部
	陈德华十二月甲午解任。董邦达礼
	永贵
	刘纶
	兆惠十一月乙丑卒。丁卯，阿里衮
	陈宏谋
	傅森
	乾隆二十九年甲申

	五福
	纳世通三月己亥革。癸卯，官
	范时纪闰月己巳迁。李宗文工
	三和
	蔡鸿业九月庚辰，何逢禧刑部
	官保三月癸卯迁。五月丙子，
	钱维城
	阿永阿五月丙子，四达刑部左
	蒋檙
郎。	观保七月戊子迁。奇成额兵部
	王际华五月迁。庚辰，陆宗楷
	钟音
右侍郎。	李宗文闰月己巳迁。程岩礼部
郎。	鄂宁迁。三月己亥，额尔景额
	程景伊九月庚辰迁。刘星炜礼
郎。	双庆三月丁亥降。鄂宁礼部左
	钱汝诚五月丁丑乞养。庚辰，
	安泰七月乙未迁。嵩恒户部右
	于敏中正月癸丑迁。裘日修户
	英廉
	程岩闰月己巳迁。庚午，范时
郎。	旌额里
	梁国治九月庚辰革。程景伊吏
	德保
尚书。	杨廷璋六月己酉迁。董邦达兼
	阿桂十二月戊申差。蕴著工部
书。	庄有恭
	舒赫德
	彭启丰
尚书。	托恩多十一月乙酉迁。托庸兵
部尚书。	董邦达
	永贵
	刘纶正月癸丑忧，于敏中户部
户部尚书。	阿里衮
	陈宏谋
	傅森十一月乙酉迁。托恩多吏
	乾隆三十年乙酉

	五福正月辛卯革。程
保工部右侍郎。	官保四月驻藏。五月
部左侍郎。	李宗文
	三和
右侍郎。	何逢禧正月辛巳迁。
绰克托刑部右侍郎。	绰克托
	钱维城
侍郎。	四达
	蒋檙
右侍郎。	奇成额
兵部左侍郎。	陆宗楷正月乙未迁。
	钟音
右侍郎。	程岩十月甲寅迁。罗
礼部右侍郎。	额尔景额二月迁。癸
部左侍郎。	刘星炜十月甲寅迁。
侍郎。	鄂宁二月迁。额尔景
王际华户部右侍郎。	王际华
侍郎。	高恒
部左侍郎。	裘日修
	英廉
绶吏部右侍郎。	范时绶正月乙未迁。
	旌额里
部左侍郎。	程景伊正月辛卯迁。
	德保
署工部尚书。	董邦达正月乙未，补
尚书。	蕴著
	庄有恭正月乙未革。
	舒赫德
	彭启丰十月癸丑降。
部尚书。	托庸
	董邦达正月乙未迁。
	永贵
尚书。	于敏中
	阿里衮
	陈宏谋
部尚书。	托恩多
	乾隆三十一年丙戌

景伊工部右侍郎。十月甲寅迁。刘星炜工

壬申，珠鲁讷工部右侍郎。

吴绍诗刑部右侍郎。二月辛亥迁。

史奕昂兵部左侍郎。十月癸丑罢。彭启丰

源汉礼部右侍郎。

亥，珠鲁讷礼部右侍郎。五月壬申迁。讷

程岩礼部左侍郎。十二月庚申乞休。

额礼部左侍郎。

何逢禧吏部右侍郎。

乙未，陆宗楷吏部左侍郎。十月甲寅迁。

工部尚书。

李侍尧署刑部尚书。

甲寅陆宗楷兵部尚书。

张泰开礼部尚书。

部右侍郎。	刘星炜
	珠鲁讷
	李宗文
	三和
	周煌五月丙寅迁。蔡
	绰克托
	钱维城
	四达
	蒋檙五月丙寅卒。周
	奇成额差。八月乙酉
兵部左侍郎。	彭启丰
	钟音八月乙酉迁。奇
	罗源汉七月丙戌迁。
穆浑礼部右侍郎。	诺穆浑
	金甡正月戊辰，礼部
	额尔景额
	王际华七月迁。范时
	高恒
	裘日修七月辛巳迁。
	英廉
	何逢禧
	旌额里
程景伊吏部左侍郎。	程景伊
	德保
	董邦达八月癸酉调。
	蕴著三月丙寅降。托
	李侍尧三月庚寅迁。
	舒赫德
	陆宗楷
	托庸三月丙寅迁明瑞
	张泰开五月庚午迁。
	永贵
	于敏中
	阿里衮
	陈宏谋三月辛巳迁。
	托恩多
	乾隆三十二年丁亥

新刑部右侍郎。

煜兵部右侍郎。

，奉宽兵部右侍郎。

成额兵部左侍郎。

倪承宽礼部右侍郎。

左侍郎。

纪户部右侍郎。

王际华户部左侍郎。

裘日修工部尚书。

庸工部尚书。

杨廷璋刑部尚书。

兵部尚书。

嵇璜礼部尚书。七月辛巳迁。裘日修礼部

刘纶吏部尚书。

	刘
	珠
	李
	三
	蔡
	绰
	钱
	四
	周
	奉
	彭
	奇
	倪
	诺
	金
	额
	范
	高
	王
	英
	何
	旌
	程
	德
	裘
	托
	杨
	舒
	陆
	明
尚书。八月癸酉调。董邦达礼部尚书。	董
	永
	于
	阿
	刘
	托
	乾

星炜七月戊子迁。曹秀先工部右侍郎。
鲁讷三月阵亡。鄂忻工部右侍郎。
宗文七月戊子，刘星炜工部左侍郎。
和
新八月壬申迁。张若溎刑部右侍郎。
克托
维城
达
煜迁。三月，宋邦绥兵部右侍郎。
宽
启丰三月壬寅乞休。周煌兵部左侍郎。
成额
承宽
穆浑二月迁。甲子，德福礼部右侍郎。
甡
尔景额二月卒。甲子，诺穆浑礼部左侍郎
时纪
恒十月丙辰，伊克坦户部右侍郎。
际华
廉
逢禧
额里
景伊
保
日修八月壬申迁。蔡新工部尚书。九月辛
庸四月戊寅迁。福隆安工部尚书。
廷璋八月壬申迁。裘日修刑部尚书。九月
赫德四月戊寅察议。托庸刑部尚书。七月
宗楷
瑞三月丙戌阵亡。福隆安兵部尚书。四月
邦达
贵十二月庚申迁。观保礼部尚书。
敏中
里衮
纶
恩多十二月庚申革。永贵吏部尚书。
隆三十三年戊子

。

亥迁。嵇璜工部尚书。

辛亥忧。蔡新刑部尚书。

甲午调。官保刑部尚书。

戊寅迁。阿桂兵部尚书。六月迁。七月甲

	曹秀先
	鄂忻二月丙寅，德承
	刘星炜
	三和
	张若淮
	绰克托八月辛亥迁。
	钱维城
	四达
	宋邦绥十一月辛卯迁
	奉宽
	周煌
	奇成额八月辛亥，绰
	倪承宽
	德福
	金甡
	诺穆浑
	范时纪十一月庚寅迁
	伊克坦十二月甲戌，索
	王际华十一月迁。范
	英廉
	何逢禧十二月甲寅迁。
	旌额里十二月迁。阿
	程景伊十二月迁。癸酉
	德保十二月迁。旌额
	嵇璜二月甲寅降。程
	福隆安
	蔡新七月乙亥迁。吴
	官保十一月乙酉迁。
	陆宗楷七月己亥迁。
午，托庸兵部尚书。	托庸十月壬申迁。伊
	董邦达七月戊戌卒。
	观保十月辛未迁。永
	于敏中
	阿里衮十一月乙酉卒
	刘纶
	永贵十一月壬申迁。
	乾隆三十四年己丑

工部右侍郎。

伍纳玺刑部右侍郎。

。蒋元益兵部右侍郎。

克托署兵部左侍郎。

。宋邦绥户部右侍郎。
琳户部右侍郎。
时纪户部左侍郎。

罗源汉吏部右侍郎。
思哈吏部右侍郎。
，何逢禧吏部左侍郎，卒。十二月丁巳，
里吏部左侍郎。
景伊工部尚书。

绍诗刑部尚书。十月壬申迁。裘曰修刑部
素尔讷刑部尚书。
蔡新兵部尚书。
勤图兵部尚书。
已亥，陆宗楷礼部尚书。十月辛未降。王
贵礼部尚书。十二月丙辰革。己巳，阿桂

。官保户部尚书。

托庸吏部尚书。

袁守侗吏部左侍郎。

尚书。

申，吴绍诗礼部尚书。十一月丁亥革。庚
礼部尚书。

曹秀先七月己亥迁	
德承	
刘星炜十二月病免	
三和	
张若溎闰月迁。六	
伍纳玺四月迁。喀	
钱维城	
四达四月甲寅休。	
蒋元益	
奉宽	
周煌	
绰克托七月乙巳迁	
倪承宽	
德福	
金甡	
诺穆浑	
宋邦绥卒。正月己	
索琳	
范时纪	
英廉	
罗源汉三月壬午降	
阿思哈二月革。闰	
袁守侗	
旌额里	
程景伊闰月甲子迁	
福隆安七月丁巳忧	
裘曰修闰月甲子解	
素尔讷六月丁亥调	
蔡新	
伊勒图赴伊犁。六	
王际华	寅，王际华礼部尚书。
阿桂八月戊寅革。	
于敏中	
官保六月丁未调。	
刘纶	
托庸	
乾隆三十五年庚寅	

。徐绩工部右侍郎。

。裘日修工部左侍郎。

月癸未，刘秉恬刑部右侍郎。七月乙丑迁
宁阿刑部右侍郎。闰月戊申署。迈拉逊刑

伍纳玺刑部左侍郎。

。博清额署兵部左侍郎。

亥，曹秀先户部右侍郎。三月辛卯迁。蒋

月。辛卯，曹秀先吏部右侍郎。
月，温福吏部右侍郎。七月迁。瑚世泰吏

。范时绶工部尚书。

。温福兼署工部尚书。

任。程景伊刑部尚书。
。官保刑部尚书。

月壬辰，丰升额署兵部尚书。

己卯，永贵礼部尚书。

素尔讷户部尚书。

。余文仪刑部右侍郎迁。

部右侍郎。六月甲午。朔世泰刑部右侍

赐榮户部右侍郎。

部右侍郎。

	徐绩迁
	德承
	裘日修
	三和
郎。七月迁。缉克托刑部右侍郎。	余文仪
	缉克托
	钱维城
	伍纳玺
	蒋元益
	奉宽
	周煌
	博清额
	倪承宽
	德福
	金甡
	诺穆浑
	蒋赐棨
	索琳三
	范时纪
	英廉
	曹孝先
	瑚世泰
	袁守侗
	旌额里
	范时绶
	福隆安
	程景伊
	官保
	蔡新
	丰升额
	王际华
	永贵
	于敏中
	素尔讷
	刘纶二
	托庸
	乾隆三

。十月壬辰，嵇璜工部右侍郎。

二月辛卯迁。壬辰，阎循琦工部左侍郎。

五月辛丑迁。吴绍诗刑部右侍郎。

十一月己亥迁。鄂宝刑部右侍郎。

十二月己卯，玛兴阿刑部左侍郎。

二月戊午降。绰克托署兵部左侍郎。十二

月壬寅降。癸卯，桂林户部右侍郎。十一

卒。七月，迈拉逊吏部左侍郎。

二月辛卯迁。裘曰修工部尚书。

二月辛卯迁。范时绶刑部尚书。十月丁亥

十一月丁巳迁。舒赫德户部尚书。

月辛卯迁。程景伊吏部尚书。

十六年辛卯

乾隆三十七年	
托庸	
程景伊	
舒赫德	
于敏中	
永贵	
王际华	
丰升额	
蔡新	
官保	
杨廷璋正月癸	迁。杨廷璋刑部尚书。
福隆安	
裘曰修	
迈拉逊	
袁守侗二月甲	
瑚世泰	
曹孝先二月迁	
英廉	
范时纪	
福康安	月迁。福康安户部右侍郎。
蒋赐棨	
诺穆浑	
金甡	
德福	
倪承宽	
绰克托四月戊	月己卯补。
周煌	
奉宽	
蒋元益	
玛兴阿四月差	
钱维城二月甲	
鄂宝三月庚申	
吴绍诗二月迁	
三和	
阎循琦	
德承	
嵇璜	

	嵇璜五月辛
	德承八月乙
	阎循琦八月
	三和八月卒
。甲申，吴坛刑部右侍郎。	吴坛
迁。雅德署刑部右侍郎。	雅德
申忧免。袁守侗刑部左侍郎。	袁守侗
。戊子，纬克托刑部左侍郎。	纬克托
	蒋元益
	奉宽
	周煌
子迁。期成额兵部左侍郎。	期成额
	倪承宽迁。
	德福迁。闰
	金牲九月己
	诺穆浑闰月
	蒋赐棨
	福康安
	范时纪
	英廉
。吴绍诗吏部右侍郎。	吴绍诗
	瑚世泰
申迁。曹孝先吏部左侍郎。	曹孝先
	迈拉逊
	裘日修五月
	福隆安
卯卒。崔应阶刑部尚书。	崔应阶
	官保九月庚
	蔡新八月戊
	丰升额
	王际华八月
	永贵正月戊
	于敏中八月
	舒赫德正月
	程景伊
	托庸九月庚
壬辰	乾隆三十八

酉迁。谢墉工部右侍郎。八月乙巳迁。李

巳迁。刘浩工部右侍郎。

戊子迁。乙巳，谢墉工部左侍郎。

。德承工部左侍郎。

正月乙卯，李宗文礼部右侍郎。九月壬申

月，玛兴阿礼部右侍郎。十二月迁。己丑

未休致。壬申，李宗文礼部左侍郎。

迁。德福礼部左侍郎。十二月，玛兴阿代

辛酉卒。嵇璜工部尚书。八月戊子调。阎

辰迁。英廉刑部尚书仍兼户部侍郎。

子迁。嵇璜兵部尚书。

戊子迁。蔡新礼部尚书。

午，阿桂礼部尚书。七月甲子迁。永贵礼

戊子迁。王际华户部尚书。

戊午，永贵署户部尚书。七月甲子，舒赫

辰乞休。官保吏部尚书。

年癸巳

	乾隆三十九年甲
	官保
	程景伊
德迁。阿桂户部尚书。	阿桂
	王际华
部尚书。	永贵
	蔡新
	丰升额
	嵇璜
	英廉
	崔应阶
	福隆安
循琦工部尚书。	阎循琦
	迈拉逊
	曹孝先
	瑚世泰
	吴绍诗十二月乙
	英廉
	范时纪六月甲午
	福康安
	蒋赐棨七月甲戌
。	玛兴阿
	李宗文正月甲午
，德明礼部右侍郎。	德明
迁。庄存与礼部右侍郎。	庄存与
	期成额
	蒋元益
	奉宽三月卒。四
	刘秉恬
	绰克托
	袁守侗十二月迁
	雅德
	吴坛七月甲戌革
	德承
	谢墉
	刘浩
友棠工部右侍郎。	李友棠

。胡季堂刑部右侍郎。十二月戊戌迁。王

。戊戌，胡季堂刑部左侍郎。

月庚戌，高朴署兵部右侍郎。

差。梁国治署礼部左侍郎。六月甲午迁。

革。金简户部右侍郎。

调。梁国治户部左侍郎。

酉休致。癸巳，袁守侗吏部右侍郎。

午

	李友棠十一月甲申
	刘浩
	谢墉
	德承
杰刑部右侍郎。	王杰
	雅德
	胡季堂
	绰克托
	蒋元益
	高朴四月迁。辛丑
	蒋元益
	期成额四月卒。高
	庄存与
	德明
范时纪署礼部左侍郎。	李宗文
	玛兴阿
	金简
	福康安
	梁国治
	英廉
	袁守侗十二月迁。
	瑚世泰
	曹孝先十二月迁。
	迈拉逊
	阎循琦十二月丁未
	福隆安
	崔应阶
	英廉
	嵇璜十二月丁未迁
	丰升额六月壬辰补
	蔡新十二月丁未迁
	永贵
	王际华
	阿桂
	程景伊
	官保
	乾隆四十年乙未

，董诰工部右侍郎。	董诰
	刘浩
	谢墉
	德承
	王杰
	雅德
	胡季堂
	绰克托正月己丑迁。
	蒋元益
，景福兵部右侍郎。	景福
	周煌
朴兵部左侍郎。	高朴
	庄存与六月丁未，沈
	德明二月免。丙辰，
	李宗文
	玛兴阿
	金简
	福康安正月己丑迁。
	梁国治
	英廉正月己丑免，兼。
刘秉恬吏部右侍郎。	刘秉恬迁。四月，吴
	瑚世泰
袁守侗吏部左侍郎。	袁守侗三月迁。四月
	迈拉逊
卒。嵇璜工部尚书。	嵇璜
	福隆安正月己丑迁。
	崔应阶十月辛亥迁。
	英廉
。蔡新兵部尚书。	蔡新
。	丰升额正月己丑迁。
。曹孝先礼部尚书。	曹孝先
	永贵
	王际华三月辛卯卒。
	阿桂正月己丑迁。丰
	程景伊
	官保正月己丑乞休。
	乾隆四十一年丙申

阿扬阿刑部左侍郎。

初礼部右侍郎。

达敏礼部右侍郎。五月，阿肃礼部右侍郎。

和珅户部右侍郎。

福康安户部左侍郎。

嗣爵吏部右侍郎。

癸卯，刘秉恬吏部左侍郎。

绰克托工部尚书。

余文仪刑部尚书。

。

福隆安兵部尚书。

袁守侗户部尚书。

升额户部尚书。

阿桂吏部尚书。

乾隆四十二年丁酉	
阿桂	五月丁亥迁。永贵吏部尚书。
程景伊	
丰升额	十月戊戌卒。英廉户部尚书。
袁守侗	十一月甲戌迁。梁国治户部尚书。
永贵	五月丁亥迁。富勒浑礼部尚书。
曹秀先	
福隆安	
蔡新	
英廉	十月戊戌迁。德福刑部尚书。
余文仪	十一月壬申乞休。甲戌，袁守侗
绰克托	
嵇璜	
迈拉逊	三月戊寅迁。瑚世泰吏部左侍郎
刘秉恬	
瑚世泰	三月迁。戊子，庆桂吏部右侍郎
吴嗣爵	十月庚子休致。王杰吏部右侍郎。
福康安	六月乙卯迁。和珅户部左侍郎。
梁国治	十一月甲戌迁。董诰户部左侍郎
和珅	六月乙卯迁。金简户部右侍郎。
金简	六月乙卯，改满户部右侍郎。董诰
玛兴阿	
李宗文	八月病免。范时纪礼部左侍郎。
。阿肃	
沈初	
高朴	
周煌	
景福	
蒋元益	
阿扬阿	
胡季堂	
雅德	
王杰	四月庚子迁。钱汝诚刑部右侍郎。
德承	
谢墉	
刘浩	六月乙卯，改汉右侍郎。舒常工部。
董诰	六月乙卯迁。刘浩工部汉右侍郎。

满右侍郎。十月迁。博清额署工部右侍郎

户部右侍郎。十一月甲戌迁。刘墉户部右

。

。

。

刑部尚书。

。

刘浩	
雅德	。甲寅，雅德工部右侍郎。
谢墉正月乙酉	
德承	
钱汝诚	
雅德十月迁。	
胡季堂	
阿扬阿	
蒋元益三月己	
景福	
周煜	
高朴九月壬寅	
沈初	
阿肃	
范时纪正月乙	
玛兴阿十二月	
刘墉	侍郎。
金简	
董诰	
和珅	
王杰	
庆桂	
刘秉恬	
瑚世泰	
嵇璜	
绰克托二月己	
袁守侗	
德福	
蔡新	
福隆安	
曹孝先	
富勒浑二月己	
梁国治	
英廉	
程景伊	
永贵二月己酉	
乾隆四十三年	

迁。徐绩工部左侍郎。

喀宁阿刑部右侍郎。

丑休致。颜希深兵部右侍郎。

革逮。甲辰，金辉兵部左侍郎。

西迁。谢墉礼部左侍郎。
降。癸酉，申保礼部左侍郎。

西迁。富勒浑工部尚书。

西迁。特成额礼部尚书。壬子迁。钟音礼

革。绰克托吏部尚书。九月甲寅革。永贵
戌　戌

部尚书。九月戊戌卒。己亥，德保礼部尚

吏部尚书。

	刘浩三月戊戌革。海成工部右侍郎，
	雅德三月迁。惠龄工部右侍郎。十二
	徐绩
	德承
	伍纳玺五月，白瀛刑部右侍郎。
	喀宁阿
	胡季堂四月戊寅迁。杜玉林刑部左侍
	阿扬阿
	颜希深十二月迁。罗源汉兵部右侍郎
	景福十二月丙辰，博清额兵部右侍郎
	周煌十二月迁。颜希深兵部左侍郎。
	金辉五月卒。书麟署兵部左侍郎。
	沈初十月壬子，庄存与礼部右侍郎。
	阿肃迁。三月戊子，达椿礼部右侍郎
	谢墉
	申保二月丙子迁。三月戊子，阿肃礼
	刘墉二月己未迁。丙子，彭元瑞户部
	金简
	董诰
	和珅
	王杰二月己未迁。刘墉吏部右侍郎。
	庆桂十二月迁。惠龄吏部右侍郎。
	刘秉恬正月忧免。二月己未，王杰吏
	胡世泰四月壬午卒。绰克托吏部左侍
	嵇璜十二月己巳迁。周煌工部尚书。
	富勒浑十二月戊午迁。绰克托工部尚
	袁守侗四月戊寅迁。胡季堂刑部尚书
	德福
	蔡新
	福隆安
	曹孝先
书。	德保
	梁国治
	英廉
	程景伊十二月己巳迁。嵇璜吏部尚书
	永贵
	乾隆四十四年己亥

寻迁。汪廷玙工部右侍郎。十二月忧免。
月戊午迁。德承工部右侍郎。

郎。

。

。

。

部左侍郎。
右侍郎。

部左侍郎。
郎。十二月戊午迁。庆桂吏部左侍郎。

书。
。

。

胡高望代。	胡高望
	海成十一月己酉，革。诺穆亲工
	徐绩
	德成
	白瀛卒。三月己巳，姜晟刑部
	穆精阿四月，刑部右侍郎。
	杜玉林
	阿扬阿
	罗源汉迁。三月癸巳，曹文埴
	景福
	颜希深四月迁。辛酉，周元理
	玛兴阿三月，兵部左侍郎。诺
	庄存与
	达椿十一月迁。德明礼部右侍
	谢墉三月癸巳迁。钱载礼部左
	阿肃十一月壬午迁。达椿礼部
	彭元瑞
	金简三月辛丑迁。福长安户部
	董诰
	和珅三月辛丑迁。金简户部左
	刘墉三月壬辰迁。癸巳，谢墉
	惠龄十一月迁。阿肃吏部右侍
	王杰
	庆桂十一月迁。惠龄吏部左侍
	周煌迁。九月戊寅，周元理工
	绰克托
	胡季堂
	德福
	蔡新九月戊寅迁。周煌兵部尚
	福隆安
	曹孝先
	德保
	梁国治
	英廉三月辛丑迁。和珅户部尚
	嵇璜九月戊寅迁。蔡新吏部尚
	永贵
	乾隆四十五年庚子

部右侍郎。

右侍郎。

兵部右侍郎。

兵部左侍郎。九月戊辰迁。沈初兵部左侍

穆荐署。

郎。

侍郎。

左侍郎。

右侍郎。

侍郎。

吏部左侍郎。

郎。

郎。

部尚书。

书。

书。

书。

胡高望

诺穆亲

徐绩

德成

姜晟

穆精阿

杜玉林

阿扬阿

曹文埴迁。七月癸丑，钱士云兵部右郎。

景福

沈初

玛兴阿

庄存与

达椿

钱载

德明

彭元瑞

福长安

董诰

金简

谢墉

阿肃

王杰

惠龄

周元理十一月庚子乞休。罗源汉工部

绰克托

胡季堂

德福

周煌

福隆安

曹孝先

德保

梁国治

和珅

蔡新

永贵

乾隆四十六年辛丑

	胡高望四月乙亥迁。杜玉林工部右
	诺穆亲
	徐绩四月壬申革。乙亥，胡高望工
	德成
	姜晟二月戊辰迁。汪承霈刑部右侍
	穆精阿
	杜玉林正月丁卯降。戊辰，姜晟刑
	阿扬阿
侍郎。	钱士云五月戊戌迁。纪昀兵部右侍
	景福
	沈初五月告养免。戊戌，钱士云兵
	玛兴阿
	庄存与
	达椿
	钱载
	德明
	彭元瑞四月甲午迁。曹文埴户部右
	福长安
	董诰
	金简
	谢墉五月迁。彭元瑞吏部右侍郎。
	阿肃
	王杰四月甲午迁。五月戊戌，谢墉
	惠龄
尚书。	罗源汉四月甲午乞休。刘墉工部尚
	绰克托
	胡季堂
	德福八月癸卯卒。喀宁阿刑部尚书
	周煌
	福隆安
	曹秀先
	德保
	梁国治
	和珅
	蔡新四月壬辰假，刘墉署吏部尚书
	永贵
	乾隆四十七年壬寅

侍郎。六月丁卯迁。汪承霈工部右侍郎。

部左侍郎。

郎。六月丁卯迁。杜玉林刑部右侍郎。

部左侍郎。

郎。

部左侍郎。

侍郎。

吏部左侍郎。

书。

。

。

乾隆四十八年癸卯
永贵五月丙午卒。丁未，伍弥泰吏部尚书
蔡新七月乙卯迁。刘墉吏部尚书。
和珅
梁国治
德保
曹孝先
福隆安
周煌
喀宁阿
胡季堂
绰克托
刘墉七月乙卯迁。金简工部尚书。
惠龄
谢墉
阿肃二月乙丑革。诺穆亲吏部右侍郎。七
彭元瑞五月迁。甲辰，吴垣吏部右侍郎。
金简七月乙卯迁。福长安户部左侍郎。
董诰
福长安七月乙卯迁。诺穆亲户部右侍郎。
曹文埴
德明
钱载三月辛丑乞休。丁未，金士松礼部左
达椿
庄存与
玛兴阿
钱士云三月辛丑休致。戊寅，纪昀兵部左
景福八月卒。戊寅，勒保兵部右侍郎。
纪昀三月迁。朱椿兵部右侍郎。五月甲辰
阿扬阿
姜晟
穆精阿
杜玉林
德成
胡高望
诺穆亲二月己丑迁。塔彰阿工部右侍郎。
汪承霈

	汪承霈十
	塔彰阿五
	胡高望十
	德成林
	杜王阿
	穆精阿五
	姜晟
	阿扬阿五
迁。彭元瑞兵部右侍郎。	彭元瑞正
侍郎。	勒保
	纪昀
	玛兴阿
	庄存与二
	达椿
侍郎。	金土松正
	德明
	曹文埴
	诺穆亲
	董诰
	福长安
	吴垣正月
月乙卯迁。王鼎柱吏部右侍郎。	王鼎柱
	谢墉
	惠龄
	金简
	绰克托五
	胡季堂
	喀宁阿
	周煌三月
	福隆安闰
	曹孝先七
	德保
	梁国治
	和珅七月
	刘墉
。	伍弥泰七
	乾隆四十

二月迁。韩鑅工部右侍郎。
月丁巳降。伊龄阿工部右侍郎。
二月降。汪承霈工部左侍郎。

月辛巳迁。塔琦刑部右侍郎。六月戊申迁
月辛巳迁。穆精阿刑部左侍郎。
月甲寅迁。金士松兵部右侍郎。

月迁。陆费墀礼部右侍郎。
月甲寅迁。二月，庄存与礼部左侍郎。

甲寅迁。彭元瑞吏部右侍郎。

月丙辰逮。庆桂工部尚书。五月辛巳迁。
丁亥迁。王杰兵部尚书。
月丙辰卒。福康安兵部尚书。五月辛巳迁
月丁巳卒。姚成烈礼部尚书。

癸酉迁。福康安户部尚书。
月癸酉迁。和珅吏部尚书。
九年甲辰

	韩鑅六月丁酉免。梁
	伊龄阿
	汪承霈五月丙子迁。
	德成
	杜玉林四月丁酉革。
。景禄刑部右侍郎。	景禄四月丁酉革。琅
	姜晟
	穆精阿
	金士松正月迁。李绶
	勒保
	纪昀正月迁。金士松
	玛兴阿
	陆费墀
	达椿
	庄存与
	德明
	曹文埴五月丙子迁。
	诺穆亲
	董诰
	福长安
	彭元瑞
	玉鼎柱
	谢墉
	惠龄
	金简
复兴工部尚书。	复兴三月戊辰迁。舒
	胡季堂
	喀宁阿
	王杰
。庆桂兵部尚书。	庆桂
	姚成烈
	德保
	梁国治五月丙子迁。
	福康安
	刘墉
	和珅
	乾隆五十年乙巳

敦书工部右侍郎。

李绂工部左侍郎。

阮葵生刑部右侍郎。

玗刑部右侍郎。

兵部右侍郎。五月迁。沈初兵部右侍郎。

兵部左侍郎。

汪承霈户部右侍郎。

常工部尚书。

曹文埴户部尚书。

乾隆五十一年丙午

和珅闰月乙未迁。福康安吏部尚书。

刘墉

福康安闰月乙未迁。福长安户部尚书。九

曹文埴

德保

姚成烈正月辛酉卒。彭元瑞礼部尚书。

庆桂

王杰

喀宁阿

胡季堂

舒常

金简

惠龄

谢墉

玉鼎柱

彭元瑞正月辛酉迁。窦光鼐吏部右侍郎。

福长安闰月乙未迁。诺穆亲户部左侍郎。

董诰

诺穆亲闰月乙未迁。松筠户部右侍郎。

汪承霈

德明

庄存与正月丁卯休。蓝应元礼部左侍郎。

达椿

陆费墀三月癸卯迁。朱珪礼部右侍郎。

玛兴阿

金士松闰月己丑迁。刘秉恬兵部左侍郎。

勒保迁。十月，伊龄阿兵部右侍郎。

沈初

穆精阿

姜晟

琅玕九月乙未迁。长麟刑部右侍郎。

阮葵生

德成

李绶

伊龄阿三月辛未迁。苏凌阿工部右侍郎。

梁敦书四月丙申，赵鋆工部右侍郎。

九月戊子迁。鄂弥达工部右侍郎。	赵锳二
	鄂弥达
	李绶二
	德成
	阮葵生
	长麟二
	姜晟三
	穆精阿
	沈初二
	伊龄阿
	刘秉恬
	玛兴阿
	朱椿十
	达椿
	蓝应元
	德明
	汪承霈
	松筠
	董诰正
	诺穆亲
闰月己丑革。金士松吏部右侍郎。	金士松
	王鼎柱
	谢墉
	惠龄
	金简
	舒常
	胡季堂
	喀宁阿
	王杰正
	庆桂
	彭元瑞
	德保
	曹文埴
月甲午迁。绰克托户部尚书。	绰克托
	刘墉
	福康安
	乾隆五

月庚申迁。刘跃云工部右侍郎。十二月庚
月迁。庚申，赵锳工部左侍郎。
二月卒。王昶刑部右侍郎。
月乙巳迁。丙午，明兴刑部右侍郎。
月辛卯迁。李封刑部左侍郎。
月迁。吴玉纶兵部右侍郎。
正月庚寅迁。二月，沈初兵部左侍郎。
二月迁。癸丑，海宁兵部左侍郎。
二月庚戌差。刘跃云署礼部右侍郎。
月庚寅迁。蒋赐棨户部左侍郎。
二月癸丑迁。玛兴阿吏部右侍郎。
月丁亥迁。彭元瑞兵部尚书。
正月丁亥迁。纪昀礼部尚书。
正月庚寅乞养。董诰户部尚书。
十二年丁未

戊迁。韩镤工部右侍郎。	韩镤
	鄂弥达
	赵镤七月己巳迁
	德成
	王昶
	明兴
	李封七月辛巳免
	穆精阿
	吴玉纶七月己巳
	伊龄阿十一月迁
	沈初
	海宁十一月癸亥
	朱珪四月丁未迁
	达椿
	蓝应元三月戊子
	德明
	汪承霈
	松筠
	蒋赐棨
	诺穆亲
	金士松
	玛兴阿七月辛巳
	谢墉三月己巳降
	惠龄七月辛巳迁
	金简
	舒常
	胡季堂
	喀宁阿
	彭元瑞
	庆桂
	纪昀
	德保
	董诰
	绰克托
	刘墉
	福康安
	乾隆五十三年戊

。管干贞工部左侍郎。

。

降。赵鏷兵部右侍郎。
。吉庆兵部右侍郎。

迁。伊龄阿兵部左侍郎。
。刘跃云礼部右侍郎。

乞休。四月丁未，朱珪礼部左侍郎。七月

迁。保成吏部右侍郎。
。朱珪吏部左侍郎。
。玛兴阿吏部左侍郎。

申

	韩锳六月迁
	鄂弥达三月
	管干贞六月
	德成
	王昶
	明兴十月丙
	姜晟
	穆精阿
	赵锳
	伊龄阿八月
	沈初
	伊龄阿十月
	刘跃云九月
	达椿正月癸
巳己迁。邹奕孝礼部左侍郎。	邹奕孝六月
	德明
	汪承霈十月
	松筠
	蒋赐棨
	诺穆亲
	金士松
	保成
	朱珪
	玛兴阿
	金简
	舒常
	胡季堂
	喀宁阿
	彭元瑞三月
	庆桂
	纪昀
	德保正月癸
	董诰
	绰克托七月
	刘墉三月乙
	福康安
	乾隆五十四

。邹奕孝工部右侍郎。十月迁。张若渟工

，更名阿必达。

迁。韩𬭎工部左侍郎。十月迁。邹奕孝工

子察议。玉德刑部右侍郎。

降。吉庆十一月迁。明兴兵部右侍郎。

降。吉庆兵部左侍郎。

己亥忧免。刘墉礼部右侍郎。

酉迁。铁保礼部右侍郎。

乙丑迁。窦光鼐礼部左侍郎。

丙子免。韩𬭎户部右侍郎。

乙丑迁。孙士毅兵部尚书。

酉卒。常青礼部尚书。

庚子卒。丙午，巴延三户部尚书。

丑降。彭元瑞吏部尚书。

年己酉

部右侍郎。	张若渟
	阿必达
部左侍郎。	邹奕孝
	德成二月，降四品衔留任。
	王昶
	玉德
	姜晟
	穆精阿
	赵锳七月己亥迁。胡高望兵部
	明兴
	沈初七月庚寅迁。刘峨兵部左
	吉庆
	刘墉
	铁保
	窦光鼐
	德明
	韩鑅
	松筠三月壬寅革。舒濂户部右
	蒋赐棨
	诺穆亲
	金士松
	保成
	朱珪七月庚寅迁。沈初吏部左
	玛兴阿
	金简
	舒常
	胡季堂
	喀宁阿八月庚午卒。明亮刑部
	孙士毅四月癸酉迁。李世杰兵部
	庆桂
	纪昀
	常青
	董诰
	巴延三
	彭元瑞
	福康安
	乾隆五十五年庚戌

右侍郎。

侍郎。己亥迁。赵鎌兵部左侍郎。

侍郎。四月庚辰革。庆成户部右侍郎。

侍郎。

尚书。

部尚书。七月戊戌休致。刘峨兵部尚书。

乾隆五十六年辛亥

福康安

彭元瑞四月辛未革。孙士毅吏部尚书。

巴延三十月癸丑革。福长安户部尚书。

董诰

常青

纪昀正月甲辰迁。刘墉礼部尚书。

庆桂

刘峨

明亮

胡季堂

舒常十月癸丑，金简工部尚书。

金简十月癸卯迁。彭元瑞工部尚书。

玛兴阿

沈初

保成迁。十一月甲午，德明吏部右侍郎。

金士松

诺穆亲九月乙亥迁。吉庆户部左侍郎。十

蒋赐棨

庆成十一月丙戌迁。额勒春户部右侍郎。

韩鑅

德明十一月甲午迁。僧保住礼部左侍郎。

窦光鼐

铁保

刘墉正月戊戌迁。吴省钦礼部右侍郎。四

吉庆九月乙亥迁。乙未，明兴兵部左侍郎。

赵锳

明兴九月乙未迁。和琳兵部右侍郎。

胡高望

穆精阿

姜晟四月辛未迁。张若渟刑部左侍郎。

玉德

王昶

德成十月革。逮。松筠工部左侍郎。

邹奕孝

阿必达正月病免。成策工部右侍郎。

张若渟四月辛未迁。吴省钦工部右侍郎。

。月辛未迁。彭元瑞礼部右侍郎。十月癸丑

月甲子，松筠户部左侍郎。十一月丙戌，

	吴省钦
	成策迁。四月，
	邹奕孝
	松筠四月迁。成
	王昶
	玉德正月己亥迁
	张若渟
	穆精阿正月己亥
	胡高望
	和琳八月癸酉迁
	赵锳
	明兴九月辛丑迁
迁。刘权之礼部左侍郎。	刘权之八月丁亥
	铁保
	窦光鼐八月癸酉
	僧保住
	韩鑅
	额勒春十月壬申
	蒋赐棨
庆成户部左侍郎。	庆成
	金士松
	德明正月己亥迁
	沈初
	玛兴阿正月卒。
	彭元瑞
	金简八月癸酉迁
	胡季堂
	明亮迁。正月甲
	刘峨
	庆桂
	刘墉八月癸酉迁
	常青
	董诰
	福长安
	孙士毅八月癸酉
	福康安八月癸酉
	乾隆五十七年壬

巴宁阿署工部右侍郎。

策工部左侍郎。

。伊龄阿刑部右侍郎。九月辛丑迁。明兴

迁。玉德刑部左侍郎。

。丙申，玉保兵部右侍郎。

迁。伊龄阿兵部左侍郎。

迁。刘跃云礼部右侍郎。

迁。刘跃云礼部左侍郎。丁亥，刘权之礼

迁。癸酉，阿迪斯户部右侍郎。

。穆精阿吏部右侍郎。十月壬申卒。额勒

巳亥，德明吏部左侍郎。

。和琳工部尚书。

午，苏凌阿刑部尚书。

。纪昀礼部尚书。

迁。刘墉吏部尚书。

子迁。金简吏部尚书。

	吴省钦八月丁亥迁。范宜
	景安正月，工部右侍郎。
	邹奕孝正月卒。八月丁亥，吴
	成策五月免。六月，景安，
	王昶三月省墓免。乙卯，景
刑部右侍郎。	明兴三月甲辰迁。僧保住，
	张若渟
	王德
	胡高望
	玉保六月甲申迁。成策兵
	赵鋐
	伊龄阿六月甲申迁。玉保
	刘跃云
	铁保
部左侍郎。	刘权之
	僧保住三月甲辰迁。多永
	韩鑅
	阿迪斯五月戊午迁。巴宁
	蒋赐棨
	庆成
	金士松
春吏部右侍郎。	额勒春三月甲辰迁。明兴
	沈初
	德明三月甲辰迁。额勒春
	彭元瑞
	和琳
	胡季堂
	苏凌阿
	刘峨
	庆桂
	纪昀
	常青三月甲辰卒。德明礼
	董诰
	福长安
	刘墉
	金简
	乾隆五十八年癸丑

恒工部右侍郎。
六月迁。阿迪斯工部右侍郎。
省钦工部左侍郎。
工部左侍郎。甲申迁。伊龄阿工部左侍郎
谭尚忠刑部右侍郎。
刑部右侍郎。

部右侍郎。
兵部左侍郎。

武礼部左侍郎。
阿户部右侍郎。

吏部右侍郎。六月甲申降。诺穆亲吏部右
吏部左侍郎。

部尚书。

	范宜恒
	阿迪斯
	吴省钦
。	伊龄阿
	谭尚忠
	僧保住 八月壬申迁。阿精阿刑部右
	张若渟
	王德
	胡高望
	王保
	赵鍈
	成策
	刘跃云
	铁保
	刘权之
	多永武
	韩锳
	巴宁阿 六月戊午革。辛巳，景安户
	蒋赐棨
	庆成 八月壬申迁。永保户部左侍郎
	金士松
侍郎。	诺穆亲
	沈初
	额勒春
	彭元瑞
	和珅 七月甲辰迁。松筠工部尚书。
	胡季堂
	苏凌阿
	刘峨
	庆桂
	纪昀
	德明
	董诰
	福长安
	刘墉
	金简 十二月丙子卒。保宁吏部尚书
	乾隆五十九年甲寅

侍郎。十月迁。丙午，宜兴刑部右侍郎。

部右侍郎。

。

。

乾隆六十年乙卯

保宁

刘墉

福长安

董诰

德明

纪昀

庆桂

刘峨八月丙申病免。朱珪兵部尚书。

苏凌阿

胡季堂

松筠

彭元瑞

额勒春

沈初

诺穆亲正月乙酉迁。富纲吏部右侍郎。

金士松八月丙申迁。丁酉，胡高望吏部右

永保

蒋赐棨

景安五月迁。甲子，惠龄户部右侍郎。九

韩鑅

多永武

刘权之

铁保

刘跃云降。四月戊申，周兴岱礼部右侍郎

成策二月免。己卯，玉保兵部左侍郎。

赵鍈八月丁酉迁。九月辛亥，李潢兵部左

王保二月己卯迁。伍弥乌逊兵部右侍郎。

胡高望

王德正月乙酉迁。讷穆亲刑部左侍郎。十

张若渟

宜兴四月丙午迁。僧保住刑部右侍郎。

谭尚忠

伊龄阿九月卒。台布工部左侍郎。

吴省钦

阿迪斯

范宜恒

月卒。阿精阿刑部左侍郎。

侍郎。

。

月癸丑，成德户部右侍郎。癸丑，特克慎

侍郎。

代。